中國飲食文化史　東北地區卷

The History of Chinese Dietetic Culture
Volume of Northeast Region

感 謝

北京稻香村食品有限責任公司對本書出版的支持

中國農業科學院農業信息研究所對本書出版的支持

浙江工商大學暨旅遊學院對本書出版的支持

黑龍江大學歷史文化旅遊學院對本書出版的支持

飲其流者
懷其源

The History of Chinese Dietetic Culture

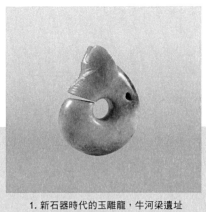

2. 前燕時期的釉陶羊尊，遼寧北票喇嘛洞墓地出土（《遼寧文化通史》，曲彥斌提供）

1. 新石器時代的玉雕龍，牛河梁遺址出土（《遼寧文化通史》，曲彥斌提供）※

3. 商代大甸子獸面紋陶鬲，內蒙古敖漢旗出土（《遼寧文化通史》，曲彥斌提供）

4. 北燕圜底提梁銅壺，遼寧北票馮素弗墓出土（《遼寧文化通史》，曲彥斌提供）

5. 遼代《備茶圖》，河北宣化10號遼墓前室東壁壁畫

※ 編者註：書中圖片來源除有標註者外，其餘均由作者提供。對於作者從網站或其他出版物等途徑獲得的圖片也做了標註。

1. 遼代《溫酒圖》，河北宣化遼墓壁畫

2. 唐三彩角杯，遼寧朝陽唐勾龍墓出土（《遼寧文化通史》，曲彥斌提供）

4. 遼代銅執壺 （觀復博物館提供）

3. 金代青白玉透雕海東青捕天鵝帶扣（觀復博物館提供）

5. 遼代銀鎏金雙獅紋果盒，內蒙古阿魯科爾沁旗耶律羽墓出土（李理提供）

1. 女真族崛起時期的滿族飲食生活（《滿洲實錄》「額亦都招九路長見太祖」，李理提供）

2. 清乾隆款粉彩多穆壺（李理提供）

3. 清乾隆年間粉彩滿大人碗 （觀復博物館提供）

4. 清晚期銅胎畫琺瑯人物紋火鍋 （觀復博物館提供）

5. 清乾隆時期，上層貴族於節日期間的聚會場面（《清俗紀聞》「吉期待客」，李理提供）

1. 清乾隆皇帝率內外王
   公、文武大臣於紫光閣
   筵宴，圖為《紫光閣筵
   宴圖》（李理提供）

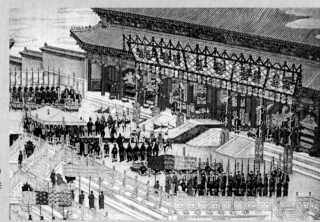

2. 清《光緒大婚圖》
   「太和殿筵宴」（李
   理提供）

3. 清乾隆皇帝在木蘭圍場
   狩獵期間，於避暑山莊
   萬樹園大蒙古包筵賞蒙
   古王公貝勒，以聯絡滿
   蒙之情，圖為《萬樹園
   賜宴圖》（李理提供）

序言

鴻篇巨帙　繼往開來
——《中國飲食文化史》（十卷本）序

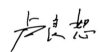

　　中國飲食文化是中國傳統文化的重要組成部分，其內涵博大精深、歷史源遠流長，是中華民族燦爛文明史的生動寫照。她以獨特的生命力佑護著華夏民族的繁衍生息，並以強大的輻射力影響著周邊國家乃至世界的飲食風尚，享有極高的世界聲譽。

　　中國飲食文化是一種廣視野、深層次、多角度、高品位的地域文化，她以農耕文化為基礎，輔之以漁獵及畜牧文化，傳承了中國五千年的飲食文明，為中華民族鑄就了一部輝煌的文化史。

　　但長期以來，中國飲食文化的研究相對滯後，在國際的學術研究領域沒有占領制高點。一是研究隊伍不夠強大，二是學術成果不夠豐碩，尤其缺少全面而系統的大型原創專著，實乃學界的一大憾事。正是在這樣困頓的情勢下，國內學者勵精圖治、奮起直追，發憤用自己的筆撰寫出一部中華民族的飲食文化史。中國輕工業出版社與撰寫本書的專家學者攜手二十餘載，潛心勞作，殫精竭慮，終至完成了這一套數百萬字的大型學術專著——《中國飲食文化史》（十卷本），是一件了不起的事情！

　　《中國飲食文化史》（十卷本）一書，時空跨度廣遠，全書自史前始，一直敘述至現當代，橫跨時空百萬年。全書著重敘述了原始農業和畜牧業出現至今的一萬年左右華夏民族飲食文化的演變，充分展示了中國飲食文化是地域文化這一理論學說。

　　該書將中國飲食文化劃分為黃河中游、黃河下游、長江中游、長江下游、東

南、西南、東北、西北、中北、京津等十個子文化區域進行相對獨立的研究。各區域單獨成卷，每卷各章節又按斷代劃分，分代敘述，形成了縱橫分明的脈絡。

全書內容廣泛，資料翔實。每個分卷涵蓋的主要內容包括：地緣、生態、物產、氣候、土地、水源；民族與人口；食政食法、食禮食俗、飲食結構及形成的原因；食物原料種類、分布、加工利用；烹飪技術、器具、文獻典籍、文化藝術等。可以說每一卷都是一部區域飲食文化通史，彰顯出中國飲食文化典型的區域特色。

中國飲食文化學是一門新興的綜合學科，它涉及歷史學、民族學、民俗學、人類學、文化學、烹飪學、考古學、文獻學、食品科技史、中國農業史、中國文化交流史、邊疆史地、地理經濟學、經濟與商業史等學科。多學科的綜合支撐及合理分布，使本書具有頗高的學術含量，也為學科理論建設提供了基礎藍本。

中國飲食文化的產生，源於中國厚重的農耕文化，兼及畜牧與漁獵文化。古語有云：「民以食為天，食以農為本」，清晰地說明了中華飲食文化與中華農耕文化之間不可分割的緊密聯繫，並由此生發出一系列的人文思想，這些人文思想一以貫之地體現在人們的社會活動中。包括：

「五穀為養，五菜為助，五畜為益，五果為充」的飲食結構。這種良好飲食結構的提出，是自兩千多年前的《黃帝內經》始，至今看來還是非常科學的。中國地域廣袤，食物原料多樣，江南地區的「飯稻羹魚」、草原民族的「食肉飲酪」，從而形成中華民族豐富、健康的飲食結構。

「醫食同源」的養生思想。中華民族自古以來並非代代豐衣足食，歷代不乏災荒饑饉，先民歷經了「神農嚐百草」以擴大食物來源的艱苦探索過程，千百年來總結出「醫食同源」的寶貴思想。在西方現代醫學進入中國大地之前的數千年，「醫食同源」的養生思想一直護佑著炎黃子孫的健康繁衍生息。

「天人合一」的生態觀。農耕文化以及漁獵、畜牧文化，都是人與自然間最和諧的文化，在廣袤大地上繁衍生息的中華民族，篤信人與自然是合為一體的，人類的所衣所食，皆來自於大自然的饋贈，因此先民世世代代敬畏自然，愛護生態，尊重生命，重天時，守農時，創造了農家獨有的二十四節氣及節令食俗，「循天道行人事」。這種寶貴的生態觀當引起當代人的反思。

「尚和」的人文情懷。農耕文明本質上是一種善的文明。主張和諧和睦、勤勞耕作、勤和為人，崇尚以和為貴、包容寬仁、質樸淳和的人際關係。中國飲食講

究的「五味調和」也正是這種「尚和」的人文情懷在烹飪技術層面的體現。縱觀中國飲食文化的社會功能，更是對「尚和」精神的極致表達。

「尊老」的人倫傳統。在傳統的農耕文明中，老人是農耕經驗的積累者，是向子孫後代傳承農耕技術與經驗的傳遞者，因此一直受到家庭和社會的尊重。中華民族尊老的傳統是農耕文化的結晶，也是農耕文化得以久遠傳承的社會行為保障。

《中國飲食文化史》（十卷本）的研究方法科學、縝密。作者以大歷史觀、大文化觀統領全局，較好地利用了歷史文獻資料、考古發掘研究成果、民俗民族資料，同時也有效地利用了人類學、文化學及模擬試驗等多種有效的研究方法與手段。對區域文明肇始、族群結構、民族遷徙、人口繁衍、資源開發、生態制約與變異、水源利用、生態保護、食物原料貯存與食品保鮮防腐等一系列相關問題都予以了充分表述，並提出一系列獨到的學術觀點。

如該書提出中國在漢代就已掌握了麵食的發酵技術，從而把這一科技界的定論向前推進了一千年（科技界傳統說法是在宋代）；又如，對黃河流域土地承載力遞減而導致社會政治文化中心逐流而下的分析；對草地民族因食料制約而頻頻南下的原因分析；對生態結構發生變化的深層原因討論；對《齊民要術》《農政全書》《飲膳正要》《天工開物》等經典文獻的識讀解析；以及對筷子的出現及歷史演變的論述等。該書還清晰而準確地敘述了既往研究者已經關注的許多方面的問題，比如農產品加工技術與食品形態問題、關於農作物及畜類的馴化與分布傳播等問題，這些一向是農業史、交流史等學科比較關注而又疑難點較多的領域，該書對此亦有相當的關注與精到的論述。體現出整個作者群體較強的科研能力及科研水平，從而鑄就了這部填補學術空白、出版空白的學術著作，可謂是近年來不可多得的精品力作。

本書是填補空白的原創之作，這也正是它的難度之所在。作者的寫作並無前人成熟的資料可資借鑑，可以想見，作者須進行大量的文獻爬梳整理、甄選淘漉，閱讀量浩繁，其寫作難度絕非一般。在拼湊摘抄、扒網拼盤已成為當今學界一大痼疾的今天，這部原創之作益發顯得可貴。

一套優秀書籍的出版，最少不了的是出版社編輯們默默無聞但又艱辛異常的付出。中國輕工業出版社以文化堅守的高度責任心，苦苦堅守了二十年，為出版這套不能靠市場獲得收益、然而又是填補空白的大型學術著作嘔心瀝血。進入編輯階段以後，編輯部嚴苛細緻，務求嚴謹，精心提煉學術觀點，一遍遍打磨稿

件。對稿件進行字斟句酌的精心加工，並啟動了高規格的審稿程序，如，他們聘請國內頂級的古籍專家對書中所有的古籍以善本為據進行了逐字逐句的核對，並延請史學專家、民族宗教專家、民俗專家等進行多輪審稿，全面把關，還對全書內容做了二十餘項的專項檢查，翦除掉書稿中的許多瑕疵。他們不因卷帙浩繁而存絲毫懈怠之念，日以繼夜，忘我躬耕，使得全書體現出了高質量、高水準的精品風範。在當前浮躁的社會風氣下，能堅守這種職業情操實屬不易！

本書還在高端學術著作科普化方面做出了有益的嘗試，如對書中的生僻字進行注音，對專有名詞進行注釋，對古籍文獻進行串講，對正文配發了許多圖片等。凡此種種，旨在使學術著作更具通俗性、趣味性和可讀性，使一些優秀的學術思想能以通俗化的形式得到展現，從而擴大閱讀的人群，傳播優秀文化，這種努力值得稱道。

這套學術專著是一部具有劃時代意義的鴻篇巨帙，它的出版，填補了中國飲食文化無大型史著的空白，開啟了中國飲食文化研究的新篇章，功在當代，惠及後人。它的出版，是中國學者做的一件與大國地位相稱的大事，是中國對世界文明的一種國際擔當，彰顯了中國文化的軟實力。它的出版，是中華民族五千年飲食文化與改革開放三十多年來最新科研成果的一次大梳理、大總結，是樹得起、站得住的歷史性文化工程，對傳播、振興民族文化，對中國飲食文化學者在國際學術領域重新建立領先地位，將起到重要的推動作用。

作為一名長期從事農業科技文化研究的工作者，對於這部大型學術專著的出版，我感到由衷的欣喜。願《中國飲食文化史》（十卷本）能夠繼往開來，為中國飲食文化的發揚光大，為中國飲食文化學這一學科的崛起做出重大貢獻。

二〇一三年七月

序言

一部填補空白的大書
——《中國飲食文化史》（十卷本）序

李學勤

　　中國輕工業出版社通過我在中國社會科學院歷史研究所的老同事，送來即將出版的《中國飲食文化史》（十卷本）樣稿，厚厚的一大疊。我仔細披閱之下，心中深深感到驚奇。因為在我的記憶範圍裡，已經有好多年沒有見過系統論述中國飲食文化的學術著作了，況且是由全國眾多專家學者合力完成的一部十卷本長達數百萬字的大書。

　　正如不久前上映的著名電視片《舌尖上的中國》所體現的，中國的飲食文化是悠久而輝煌的中國傳統文化的一個重要組成部分。中國的飲食文化非常發達，在世界上享有崇高的聲譽，然而，或許是受長時期流行的一些偏見的影響，學術界對飲食文化的研究卻十分稀少，值得提到的是國外出版的一些作品。記得二十世紀七〇年代末，我在美國哈佛大學見到張光直先生，他給了我一本剛出版的《中國文化中的食品》（英文），是他主編的美國學者寫的論文集。在日本，則有中山時子教授主編的《中國食文化事典》，其內的「文化篇」曾於一九九二年中譯出版，題目就叫《中國飲食文化》。至於國內學者的專著，我記得的只有上海人民出版社《中國文化史叢書》裡面有林乃燊教授的一本，題目也是《中國飲食文化》，也印行於一九九二年，其書可謂有篳路藍縷之功，只是比較簡略，許多問題未能展開。

　　由趙榮光教授主編、由中國輕工業出版社出版的這部十卷本《中國飲食文化史》規模宏大，內容充實，在許多方面都具有創新意義，從這一點來說，確實是前所未有的。講到這部巨著的特色，我個人意見是不是可以舉出下列幾點：

首先，當然是像書中所標舉的，是充分運用了區域研究的方法。我們中國從來是一個多民族、多地區的國家，五千年的文明歷史是各地區、各民族共同締造的。這種多元一體的文化觀，自「改革開放」以來，已經在歷史學、考古學等領域起了很大的促進作用。《中國飲食文化史》（十卷本）的編寫，貫徹「飲食文化是區域文化」的觀點，把全國劃分為十個文化區域，即黃河中游、黃河下游、長江中游、長江下游、東南、西南、東北、西北、中北和京津，各立一卷。每一卷都可視為區域性的通史，各卷間又互相配合關聯，形成立體結構，便於全面展示中國飲食文化的多彩面貌。

　　其次，是盡可能地發揮了多學科結合的優勢。中國飲食文化的研究，本來與歷史學、考古學及科技史、美術史、民族史、中外關係史等學科都有相當密切的聯繫。《中國飲食文化史》（十卷本）一書的編寫，努力吸取諸多有關學科的資料和成果，這就擴大了研究的視野，提高了工作的質量。例如在參考文物考古的新發現這一方面，書中就表現得比較突出。

　　第三，是將各歷史時期飲食文化的演變過程與當時社會總的發展聯繫起來去考察。大家知道，把研究對象放到整個歷史的大背景中去分析估量，本來是歷史研究的基本要求，對於飲食文化研究自然也不例外。

　　第四，也許是最值得注意的一點，就是這部書把飲食文化的探索提升到理論思想的高度。《中國飲食文化史》（十卷本）一開始就強調「全書貫穿一條鮮明的人文思想主線」，實際上至少包括了這樣一系列觀點，都是從遠古到現代飲食文化的發展趨向中歸結出來的：

　　一、五穀為主兼及其他的飲食結構；

　　二、「醫食同源」的保健養生思想；

　　三、尚「和」的人文觀念；

　　四、「天人合一」的生態觀；

　　五、「尊老」的傳統。

　　這樣，這部《中國飲食文化史》（十卷本）便不同於技術層面的「中國飲食史」，而是富於思想內涵的「中國飲食文化史」了。

　　據了解，這部《中國飲食文化史》（十卷本）的出版，經歷了不少坎坷曲折，前後過程竟長達二十餘年。其間做了多次反覆的修改。為了保證質量，中國輕工業出版社邀請過不少領域的專家閱看審查。現在這部大書即將印行，相信會得到

有關學術界和社會讀者的好評。我對所有參加此書工作的各位專家學者以及中國輕工業出版社同仁能夠如此鍥而不捨深表敬意，希望在飲食文化研究方面能再取得更新更大的成績。

二〇一三年九月
於北京清華大學寓所

前言

「飲食文化圈」理論認知中華飲食史的嘗試
——中國飲食文化區域性特徵

趙榮光

很長時間以來，本人一直希望海內同道聯袂在食學文獻梳理和「飲食文化區域史」「飲食文化專題史」兩大專項選題研究方面的協作，冀其為原始農業、畜牧業以來的中華民族食生產、食生活的文明做一初步的瞰窺勾測，從而為更理性、更深化的研究，為中華食學的堅實確立準備必要的基礎。為此，本人做了一系列先期努力。一九九一年北京召開了「首屆中國飲食文化國際學術研討會」，自此，也開始了迄今為止歷時二十年之久的該套叢書出版的艱苦歷程。其間，本人備嘗了時下中國學術堅持的艱難與苦澀，所幸的是，《中國飲食文化史》（十卷本）終於要出版了，作為主編此時真是悲喜莫名。

將人類的食生產、食生活活動置於特定的自然生態與歷史文化系統中審視認知並予以概括表述，是三十多年前本人投諸飲食史、飲食文化領域研習思考伊始所依循的基本方法。這讓我逐漸明確了「飲食文化圈」的理論思維。中國學人對民眾食事文化的關注淵源可謂久遠。在漫長的民族飲食生活史上，這種關注長期依附於本草學、農學而存在，因而形成了中華飲食文化的傳統特色與歷史特徵。初刊於一七九二年的《隨園食單》可以視為這種依附傳統文化轉折的歷史性標誌。著者中國古代食聖袁枚「平生品味似評詩」，潛心戮力半世紀，以開創、標立食學深自期許，然限於歷史時代侷限，終未遂其所願——抱定「皓首窮經」「經國濟世」之理念建立食學，使其成為傳統士子麇集的學林。

食學是研究不同時期、各種文化背景下的人群食事事象、行為、性質及其規律的一門綜合性學問。中國大陸食學研究熱潮的興起，文化運氣系接海外學界之

後，二十世紀中葉以來，日、韓、美、歐以及港、臺地區學者批量成果的發表，蔚成了中華食文化研究熱之初潮。社會飲食文化的一個最易為人感知之處，就是都會餐飲業，而其衰旺與否的最終決定因素則是大眾的消費能力與方式。正是餐飲業的持續繁榮和大眾飲食生活水準的整體提高，給了中國大陸食學研究以不懈的助動力。在中國飲食文化熱持續至今的三十多年中，經歷了「熱學」「顯學」兩個階段，而今則處於「食學」漸趨成熟階段。以國人為主體的諸多富有創見性的文著累積，是其漸趨成熟的重要標誌。

人類文化是生態環境的產物，自然環境則是人類生存發展依憑的文化史劇的舞台。文化區域性是一個歷史範疇，一種文化傳統在一定地域內沉澱、累積和承續，便會出現不同的發展形態和高低不同的發展水平，因地而宜，異地不同。飲食文化的存在與發展，主要取決於自然生態環境與文化生態環境兩大系統的因素。就物質層面說，如俗語所說：「一方水土養一方人」，其結果自然是「一方水土一方人」，飲食與飲食文化對自然因素的依賴是不言而喻的。早在距今一萬至六千年，中國便形成了以粟、菽、麥等「五穀」為主要食物原料的黃河流域飲食文化區、以稻為主要食物原料的長江流域飲食文化區、以肉酪為主要食物原料的中北草原地帶的畜牧與狩獵飲食文化區這不同風格的三大飲食文化區域類型。其後西元前二世紀，司馬遷曾按西漢帝國版圖內的物產與人民生活習性作了地域性的表述。山西、山東、江南（彭城以東，與越、楚兩部）、龍門碣石北、關中、巴蜀等地區因自然生態地理的差異而決定了時人公認的食生產、食生活、食文化的區位性差異，與史前形成的中國飲食文化的區位格局相較，已經有了很大的發展變化。而後再歷二十多個世紀至十九世紀末，在今天的中國版圖內，存在著東北、中北、京津、黃河下游、黃河中游、西北、長江下游、長江中游、西南、青藏高原、東南十一個結構性子屬飲食文化區。再以後至今的一個多世紀，儘管食文化基本區位格局依在，但區位飲食文化的諸多結構因素卻處於大變化之中，變化的速度、廣度和深度，都是既往歷史上不可同日而語的。生產力的結構性變化和空前發展；食生產工具與方式的進步；信息傳遞與交通的便利；經濟與商業的發展；人口大規模的持續性流動與城市化進程的快速發展；思想與觀念的更新進化等，這一切都大大超越了食文化物質交換補益的層面，而具有更深刻、更重大的意義。

各飲食文化區位文化形態的發生、發展都是一個動態的歷史過程，「不變中有

變、變中有不變」是飲食文化演變規律的基本特徵。而在封閉的自然經濟狀態下，「靠山吃山靠水吃水」的飲食文化存在方式，是明顯「滯進」和具有「惰性」的。所謂「滯進」和「惰性」是指：在決定傳統餐桌的一切要素幾乎都是在年復一年簡單重複的歷史情態下，飲食文化的演進速度是十分緩慢的，人們的食生活是因循保守的，「周而復始」一詞正是對這種形態的概括。人類的飲食生活對於生息地產原料並因之決定的加工、進食的地域環境有著很強的依賴性，我們稱之為「自然生態與文化生態環境約定性」。生態環境一般呈現為相當長歷史時間內的相對穩定性，食生產方式的改變，一般也要經過很長的歷史時間才能完成。而在「雞犬之聲相聞，民至老死不相往來」的相當封閉隔絕的中世紀，各封閉區域內的人們是高度安適於既有的一切的。一般來說，一個民族或某一聚合人群的飲食文化，都有著較為穩固的空間屬性或區位地域的植根性、依附性，因此各區位地域之間便存在著各自空間環境下和不同時間序列上的差異性與相對獨立性。而從飲食生活的動態與飲食文化流動的屬性觀察，則可以說世界上絕大多數民族（或聚合人群）的飲食文化都是處於內部或外部多元、多渠道、多層面的、持續不斷的傳播、滲透、吸收、整合、流變之中。中華民族共同體今天的飲食文化形態，就是這樣形成的。

　　隨著各民族人口不停地移動或遷徙，一些民族在生存空間上的交叉存在、相互影響（這種狀態和影響自古至今一般呈不斷加速的趨勢），飲食文化的一些早期民族特徵逐漸地表現為區位地域的共同特徵。迄今為止，由於自然生態和經濟地理等諸多因素的決定作用，中國人主副食主要原料的分布，基本上還是在漫長歷史過程中逐漸形成的基本格局。宋應星在談到中國歷史上的「北麥南稻」之說時還認為：「四海之內，燕、秦、晉、豫、齊、魯諸蒸民粒食，小麥居半，而黍、稷、稻、粱僅居半。西極川、雲，東至閩、浙、吳楚腹焉……種小麥者二十分而一……種餘麥者五十分而一，閭閻作苦以充朝膳，而貴介不與焉。」這至少反映了宋明時期麥屬作物分布的大勢。直到今天，東北、華北、西北地區仍是小麥的主要產區，青藏高原是大麥（青稞）及小麥的產區，黑麥、燕麥、蕎麥、蓧麥等雜麥也主要分布於這些地區。這些地區除麥屬作物之外，主食原料還有粟、秫、玉米、稷等「雜糧」。而長江流域及以南的平原、盆地和壩區廣大地區，則自古至今都是以稻作物為主，其山區則主要種植玉米、粟、蕎麥、紅薯、小麥、大麥、旱稻等。應當看到，糧食作物今天的品種分布狀態，本身就是不斷演變的歷史性結

果，而這種演變無論表現出怎樣的相對穩定性，它都不可能是最終格局，還將持續地演變下去。

歷史上各民族間飲食文化的交流，除了零星漸進、潛移默化的和平方式之外，在災變、動亂、戰爭等特殊情況下，出現短期內大批移民的方式也具有特別的意義。其間，由物種傳播而引起的食生產格局與食生活方式的改變，尤具重要意義。物種傳播有時並不依循近鄰滋蔓的一般原則，伴隨人們遠距離跋涉的活動，這種傳播往往以跨越地理間隔的童話般方式實現。原產美洲的許多物種集中在明代中葉聯袂登陸中國就是典型的例證。玉米、紅薯自明代中葉以後相繼引入中國，因其高產且對土壤適應性強，於是長江以南廣大山區，魯、晉、豫、陝等大片久耕密植的貧瘠之地便很快迭相效應，迅速推廣開來。山區的瘠地需要玉米、紅薯這樣的耐瘠抗旱作物，傳統農業的平原地區因其地力貧乏和人口稠密，更需要這種耐瘠抗旱而又高產的作物，這就是各民族民眾率相接受玉米、紅薯的根本原因。這一「根本原因」甚至一直深深影響到二十世紀八〇年代以前。中國大陸長期以來一直以提高糧食畝產、單產為壓倒一切的農業生產政策，南方水稻、北方玉米，幾乎成了各級政府限定的大田品種種植的基本模式。

嚴格說來，很少有哪些飲食文化區域是完全不受任何外來因素影響的純粹本土的單質文化。也就是說，每一個飲食文化區域都是或多或少、或顯或隱地包融有異質文化的歷史存在。中華民族飲食文化圈內部，自古以來都是域內各子屬文化區位之間互相通融補益的。而中華民族飲食文化圈的歷史和當今形態，也是不斷吸納外域飲食文化更新進步的結果。一九八二年筆者在新疆歷時半個多月的一次深度考察活動結束之後，曾有一首詩：「海內神廚濟如雲，東西甘脆皆與聞。野駝渾烹標青史，肥羊串炙喜今人。乳酒清冽爽筋骨，奶茶濃郁尤益神。朴勞納仁稱異饌，金特克缺愧寡聞。胡餅西肺欣再睹，葡萄密瓜連筵陳。四千文明源泉水，雲裡白毛無銷痕。晨鐘傳於二三瞽，青眼另看大宛人。」詩中所敘的是維吾爾、哈薩克、柯爾克孜、烏孜別克、塔吉克、塔塔爾等少數民族的部分風味食品，反映了西北地區多民族的獨特飲食風情。中國有十個少數民族信仰伊斯蘭教，他們主要或部分居住在西北地區。因此，伊斯蘭食俗是西北地區最具代表性的飲食文化特徵。而西北地區，眾所周知，自漢代以來直至西元七世紀一直是佛教文化的世界。正是來自阿拉伯地區的影響，使佛教文化在這裡幾乎消失殆盡了。當然，西北地區還有漢、蒙古、錫伯、達斡爾、滿、俄羅斯等民族成分。西

北多民族共聚的事實，就是歷史文化大融匯的結果，這一點，同樣是西北地區飲食文化獨特性的又一鮮明之處。作為通往中亞的必由之路，舉世聞名的絲綢之路的幾條路線都經過這裡。東西交會，絲綢之路飲食文化是該地區的又一獨特之處。中華飲食文化通過絲綢之路吸納域外文化因素，確切的文字記載始自漢代。張騫（？-前114年）於漢武帝建元三年（西元前138年）、元狩四年（西元前119年）的兩次出使西域，使內地與今天的新疆及中亞的文化、經濟交流進入到了一個全新的歷史階段。葡萄、苜蓿、胡麻、胡瓜、蠶豆、核桃、石榴、胡蘿蔔、蔥、蒜等菜蔬瓜果隨之來到了中國，同時進入的還有植瓜、種樹、屠宰、截馬等技術。其後，西漢軍隊為能在西域伊吾長久駐紮，便將中原的挖井技術，尤其是河西走廊等地的坎兒井技術引進了西域，促進了灌溉農業的發展。

　　至少自有確切的文字記載以來，中華版圖內外的食事交流就一直沒有間斷過，並且呈與時俱進、逐漸頻繁深入的趨勢。漢代時就已經成為黃河流域中原地區的一些主食品種，例如餛飩、包子（籠上牢丸）、餃子（湯中牢丸）、麵條（湯餅）、饅首（有餡與無餡）、餅等，到了唐代時已經成了地無南北東西之分，民族成分無分的、隨處可見的、到處皆食的大眾食品了。今天，在中國大陸的任何一個中等以上的城市，幾乎都能見到以各地區風味或少數民族風情為特色的餐館。而隨著人們消費能力的提高和消費觀念的改變，到異地旅行，感受包括食物與飲食風情在內的異地文化已逐漸成了一種新潮，這正是各地域間食文化交流的新時代特徵。這其中，科技的力量和由科技決定的經濟力量，比單純的文化力量要大得多。事實上，科技往往是文化流變的支配因素。比如，以筷子為食具的箸文化，其起源已有不下六千年的歷史，漢以後逐漸成為漢民族食文化的主要標誌之一；明清時期已普及到絕大多數少數民族地區。而現代化的科技烹調手段則能以很快的速度為各族人民所接受。如電飯煲、微波爐、電烤箱、電冰箱、電熱炊具或氣體燃料新式炊具、排煙具等幾乎在一切可能的地方都能見到。真空包裝食品、方便食品等現代化食品、食料更是無所不至。

　　黑格爾說過一句至理名言：「方法是決定一切的」。筆者以為，飲食文化區位性認識的具體方法儘管可能很多，儘管研究方法會因人而異，但方法論的原則卻不能不有所規範和遵循。

　　首先，應當是歷史事實的真實再現，即通過文獻研究、田野與民俗考察、數學與統計學、模擬重複等方法，去盡可能摹繪出曾經存在過的飲食歷史文化構

件、結構、形態、運動。區位性研究，本身就是要在某一具體歷史空間的平臺上，重現其曾經存在過的構建，如同考古學在遺址上的工作一樣，它是具體的，有限定的。這就要求我們對於資料的篩選必須把握客觀、真實、典型的原則，絕不允許研究者的個人好惡影響原始資料的取捨剪裁，客觀、公正是絕對的原則。

其次，是把飲食文化區位中的具體文化事象視為該文化系統中的有機構成來認識，而不是將其孤立於整體系統之外釋讀。割裂、孤立、片面和絕對地認識某一歷史文化，只能遠離事物的本來面目，結論也是不足取的。文化承載者是有思想的、有感情的活生生的社會群體，我們能夠憑藉的任何飲食文化遺存，都曾經是生存著的社會群體的食生產、食生活活動事象的反映，因此要把資料置於相關的結構關係中去解讀，而非孤立地認斷。在歷史領域裡，有時相近甚至相同的文字符號，卻往往反映不同的文化意義，即不同時代、不同條件下的不同信息也可能由同一文字符號來表述；同樣的道理，表面不同的文字符號也可能反映同一或相近的文化內涵。也就是說，我們在使用不同歷史時期各類著述者留下來的文獻時，不能只簡單地停留在文字符號的表面，而應當準確透析識讀，既要儘可能地多參考前人和他人的研究成果，還要考慮到流傳文集記載的版本等因素。

再次，飲食文化的民族性問題。如果說飲食文化的區域性主要取決於區域的自然生態環境因素的話，那麼民族性則多是由文化生態環境因素決定的。而文化生態環境中的最主要因素，應當是生產力。一定的生產力水平與科技程度，是文化生態環境時代特徵中具有決定意義的因素。《詩經》時代黃河流域的漬菹，本來是出於保藏的目的，而後成為特別加工的風味食品。今日東北地區的酸菜、四川的泡菜，甚至朝鮮半島的柯伊姆奇（泡菜）應當都是其餘韻。今日西南許多少數民族的粑粑、餌塊以及東北朝鮮族的打糕等蒸舂的稻穀粉食，是古時杵臼搗制餈餌的流風。蒙古族等草原文化帶上的一些少數民族的手扒肉，無疑是草原放牧生產與生活條件下最簡捷便易的方法，而今竟成草原情調的民族獨特食品。同樣，西南、華中、東南地區許多少數民族習尚的熏臘食品、酸酵食品等，也主要是由於貯存、保藏的需要而形成的風味食品。這也與東北地區人們冬天用雪埋、冰覆，或潑水掛臘（在肉等食料外潑水結成一層冰衣保護）的道理一樣。以至北方冬天吃的凍豆腐，也竟成為一種風味獨特的食料。因為歷史上人們沒有更好的保藏食品的方法。因此可以說，飲食文化的民族性，既是地域自然生態環境因素決定的，也是文化生態因素決定的，因此也是一定生產力水平所決定的。

又次，端正研究心態，在當前中華飲食文化中具有特別重要的意義。冷靜公正、實事求是，是任何學科學術研究的絕對原則。學術與科學研究不同於男女談戀愛和市場交易，它否定研究者個人好惡的感情傾向和局部利益原則，要熱情更要冷靜和理智；反對偏私，堅持公正；「實事求是」是唯一可行的方法論原則。

多年前北京釣魚台國賓館的一次全國性飲食文化會議上，筆者曾強調食學研究應當基於「十三億人口，五千年文明」的「大眾餐桌」基本理念與原則。我們將《中國飲食文化史》（十卷本）的付梓理解為「飲食文化圈」理論的認知與嘗試，不是初步總結，也不是什麼了不起的成就。

儘管飲食文化研究的「圈論」早已經為海內外食學界熟知並逐漸認同，十年前《中國國家地理雜誌》以我提出的「舌尖上的秧歌」為封面標題出了「圈論」專號，次年CCTV-10頻道同樣以我建議的「味蕾的故鄉」為題拍攝了十集區域飲食文化節目，不久前一位歐洲的博士學位論文還在引用和研究。這一切也還都是嘗試。

《中國飲食文化史》（十卷本）工程迄今，出版過程歷經周折，與事同道幾易其人，作古者凡幾，思之唏噓。期間出於出版費用的考慮，作為主編決定撤下叢書核心卷的本人《中國飲食文化》一冊，儘管這是當時本人所在的杭州商學院與旅遊學院出資支持出版的前提。雖然，現在「杭州商學院」與「旅遊學院」這兩個名稱都已經不復存在了，但《中國飲食文化史》（十卷本）畢竟得以付梓。是為記。

夏曆癸巳年初春，西元二〇一三年三月
杭州西湖誠公齋書寓

第十章　中華人民共和國成立後的經濟與民生食俗 ·················· 167

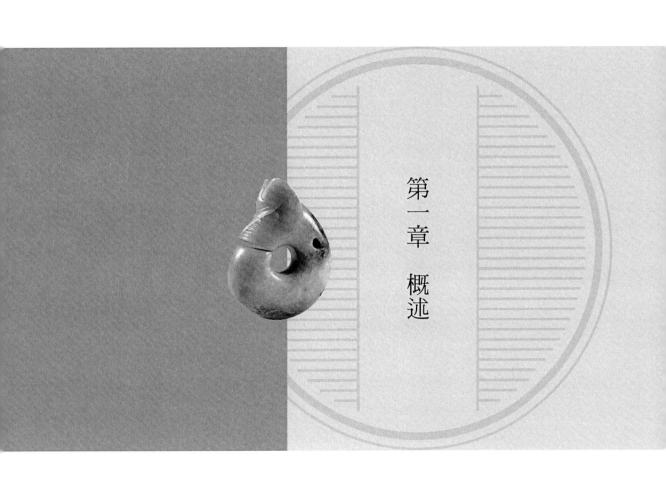

第一章　概述

中國的東北地區，處於北緯42°至53°34′之間，是中國緯度最高的區域，也是中國最冷的自然區。日光斜射決定這裡的氣溫普遍偏低，且日照時間短、冬季漫長，其中十二月到次年的三月初則是東北的「隆冬」時節。每年有二到四次影響全國大部分地區的、來自貝加爾湖和外蒙的寒流，降溫與寒潮使長江以南地區隨之出現雨雪天氣，而這時位於約北緯40°線以北的地區，尤其是東北地區則成為冰原雪域，這是東北地區自然生態的基本特徵。由於處在強大的蒙古高壓籠罩之下，東北地區的寒冷甚於我國版圖中的其他任何地區。這裡每年一月等溫線大致與緯線平行，南北梯度很大，自南部的10℃到北部的-30℃，平均緯度每升高1°，溫度就降低1.5℃。大興安嶺北部山地是全國著名的「寒極」，黑龍江畔的漠河曾有過極端最低溫度零下52.3℃的歷史紀錄。

東北地區冬季氣候寒冷，夏季溫度不高，區域內氣候主要屬於溫帶季風氣候類型。植物生長需要水分的季節與多雨季節相應，雨水的有效性很大，一般說來足夠一年一季作物對水分的需要。東北地區的黑龍江、烏蘇里江、松花江、嫩江、遼河等眾多河流經年流淌、滔滔不絕，它們既是東北各民族長期生息繁衍的搖籃，又給人們帶來了豐富的食原料，是大自然賜予人類的無窮寶藏。既保證了繁茂的植被和廣袤的森林可以正常生長，又為陸地動植物的生長和種類繁衍創造了極好的條件。因此，這裡成為中國歷史上最為優越的森林廣被、草原廣袤的地區，同時也是最理想的狩獵、畜牧、漁撈、種植業的天然綜合經濟區。

「飲食文化是屬於物質和精神形態複雜集合和結構的文化，並且其基礎和核心是物質與生理，是『看得見摸得著』的實實在在，它並不像語言、思維、精神、哲學那樣抽象，因此，飲食文化的定型應當說並不十分困難。我們根據考古學、歷史文獻學、民俗學、民族學、地理學等資料的調查研究與分析比較，得以取得飲食文化自身比較固定的獨特類別狀態。當我們的考察從物質生產的層面與單純生理需要攝食的活動提升到傳統、習慣、風尚、思想等範疇時，我們就更多地進入了人們食生活與文化積澱的歷史空間，飲食文化的定型就同時要求兼顧自然條件、歷史背景、社會經濟狀況等多方面因素，也就是說，飲食文化的區位確定是根本無法迴避

的。」[1]※東北地區作為中華民族飲食文化圈中具有悠久歷史且風格獨特的子文化區域，在中華民族飲食文化圈中占有非常重要的地位。

第一節　東北地區飲食文化概述

一、區域範圍與歷史沿革

東北飲食文化區域包括現今的黑龍江、吉林、遼寧三省，以及內蒙古自治區興安盟，赤峰、通遼、呼倫貝爾三市和河北北部地區在內的廣大區域，形成了飲食地理學概念下的「東北飲食文化圈」。東北地區的歷史源遠流長，可追溯到幾千年前的上古時代。那時候，東北地區已出現許多世居民族，在茫茫雪海、崇山峻嶺中縱馬馳騁、叱吒風雲，在促進中華民族的南北文化交流，溝通世界東西方文化等方面，均有令世人矚目的歷史功績。東北地區的「滿洲文化」「關東文化」「白山文化」「黑水文化」「遼海文化」等，共同構成了「東北區域文明」。

悠久的歷史和文明造就了東北燦爛的飲食文化。東北地區的少數民族在中國歷史上表現得相當活躍，相繼建立了五大北方王朝政權和眾多的屬國政權。政權歷史沿革的主線：鮮卑族建立的北魏王朝（西元386-534年）、契丹族建立的遼王朝（西元907-1125年）、女真人建立的金王朝（西元1115-1234年）、蒙古族建立的元王朝（西元1271-1368年）、滿族建立的清王朝（西元1616-1911年）。此外，還有扶餘王國、勿吉王國、高句麗王國、渤海王國以及十六國時期活躍在遼西、遼東的三燕政權等。可以說，封建社會時期的中國歷代王朝，幾乎都有東北少數民族的身影。一次又一次入主中原，一方面顯示了雄厚的軍事實力，更重要的是進一步促進了華夏民族的大融

1　趙榮光：《中國飲食文化研究》，（香港）東方美食出版社，2003年。

※　編者註：為方便讀者閱讀，本書將連續占有三行及以上的引文改變了字體。對於在同一個自然段（或同一個內容小板塊）裡的引文，雖不足三行但斷續密集引用的也改變了字體。

合，在中華文明史上創造了一個又一個鼎盛而輝煌的時期。

二、主要食物原料構成

❶‧豐富的自然資源

東北地區大面積的森林，在經受了漫長歷史時期的巨大生態改變之後的今天，仍有1700萬公頃的廣大天然林區，占全國森林總資源的60％。東北地區蘊藏了品種和數量眾多的飛禽、野獸以及魚類資源，據不完全統計，東北地區十四至十九世紀見諸文錄的，確曾被人們用作過食料的食物資源的大致情況是：禽類70餘種，畜獸類50餘種，魚類100餘種，植物果實類60餘種，菜蔬類100餘種，穀物類40餘種。[1]東北地區擁有的物產之豐富和食物原料品種之眾多，是歷史上其他飲食文化區難以比肩的。

例如，糧食品種有沙穀、芝麻穀、稷、蜀黍（高粱）、黏蜀黍、稻、秫、小麥、蕎麥、稗、玉蜀黍、蘇子、大豆、小豆、綠豆、芸豆等20多個品種。蔬菜有豌豆、蠶豆、豇豆、扁豆、菜豆、刀豆、葵、韭、蔥、蒜、崧、芥、芹、菠稜菜、蘿蔔、苤藍、黃瓜、茄、倭瓜、蕨、薇、黃花、紅花等。菌類有木耳、猴頭菇、口蘑、黃蘑、元蘑、花菇、松蘑等。其中可常入饌的鮮美野蔬和菌類就有數十種之多，加上栽培品種，總數當不在百種之下。

肉類有豬、牛、羊、雞、鴨、鵝等，加上可狩獵的禽獸，總數大大超過百種，其中熊、犴（hān，駝鹿）、鹿、飛龍、沙半雞、雉、蛤什蟆等為珍貴食材。而且蛤什蟆油為清代貴家名館大宴及清代所謂「滿漢全席」的必備珍品，京師有「一碗之費，白金半流」[2]之譽，見於文錄的即在百種以上。其中最著名的敖花（鰉）、鯽花（長於普通鯽）、

1　趙榮光：《從「茹毛飲血」到「燔黍捭豚」——中國飲食文化史的開端》，《中國飲食史論》，黑龍江科學技術出版社，1990年。

2　西清：《黑龍江外紀》卷八，清光緒廣雅書局刻本。

鯿花（魴，形略近武昌魚）、哲祿（蚱魚）、發祿、雅祿、銅祿、胡祿（又名白兔），號稱「三花五羅」，實為食中美味。而鱒鯉魚（秦王魚、鱘魚、長鼻魚）為巨魚，重可逾千斤，肉味鮮美，頭骨尤貴，向為皇華大筵必備之肴，「鱘鰉頭骨，關內重之，以為美於燕窩」[1]，此外還有作為黑龍江名特產的達發哈魚（大馬哈）。

油料調料類，除豬、羊、牛等畜類油及野獸脂肪和魚油外，大豆、芝麻、蓖麻、火麻均可榨油。調料則有蔥、蒜、韭、薤、芥、芫荽、蓼、秦椒、椒以及鹽醬、醬清、醋，等等。

干鮮果類有栗、桑葚、榛子、松子、杏、李、玉櫻、花紅、山楂、梨、葡萄、菱、核桃、山樝、香瓜、西瓜、杜實（都市）等數十種。

以上這些食物原料品種齊全，數量豐富，風味不一，特色各異。在原始的生態環境沒有被破壞之前，人們的選擇空間和適應能力都是比較大的，因此，完全可以在較長的時間裡保證世居民族食品結構的合理性和科學性。

東北地區的食物結構長時間保持著以肉食為主、糧蔬為輔的基本構建。肉食為主，應當說是東北民眾在數千年甚至更長歷史時期中飲食生活的基本特點之一。這一特點最少是維持到了十九世紀末葉。他們的肉食主要來自放牧的羊、牛、馬、駱駝等大畜牲和射獵的禽獸、捕撈的魚類，當然也包括飼養的豬、鵝、鴨、雞等，以畜牧、射獵、漁撈三大項為主要生產活動。射獵民族以獸禽肉為主，捕撈民族以魚肉為主，他們是史書上記載的「打牲部」「使鹿部」「使犬部」「魚皮部」等。

❷ · 文獻及遺址中的食物

文獻上關於東北地區穀物種植業的記載，有助於我們管窺歷朝歷代東北地區的穀物利用情況。自《後漢書·東夷列傳》曰「夫餘國」「於東夷之域，最為平敞，土宜五穀」的文字記載之後，歷代官修史書及私家史書關於這裡的農業史錄不勝枚舉。但是，比文字記錄更早、更豐富的記錄是大量出土的史前文化遺存。在目前已

1　西清：《黑龍江外紀》卷八，清光緒廣雅書局刻本。

經發掘和發現的史前文化遺址中，確認了遼寧瀋陽市新樂遺址是距今已7200多年的新石器時代的早期氏族公社部落遺址，它那約有100平方米的穀物加工廠（場地中央有火塘，精緻如工藝品的多具石搓盤規則地散佈在場地四邊），再現了當時原始農業的發達景象。比較而言，新樂遺址所代表的東北地區史前農耕文化完全不落後於內地各文化區域。值得注意的是，中原地區所有的穀物品種在東北地區幾乎都有，是名副其實的「五穀雜糧」齊全。因而使得人們的營養結構更加合理。東北地區歷史上的主食肉類，絕大多數屬於低脂肪高蛋白的肉類，如羊、牛、馬等食草畜類、野禽獸以及魚類之肉等。東北菽類作物比重大、種類多及豆製品多，此為東北文化區內又一不能忽略的飲食文化特徵。菽類主要指的是豆類，是中華傳統飲食分類——「五穀」中的重要組成部分。菽類之王大豆，是北方人的發明，也是北方人民的傳統食物原料，[1]更是東北地區特有的優質資源。眾所周知，大豆是植物蛋白之王，它所含有的豐富蛋白質屬於全價蛋白，含有人體不能合成的八種必須的氨基酸。有了豐富的優質動物蛋白，又有大量的「植物肉」——大豆，可以說沒有比這更合理、更理想的食物結構了。

❸·東北先民的食物貯藏

豐富的蔬菜品種和寒冷的氣候，形成了東北地區先民菜蔬利用的四個特殊方式，彰顯出鮮明的地域特色。其一是曬制各種乾菜。秋季是生產蔬菜的旺季，由於此時天氣非常幹燥，特別適宜把新鮮蔬菜晾成乾菜，所以人們在此時常常要將大量的蔬菜如豆角、茄子、土豆等切成片狀、絲狀曬乾，以備冬季長期食用，豐富了東北地區的菜餚品種，改善了飲食結構。這種曬製方法不僅適於蔬菜，也適合於某些肉類，例如以捕魚為生的赫哲族人常常把吃不了的鮮魚，通過日曬或火烤等方式貯存起來，以便在產魚淡季時食用。其二是窖藏各種蔬菜。在屋裡或戶外挖菜窖可以說是東北人的一個創造，

1　趙榮光：《中國傳統膳食結構中的大豆與中國菽文化》，《飲食文化研究》，2002年第2期。

由於菜窖裡的溫度和濕度都比較高，冬季可以長期貯藏白菜、馬鈴薯、蘿蔔等。其三是醃漬各種蛋類、肉類和菜等。每到冬季，東北地區的人們都要用鹽醃漬一些蛋類、肉類和菜類，特別是醃酸菜。東北先民獨創的醃製酸菜的做法，在金毓黻主編的《奉天通志》中有記載：「東邊各縣、地………及至秋末，車載秋菘（白菜），漬之甕中，名曰酸菜。」《雙城縣誌》也有記載：「家家更醃藏各種蔬菜………菘則漬會酸，謂之酸菜，均係冬時之副食品。」其四是冷藏、冷凍各類果蔬肉類等食品是東北地區人民的典型食品之一。從自然條件上說，歷史上的東北毫無疑問是一個「雪之國」。嚴冬是大自然賜予東北人得天獨厚的大冷庫，它可以無限量、無代價地儲存各種食品和原料，且能滅菌防腐保鮮，而又獨具風味。蔬菜可以埋在雪下保鮮保色，肉食品也同樣曾為東北先民的冷藏品。肉製品在雪下或淋水掛上冰衣可長久保鮮。凍魚的味道更美，也更便於加工烹製。冷凍的肉可以很便利地切成極薄的片和極細的絲。

第二節　東北地區飲食文化的基本特徵

一、地廣人稀，食物資源充足

地廣人稀是東北地區的一個非常重要的特徵。對於飲食文化來說，當人口對自然的壓力微弱得似有似無，當生態環境近乎初始狀態，稀薄人口的消耗只是自然產物的極少部分，則這種飲食文化帶有明顯的初始性。東北地區的人口稀少，生存空間相對廣大，這決定了單純「靠天吃飯」的經濟生活模式在東北地區占有長時間的統治地位，人與自然生態長久地維持著基本平衡狀態。十七世紀中葉，滿族貴族取代朱明王朝，建立了清王朝。在經歷了清初一段時間的動盪之後，中國人口開始進入穩定和相對高速發展時期，到乾隆六年（西元1741年），全國在籍人口總數已超過14000萬人；道光十四年（西元1834年），中國人口突破四億，

達到40100萬人[1]。作為一個商品經濟並不發達的農耕大國，人口的大幅增加，加劇了與有限自然資源之間的矛盾。但是，東北地區自有史以來一直是地廣人稀，又受到清政府封禁政策的保護，因此並未受到人口整體增加的影響，豐富的食物資源和人口相對稀少沒有造成生態系統的嚴重破壞，資源和人口之間，形成了相對合理的協調關係。在漫長的歷史時期，世世代代東北人都是以畜牧、狩獵、漁撈、種植為業，並不艱於生計，這種狀態一直維持到二十世紀初。

由於清代中晚期以後直至二十世紀六〇年代持續不斷的移民潮，同時，由於自然增長等原因，東北地區各民族的人口也都有大幅度的上升，這樣才結束了長期以來地廣人稀的狀況。

二、民族性特徵及民族飲食文化的輻射性

東北地區是歷史上多民族聚居的重要文化分區之一，民族眾多，飲食文化富有鮮明的民族特徵。古代史籍明確記載著在東北地區生息過的民族，先後有：先秦的肅慎、濊貊（wèimò）、東胡三大族系；漢晉時的夫餘、鮮卑、挹（yì）婁、北沃且；北朝隋時的夫餘、勿吉、室韋、烏洛侯、地豆於、豆莫婁等；唐北宋時的韝鞨（gōuqiào）室韋、契丹、女真、蒙古、漢族等；南宋元明時的女真及蒙古諸部、漢族、索倫諸部（鄂溫克、鄂倫春、達斡爾等）；清及民國的漢、滿、蒙古、鄂倫春、鄂溫克、赫哲、費雅喀、庫頁、奇勒爾、恰喀拉、錫伯、朝鮮、回族以及清末以來一度數量不多、國籍不少的外域移民等。東北地區的生態環境和食物獲取方式培育了東北人強悍的體魄和強烈的進取精神，這是東北地區民族特徵的典型表現。東北先民翻越崇山峻嶺，穿行原始森林，馳騁無垠荒原彎弓射獵；他們泛舟江河，搏擊海浪，捕撈江海魚類；他們放牧著數以千萬計的羊、牛、馬、駱駝等畜群，「隨草

1　秦大河等主編：《中國人口資源環境與可持續發展》，新華出版社，2002年。

中國飲食文化史　東北地區卷

8

畜牧而轉移」[1]。這種生產方式造就了東北先民的異常勇猛。另一方面，寒冷和強體力勞動需要攝取大量肉食以獲得高脂肪和高能量，「肉類食物幾乎是現成地包含著為身體新陳代謝所必須的最重要的材料：它縮短了消化過程以及身體內其他植物性的即與植物性生活相適應的過程的時間，因此贏得了更多的時間、更多的材料和更多的精力來過真正動物的生活。」[2]雪國地區特異的生態環境，不僅造就了東北世居民族的非凡體力、個性心理和群體文化特徵，也創造了獨特的區域文化類型。從一定意義上說，一部中華民族的發展史和文明史就是草地文化、漁獵文化與農耕文化的交融史。

　　東北諸多的少數民族孕育了豐富多彩的飲食文化，並產生了強大的輻射力。東北地區的先民鮮卑、女真、蒙古、滿族等，先後入主中原或統一全國，其特有的文化對中華民族的歷史、政治、思想、經濟、文化乃至整個中華民族的歷史都產生了重大的、甚至決定性的影響。這些崛起於東北大地的民族，一次次地用自己特色鮮明的飲食文化影響、改變並且融合於中華民族的主流文化。由於統治者的北方游牧民族的身分而產生了強大的文化輻射力，遂使社會上自上而下地逐漸形成了一股強勁的「北食」之風。例如清代滿族貴族的飲食偏好與飲食習慣成為了官方正統與主流，並深刻影響到了平常百姓家。從物質層面來講，東北地區豐富的食物原料源源不斷地向其他地區輸出，從而影響了其他地區人們的食物結構、食品風格和傳統習俗。歷史上，東北地區的大豆、麥、稗、松子，以及無數珍奇特產和農副產品源源不斷輸入京師內府，成為天子、后妃及整個宮廷的日常飲食；也成為了「天下第一家」衍聖公府大宴的大菜原料。東北三省的志書、文人筆記等歷史文獻留下了大量有關「貢賦」「風物特產」類的資料，其中的年貢、春貢、夏貢、鮮貢等諸多名目中，關於食物原料的內容有野豬、鴨、雞、樹雞、細鱗魚、鰉魚、麥麵以及人參等。[3]內務府在東北地區的採辦及地方司牧「馳驛進呈」的品種和數量更遠不止於

1　班固：《漢書》卷九四《匈奴傳上》，中華書局，1962年。
2　恩格斯：《自然辯證法》，中央編譯局編：《馬克思恩格斯全集》第20卷，人民出版社，1971年。
3　徐宗亮等編：《黑龍江述略》卷四《貢賦》，黑龍江人民出版社，1985年。

此，從皇帝四季食用的稗米、關東雞、豆腐、凍豆腐、粉絲、酸菜、乾菜以及許多「野意」原料來看，都帶有濃郁的東北飲食文化特色，許多后妃常食的肴饌品名、食品用料以及烹飪技法等也都具有明顯的東北風格。[1]清代人們認為「無上珍品」絕大多數都是東北地區的特產，如犴鼻、魚骨、鰉魚籽、猴頭菇、熊掌、蛤什蟆、鹿尾（筋、脯、鞭等）、豹胎以及其他珍奇食材不勝枚舉。

三、開放包容，兼收並蓄

開放性是東北地區飲食文化的又一特徵。美國學者托馬斯・哈定等人認為：「在特定的歷史——環境條件下，一種文化就是一種與自然界和其他文化發生相互聯繫的開放系統。」[2]由於地域的偏遠，生產發展相對落後，東北文化區的一些生產和生活用品無法完全依靠自身來解決，諸如炊煮器具、糧食、酒、茶、調料、藥品都要依賴內地農耕文化區的輸入與補給。與此同時，本地區生產的畜類、魚肉等食材也源源不斷地輸往內地。最遲在兩漢時期「翟之食」「羌煮」「貊炙」「酪漿」等北方游牧民族的特色食品和製作技術，便已在黃河流域的中原地區流布開來，豐富了中華民族的飲食生活和飲食文化。這種區域文化的開放性特徵，貫穿於東北地區全部歷史發展的過程中。

早在冰川時代，東亞大陸曾出現過四次「陸橋」，把日本同東亞大陸連接在一起。史前人類就通過這種「陸橋」開始了神話般的、偉大的「吃的轉移」。四次陸橋的大致時期是：30萬到8萬年前的古橋時期；8萬到4萬年前的中橋時期；3萬到2萬年前的新橋一期；1.4萬到1萬年前的新橋二期。[3]在陸橋時期，東北地區成為華北古人類遷徙到東北亞的重要通路之一。採集和狩獵，這兩種人類最初獲取食物資源的活動開始向資源豐富的地區移動，這種為了食物的遷徙，就成了早期人類的「飲

1　參見《清宮檔案・御茶膳房》《清宮檔案・宮中雜件》「膳單」部分。
2　托馬斯・哈定等著，韓建軍等譯：《文化與進化》，浙江人民出版社，1987年。
3　王金林：《簡明日本古代史》，天津人民出版社，1984年。

食文化傳佈」。

　　考古研究的成果表明，東北地區的人類是由華北地區遷居來的。東北地區遠古文化對於中國的內陸遠古文化來說，是一種移入，東北區域文明正是借用這種移入，才得以在新的生態環境下實施再造的。當然，這個再造過程是非常緩慢的。可以說，在整個文明時代，東北地區始終都是開放的文化區。不論中原政局如何變化，東北地區都同內地始終保持著經濟、文化、政治上的緊密聯繫，並一直受到中原文化的影響。與此同時，她又對中原及周邊地區產生影響。這種交流的重要表現之一就是區外人口的不斷流入。以黑龍江省為例，清初的情況是：「省境滿、蒙雜處。昔為索倫、呼爾、鄂倫春等族遊獵地，清初編旗制，分滿洲、蒙古、漢軍八旗，皆稱旗人。有站丁，為雲南戍籍，商賈多山西人，農產多直魯人，又有回回，是皆漢人。全省以漢人為多，滿、蒙次之，索倫諸族今已少矣。」[1]到了清代中葉，黑龍江省的居民已是「內地十三省（人口）無省無之」[2]，這些不斷移居黑龍江地區的內地居民，還是以漢族為主體，其中也應當包括有清以來不斷發配到黑龍江的「流人」。這些來自全國各地和多民族的新居民，帶來了該地區、該民族的飲食習慣、審美觀點、烹調技術等，更重要的是帶來了中原和內地博大精深的文化和政治、經濟財富。使得整個東北地區始終處於一種活躍的交融狀態。史料記載：「許多外省人到東北地區都從事飲食業，其中到寧古塔的外省人僅開飯店的人數竟占外籍移民的三分之二以上」[3]。南北融合、相互交流，促進了東北地區農業的發展，拓寬了東北飲食文化的內涵。

　　少數民族對內地的文化影響也是很大的，在《齊民要術》中，「狗」沒有被列入「畜牧卷」中，這是少數民族文化對中原文化產生影響的一個典型例子。游牧時代，作為「守犬」的狗在畜牧業中有很大作用，是畜群的忠實守護者。東北的游牧民族進入中原以後，他們食羊的習俗漸漸影響了中原食狗的習俗，

1　金梁：《黑龍江通志綱要・戶籍志》，鉛印本，1911年。
2　西清：《黑龍江外紀》卷八，清光緒廣雅書局刻本。
3　楊賓：《柳邊紀略》卷三，商務印書館，1936年。

特別是游牧生活已經被農耕生產所替代，於是狗漸漸失去了往日的重要地位，逐漸退出了主要的牲畜之列。另一方面，游牧民族進入內地，也加速了中原地區畜牧業的發展。例如游牧民族「食肉飲酪」「貊炙」「捧炙」等飲食習慣對中原人有很深的影響。

到了十九世紀末至二十世紀四〇年代，東北地區更呈現出小區域的文化活躍現象。眾多的外籍人士不僅以自己特異的民族、膚色、服飾、語言、習慣、建築等影響到東北地區，更以各自的食物和飲食習慣使近代東北地區尤其是大中城市，充滿了西方文化色彩和異國情調。作為「舶來品」的外來文化，如啤酒、麵包、香腸、西餐以及相關文化在東北的黑土地上生根了。大批的法國、德國、希臘等歐洲人，以及後來的蘇聯人、猶太人、日本人、朝鮮人等外國人擁進東北地區。無論他們帶著怎樣的動機和背景（經商、交流、避難甚至是非法入侵等）來到這片土地，毫無疑問的是，他們都帶來了各自民族的飲食習俗和文化理念，逐漸形成了今天的東北地區飲食文化。

開放包容、兼收並蓄是東北地區飲食文化的一個明顯特徵，她具有博大的包容性和巨大的消化能力，她廣泛吸收祖國各地多民族的文化營養，不失時機地融進大量的國外文化，結合自己的文化特點和生態特點完成了文化的再造過程，使之更加豐富多彩並充滿活力。

第二章　原始社會時期飲食

文明之肇始

數十萬年前，東北人民的祖先就在茫茫白山黑水之間艱苦地生存著，他們披荊斬棘，茹毛飲血，在創造自己生存條件的同時，也創造著文明。這裡的多處文化遺址的發現，是對東北地區早已存在遠古人類活動的證明，是對源遠流長的東北歷史的證明，也是對東北豐厚飲食文化的證明。

第一節　東北地區的原始社會文化遺址

❶ · 金牛山遺址

迄今考古發現，東北地區最早的古人類居住地是位於遼寧營口田屯村金牛山的金牛山遺址。金牛山人的活動範圍應大致在遼南山地、渤海之濱的山林地帶。據推測，當時該地的氣候很溫暖濕潤，比較適合動植物的生長，成群出沒的野獸、繁茂的植物，為原始人類創造了棲息與繁衍的環境。經年代測定，確定金牛山人距今約28萬年左右。當時人們使用的石器是用錘擊法和砸擊法打製的，石器類型有兩極石核、刮削器、尖狀器等，這都與距今約70萬年左右的北京人使用的工具十分相似，因此有專家推測，金牛山人可能與北京人有過最起碼的地緣上的接觸。[1]但據初步觀察，金牛山人化石的形態比北京人進步，與距今約20萬到15萬年的早期智人階段的陝西大荔人接近。

❷ · 鴿子洞遺址

一九六五年，東北首次發現舊石器時代的洞穴遺址──鴿子洞遺址，該遺址位

1　安家瑗：《金牛山人頭骨》，《中國文物報》，1998年1月11日。

於今遼寧省朝陽市，出土的石器主要是刮削器、尖狀器、砍砸器，這些均用礫石製成，製作方法比較精緻。從洞內發現的哺乳動物的化石看，主要是生活在森林、草原、半草原的動物，這表明鴿子洞人生活的時代，氣候條件比較乾燥、偏於寒冷。

❸·仙人洞遺址、閻家崗遺址

東北地區的舊石器文化遺存則呈現出向各個地域輻射的趨勢，這以距今4萬至2萬年的遼寧海城仙人洞和距今2萬多年的黑龍江哈爾濱閻家崗兩處遺址比較典型。在其中都發現了大量的石器、動物化石，以及生活用火痕跡等遺址。此外，黑龍江地區最北部的塔河、最東部的饒河縣小南山，遼寧西南部的丹東區域等地，也都有當時人類留下的蹤跡。豐富的舊石器文化遺址，為研究和復原當時東北地區的人類生活及地理氣候環境提供了直接的證據。

❹·昂昂溪遺址

昂昂溪遺址位於今黑龍江省齊齊哈爾市南郊，屬於新石器時代遺址，是中國北方漁獵文化的代表性遺址之一。該處最早由中東鐵路俄籍僱員路卡什金髮現，一九三

〇年由我國著名的考古學家梁思永發掘。經碳14測定，其年代為距今6000-5000年。

昂昂溪遺址大部分分布在松嫩平原各地，構成由22處遺址與17處遺物點組成的昂昂溪遺址群，分布於昂昂溪區的三個鄉鎮轄區之內，分布跨度東至西、南至北各為30千米左右。自一九三〇年梁思永先生在該遺址進行科學發掘始，陸續發現灰坑、窖穴、墓葬、護村壕、房址等遺跡，發掘和採集的文物約有3000件。歷年出土的壓制石鏃、石鏟、石刀、石網墜、刮削器、環狀石器、石磨盤、石磨棒、骨錐、骨魚鏢、骨刀梗、骨槍頭、骨鏟、骨鑿、網紋骨管、陶罐、陶甕、陶杯、陶網墜、陶塑魚鷹、玉璧、玉環、玉石斧、蚌環、蚌刀等，說明昂昂溪文化是一種以漁獵業為主，兼有畜養業、農業和手工業等多種原始經濟形態的新石器時代北方草原文化。幾十年來，考古工作者從昂昂溪遺址中獲得了豐富的文物考古成果，譽之為「北方的半坡氏族村落」。

❺ · 銅缽好賚遺址

銅缽好賚（lài）遺址位於內蒙古呼倫貝爾盟新巴爾虎左旗銅缽廟以北的古河道西側，屬於新石器時代中期文化遺存，距今約7000年。遺址中發現了豐富的石器，石器的做法以壓製為主。這些石器的形制較原始，有的大型打製石器仍保存著舊石器時代晚期的遺風。從遺址出土情況來看，當時這裡的人們已經能夠製作和使用粗糙陶器；人們主要從事漁獵活動，原始農業雖已出現，但占生產活動的比重較小。

❻ · 新樂遺址

新樂遺址位於遼寧省瀋陽市皇姑區黃河大街龍山路北側、新開河以北的高臺地上，屬於新石器時代母系氏族聚落遺址，其佈局與陝西半坡文化很相似。據考古發現的文物表明，該遺址分屬上、中、下三個互相疊壓的文化層，距今約為7200-4000

年。在遺址中發現有大量的磨製石器和打製石器，如斧、錛、鑿、石鏟、磨盤等，
還發現帶有灶坑的半地穴式房址及磨製的圓泡形飾、圓珠等煤精製品；並且還發現
了唯一的穀物品種——黍，說明當時的東北地區已有了原始的農業。此外，從中還
發掘出大量的石鏃和網墜，這表明漁獵在當時也占有重要地位。新樂文化遺址的發
現為東北地區史前文化研究提供了十分重要的科學依據。

❼‧紅山文化

　　紅山文化是與中原仰韶文化同期分布於西遼河流域的發達文明。屬於新石器時
代文化，距今約五六千年，是母系氏族社會全盛時期向父系氏族過渡的一段時期。
紅山文化前期階段包括內蒙古赤峰紅山後遺址、內蒙古赤峰西水泉遺址；中、後期
階段包括遼寧阜新胡頭溝玉器墓、遼寧喀左東山嘴石砌建築群址、遼寧凌源三官甸
子墓葬、遼寧凌源建平交界處牛河梁「女神廟」與積石冢群。此外，還有「後紅山
文化」，即小河沿文化，包括遼寧錦西沙鍋屯遺址、內蒙古敖漢小河沿遺址、內蒙
古翁牛特石棚山墓地。從考古發現來看，紅山文化的經濟形態以農業為主，牧、
漁、獵並存；並以獨特的彩陶、之字形紋陶器和高度發達的制玉工藝為顯著特徵。

全面反映了中國北方地區新石器文化的特徵和內涵。

以上所列的古人類遺址充分表明，早在石器時代中華民族的原始先民就勞動、繁衍在東北這塊土地上，他們在創造自己地域文化的同時，也與華北地區建立了密切的聯繫，為開發和經營東北地區做出了卓絕的貢獻。

第二節　飲食來源方式及原料分布

東北地區自然資源極其豐富，這裡平原遼闊，水域豐富，山脈綿長，森林繁茂。冬季白雪皚皚，夏季降水充足，非常適合動植物的生長。可以說，這裡是天然優越的狩獵、採集、捕撈以及農、牧之地，這使東北地區早期先民的食物來源得到了可靠的保證。

一、東北先民的飲食來源及獲取方式

❶·取之自然，以火熟食

取食於自然是人類的生存本能方式。石器時期，東北地區的生存環境極其艱苦，原始先民們只能依靠群體的力量獲得生存的基本保障。他們以原始的石器或木棒，從事狩獵和採集活動，獲得有限的獸類或植物根莖等現成食料，以滿足生存需求。直到掌握了火的使用才改變這樣的狀況，火之於熟食是人類飲食文明的萌芽。人類掌握了取火技術，是人類歷史上的一次大進步。火的使用使人們提高了生存能力，對人類的健康極為有益，它從此結束了人類茹毛飲血的時代，使人類的飲食方

式發生了質的飛躍。在世界各國便有了關於火的種種美麗傳說，在中國的傳說中，火是由燧人氏鑽木取之，普澤眾生的。史載：「上古之世，人民少而禽獸眾，人民不勝禽獸蟲蛇。有聖人作，構木為巢，以避群害，而民悅之，使王天下，號之曰有巢氏。民食果蓏蚌蛤，腥臊惡臭而傷害腹胃，民多疾病。有聖人作，鑽燧取火，以化腥臊，而民悅之，使王天下，號之曰燧人氏。」[1]

在金牛山文化遺址中出土的當時人類使用的打製石器、石片、骨器和灰燼，即說明了人類對火的使用情況。「特別是1993年在該層的下部還揭露出一大片當年金牛山人群居洞中肢解動物、圍火燒烤、敲骨吸髓那種肉食生活場面的遺跡。在發掘出的十幾平方米的居住活動面上，遺有一堆堆篝火的灰燼，周圍散佈著一塊塊動物燒骨和一片片敲碎的動物肢骨，層層堆積，愈下愈古，歷萬千年，形成厚厚的文化層，年代遠遠超過了30萬年前，再現了東北原始祖先那穴居野處，『篳路藍縷，以啟山林』的一幕幕歷史活動的情景。」[2]由此可以證明，當時的人們已經學會了保留火種，並把狩獵獲得的獵物割後烤熟食用。

配合火的使用，人類又發明了炊具，以之盛裝食物並放在火上使之變熟，「以熟葷臊，民食之無腹胃之疾」。這樣，人類不僅從生食階段進入到熟食階段，且由烤食法進入煮食法，熟食與生食的區別不僅僅是味道上的差異，更重要的在於能夠縮短食物的消化過程，使人類更加容易獲取營養，增強體質，促進人類身體和大腦的演進；同時也能減少疾病的發生，延長人類的壽命。

1　韓非：《韓非子》卷十九《五蠹》，四部叢刊景清景宋鈔校本。
2　張碧波、董國堯：《中國古代北方民族文化史》，黑龍江人民出版社，2003年。

❷·原始農業的出現

進入新石器時代以後，隨著生產工具的進步、社會分工的演進以及氏族組織的發展，逐漸出現了原始的農業、畜牧業和手工業，這表明原始先民們已開始不再簡單地依靠大自然的賜予，而是從攫取型經濟向生產型經濟過渡，開始了對自然的利用，開始了最初的經濟開發。

考古資料表明，大約在六七千年前，東北地區就已經出現了農業萌芽。東北農業文明的發源地應在遼河流域，由於其相對於東北其他區域來說地理位置偏南，不僅日照充足，而且受中原文化影響大，文明程度高，氏族組織也發展到了較高階段，所以該地有著發展農業的先天優勢。遼河流域的農業文明進一步促進了松花江、黑龍江流域的開發及其與內地的經濟文化聯繫，之後東北北部區域陸續出現了農業萌芽。在黑龍江省嫩江流域的依安縣烏裕爾河大橋新石器時代遺址發現的石犁，在內蒙古自治區呼倫貝爾盟南部挖掘出石斧、磨盤、磨棒等，均證實這些地方早已有了原始的農業活動。出土的還有用於鋤草及鬆土的石鋤、用於斫伐的石斧、用於刨土播種的鹿角鋤等典型的農業生產工具，不僅表明當地居民「刀耕火種」式的農業特點，而且表明當地農業已經成為部分地區居民的生計方式，使一些原始部落逐漸進入到較穩定的定居生活。

瀋陽新樂遺址堪稱是原始農業發展的代表，在遺址中發現了大量的磨製石器和打製石器，還發現約有100平方米的穀物加工廠，場地中央有火塘，精緻如工藝品的多具石搓盤規則地散佈在場地四邊，再現了原始農業的發達景象，其所代表的東北地區的史前農作文化頗具區域特點，並且完全不落後於內地各文化區。此外，在長春左家山新石器時代遺址中也出土了斧、錛、刀、杵、磨盤、磨棒等石製農具，在銅缽好賚遺址中出土了少量的打製石杵和石磨盤，這兩處遺址體現出農業文化在

當地的萌芽。在內蒙古扎魯特旗的南勿呼井還發現了扁桃形的打製石斧和石鐮，這是東北中西部草原地區中農業文化最古老的源頭；遼西的紅山文化和遼東的小珠山文化出土的磨製石器種類齊全，顯示出其完全定居的農業氏族部落的性質；從處於新石器時代、青銅時代的奈曼旗、庫倫旗採集到的石磨棒、石磨盤、石杵以及較先進的農耕工具磨製石耜等器物可以看出，這裡的原始居民已經從事農耕。遼東半島是新石器時代中黑陶文化的代表，這裡也有原始農業，人們用磨製的石器種地，用石犁耕地，用石鐮或蚌鐮收割，用石杵和石磨盤磨碎穀物，進行著最原始的農業生產。

總體來看，東北原始農業發展遍佈整個地區，分布範圍較廣。它的特點是一直與採集、漁獵經濟緊密結合在一起，在東北東部表現為農、漁、獵型混合經濟，而西部則形成牧、農、獵型復合經濟。原始農業的發展，使人們的生活方式發生了重大變革，開始了較為穩定的定居生活。

❸·原始畜牧業的出現

恩格斯指出，在人類社會向前發展的漫長歷史中，肉類食物引起了兩種新的有決定意義的進步，其中之一就是人類基於對肉食的需要而學會了對動物的馴養，「使肉類食物更加豐富起來，因為它和打獵一起開闢了新的更經常的食物來源，除此以外還供給了就養分來說至少和肉相等的像牛乳及乳製品一類的新的食物」。這是人類歷史的偉大進步，它「直接成為人的新的解放手段」。[1] 東北地區水草豐美，地理條件得天獨厚，自然資源的這種優越性，為原始畜牧業的發展提供條件。

新石器時代以後，人們在狩獵過程中逐漸學會了飼養各種牲畜，於是開始了早

1　中央編譯局編：《馬克思恩格斯選集》第3卷，人民出版社，1995年。

期的畜牧活動，漸漸出現了畜牧業、手工業生產以及相應的產品交換。即便是在偏北的呼倫貝爾盟的海拉爾一帶，在約八千年前也已出現了早期的畜牧活動。但受當時各種條件的限制，農牧活動在整個經濟生活中所占的比重不大，傳統的狩獵和採集經濟仍占據主體的地位。

二、食物原料的種類

❶·天然的食物原料——野獸、野果和魚類

最初，原始先民們的生存完全依靠自然界的賜予。他們以極其簡陋的工具從事集體的狩獵活動，獵取包括毛犀、猛獁象、東北野牛、野馬、鹿在內的許多野獸，或者是製作出極其簡單的獵魚工具以捕撈魚類。遼寧鴿子洞舊石器時代遺址中的灰燼層所含的大量燒骨中以羚羊骨最多，表明當時人們以羚羊為主要狩獵對象。進入新石器時代以後，人們用天然石頭磨製成勞動生產工具，如狩獵用的石鏃、石刀，捕撈用的魚標、魚叉、魚鉤等。製造工具技能的逐漸提高，使人們的狩獵和捕撈更

◀圖2-3　鴿子洞穴（《遼寧文化通史》，曲彥斌提供）

中國飲食文化史　東北地區卷

加方便起來。除了這些，人們還常常採集各種野果、野菜，比如山梨、李子、山葡萄、軟棗、蕨菜等。在山區附近的先民主要採集的則是山貨，有山核桃、橡子、榛子、松籽等，一些地區（如興隆窪）出土的植物果實硬殼經鑑定為胡桃楸，應是當時人們採集的果實。

東北地區有其獨特的地理優越性，山川眾多、動物遍佈、植物繁茂、水產豐富，這決定了人們最初的生存方式就是以野獸、野果和魚類為天然的食物原料。正是靠大自然的這些賜予，人類才獲得了生息繁衍的條件。

❷·農作物原料——粟、黍、大豆

新石器時代以後的生產工具更加便利起來，這使土地得到了一定程度的開發和利用，人們開始從事早期的農業生產。

當時的東北先民已經知道用石刀進行收割，知道人工栽培農作物籽粒，如粟、黍、大豆等，知道使小米脫離野生狀態，將其作為主食的食料。此外，在新樂遺址中發現了炭化穀物，經科學鑑定為黍，可見黍是東北地帶比較常見的種植物。

❸·家畜類原料——豬、狗、牛、羊等

東北早中期的舊石器文化遺存很少，這與氣候的變化、尤其是冰期的到來有關。據分析推測，冰期的到來使一些喜寒的披毛犀動物群如猛獁象等漸次北移，甚至跨過北極圈，越過阿拉斯加山脈而進入了「新大陸」，由此導致東北的一些動物因此而陸續滅絕，動物品種開始減少。這對於以狩獵為生的東北先民來說，僅僅憑藉自然的野生動物為食是不夠了，於是，新石器時代以後，人們不再把狩獵獲得的野生動物全部殺掉，而是試著將其飼養並馴化，以保證肉食來源的穩定性。

當時的人們嘗試著將野牛馴養成家牛，將野羊馴養成家羊，並盡心飼養以使其

繁殖。除了牛、羊以外，位於黑龍江省鏡泊湖畔的肅慎人則學會把野豬馴養成家豬。從考古發掘出的陶豬、陶狗等來看，當時東北的家畜飼養業是有一定發展的，這是人類在利用自然資源方面的又一大進步。

三、食物原料的分布

由於地形各異、氣候不同以及周鄰生活習慣等因素的影響，我國東北地區的各族群在飲食原料上的側重點是不同的，分別體現為以水產品為主、以牲畜類為主、以狩獵品為主、以農產品為主的四種分布形態：

❶·北部、東北部漁業部族：以水產品為主

至少在5萬到1.5萬年以前，魚類就成為人類社會有意識的實踐對象。它作為人類繼「天然食物」之後的第二種「食物資源」，在人類進化史上具有決定性的意義，「是最早的一種人工食物」[1]。在水資源極其豐富的東北地區，魚類極多，黑龍江、烏蘇里江、松花江、遼河等江河的漁業資源非常豐富。所以，北部及東北部的沿江民族形成了以河谷捕撈漁業為主的生存方式，奠定了以魚肉為主食的飲食風格。

黑龍江大、小興凱湖之間的新開流文化即具有鮮明的漁獵色彩，那裡活動著一個以漁獵為業的部落。大批出土的陶器上都飾有魚鱗紋、魚網紋、水波紋、格紋及條紋等美麗而繁縟的紋飾，還有一些實用的生產工具如魚標、魚卡子、魚叉、魚鉤等，特別是魚窖的存在，都證明了當時漁業的發展。魚窖一般是呈圓袋形，窖中堆滿了魚骨，由此可見秋季魚汛期時，人們捕撈豐收後的積藏狀況。這不僅說明魚類

1　摩爾根：《古代社會》，商務印書館，1987年。

是該地人們賴以度過北方漫長寒冬的食物，而且「證實6000年前左右當地的漁獵生產已達到了較高的水平」[1]，體現了當時人們豐富的漁獵生產活動。在新開流遺址除了發現有大量魚骨外，還有一些動物骨骼，表明這裡的狩獵經濟也占有一定比重，以之作為魚類食物的必要補充。

❷．西部、西北部游牧部族：以牲畜類食物為主

人們在白山黑水之間定居下來後，就學會了充分利用大自然的各種賜予，於是，在西部、西北部地區生活的民族，就近水樓臺地利用起天然的游牧資源，過上逐草四方、四處遷徙的游牧生活。這些游牧民族的食物以牲畜肉品為主，從這一地區文化遺址中發現的大量羊、牛、馬、狗的骨骼來看，這一帶畜牧業是相當發達的，這也和當時的環境特點有關。

如在內蒙古興安盟科爾沁右翼中旗的原始文化遺址即是以畜牧為主要經濟的原始遺存，「呼林河一帶的原始文化具有農牧結合，以獵牧為主兼營農業的特點，是屬於北方草原細石器文化的第一種類型」[2]。從出土的大量石鏃、石矛、石鏟、石刀、石磨盤來看，證明當地以狩獵為主的經濟形態。

❸．中部、東南部遊獵部族：以狩獵、牲畜飼養為主

東北自然條件優越，生長著眾多的榆、椴、樺等樹木，還混生有抗壓力強的紅松，大、小興安嶺及長白山一帶耐寒的森林動物特別多：大型食草獸類有駝鹿、梅花鹿、馬鹿、麋等；嚙齒類動物有松鼠、花鼠等；食肉獸類有東北虎、金錢豹、狐狸等。東北中部、東南部地域天然野生的動植物資源更為豐富，這充分保障了先民

1　辛培林等：《黑龍江開發史》，黑龍江人民出版社，1999年。
2　李殿福：《東北考古研究》，中州古籍出版社，1994年。

的狩獵需求，加之各種砍伐器、刮削器、弓矢、箭鏃的發明，又給人們的狩獵帶來了極大的方便，這就使人們對肉食的獲得比較容易，從而豐富了他們的飲食結構。另外，除狩獵外，發現這一地帶的人們還飼養牛、羊、豬、狗等，屬於狩獵與畜牧混合型的經濟。

❹·南部、西南部農業部族：以農產品為主

東北南部、西南部地區由於緯度相對偏低，日照充足且平原面積較大，比較適合農作物的發展，這為人們從狩獵業、採集業進入到鋤耕農業創造了條件。由之，人們的飲食習慣也逐漸以農產品為主。

同時，隨著農作物收穫的增多與穩定，這一地區的人們率先從地洞搬了進用草泥建造的房屋中，開始了以農業為主的定居生活。如在遼寧阜新查海新石器時代早期文化遺址中發現的泥灶、石鏟狀器、石鉞形器、直腹陶罐、陶器杯、陶器碗（其中夾砂陶所占數量相對較多）以及玉器等，都說明當地人們主要經營農業生產，而游牧和狩獵則退居次要地位。

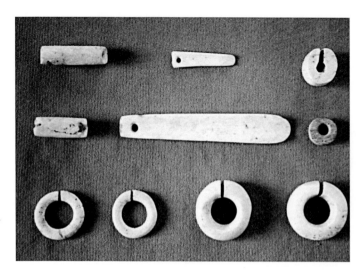

◀圖2-4　查海玉器　（《遼
　　　　　寧文化通史》，
　　　　　曲彥斌提供）

第三節　生產工具與生活器具

一、生產工具的使用

❶ · 打製工具

（1）打製石器　在舊石器時代晚期遺址中出土的石器中較大的有砍砸器、球狀器和石鑽等，用於狩獵或砍樹劈木；有些較小的石器如刮削器、尖狀器，則是用來剝獸皮、割獸肉的。這時的打製石器數量最多，呈現出制工精細、原料多種、用途多樣等特徵。人們經歷了漫長的歲月，從極其艱苦的生產鬥爭中不斷突破舊的經驗，提高製作工具的水平，打製出了更加適用、更加規整的石器。在新石器時代，查海文化遺址中的石器以打製為主，有很多石器呈鏟狀，如束腰、長弧刃等；而興隆窪的石器則以打製有肩鋤形器最富代表性，磨製石器以「斧形器」數量最多；新樂遺址中有鑿、錛、鏃等打製石器，還發現漁網所用的網墜，多為石英岩石器。

（2）打製骨器和木器　除了打製的石器外，人們還將動物的骨骼、植物的枝幹打製成各種工具，用於狩獵、捕撈和農業生產。在骨器的製造工藝方面開始運用磨製技術，例如出現了骨針和骨錐。

❷ · 復合工具的出現

隨著勞動生產的發展，石器製作的方法和技術有所進步，在細石器時代及新石器時代，出現了復合工具。所謂「復合工具」，即是人們把工具進行了組合，使其具有了多種功能，如人們將細石鏃固定在箭桿上，以弓射之，這種弓箭或標槍復合工具的出現，擴大了捕獵的種類、數量與範圍。此外，人們還知道將細小長方薄片

石刃，成排嵌入刀、矛、魚叉等特定部位的復合工具上，以適應漁獵畜牧部落的生產活動。

❸ · 磨製工具的產生

人類進入新石器時代以後，工具的製作類型主要是磨製石器。人們把石斧的兩個側面磨出平直棱；把長圓形的磨盤周邊稍修整，磨面平凹；用磨製的石棒做成杵等。磨製工具的出現，給人類的生存帶來了極大的方便，人類用天然石頭磨製成勞動生產工具並廣泛使用，促進了生產的發展。小河沿文化遺址中出土的石器多為磨製石器，如斧、錛、鏟、刀，圓形有孔石器、圓磨器、磨盤、杵、細石器、砍砸器等。特別是骨類的磨製品更為精細，如骨鏃、骨匕、魚鉤等，更加方便了人類的生產。

二、生活器具的應用

伴隨著人類的飲食活動，也就有了飲食生活器具的應用。人在飲食過程中逐漸脫離只用雙手的局面，開始藉助一些原始的食具就餐。最早出現的食具是貝殼、瓠瓢以及某些動物的頭顱骨、某些植物的葉子等，後來陸續出現一些粗糙的、簡單的食用具。在新石器時代的郭家村遺址中出土的日常生活器具有實足鬲（lì）、罐形鼎、盉（hé）等；左家山遺址下層出土的飲食用具中多有對稱的雙耳食器。這一時期東北地區飲食烹煮器、貯存器、進食器數量的增多，材質利用的多樣化，無疑記錄著東北地區先民飲食生活經驗的積累、飲食文化價值的創造。

❶ · 陶器的應用

距今一萬年左右，中國出現了陶器，這既是原始手工業的一個進步，也是食具史上的一個重大進步。在東北地區也有了陶器製作，但初始的陶器並不精細，不少細石器文化遺址的特徵是「陶器較少，而且制陶技術差，陶器上常壓印有篦紋」[1]。到新石器時代晚期，陶器的數量逐漸增多，且制陶技術也在進步。在遺址中出現的食具有了壺、碗、罐、杯、缽、勺、平底盤等陶器，有的陶器裡還含有少量滑石粉，偏北地區遺址中的陶器多灰褐泥質。

早在史前時期，居住在東北地區的東夷族就有了陶器文化，其中以山東文化最為著名，其工藝具有黑、薄、光、紐四個特點，「『黑』是指它具有黑色外觀，『薄』是指器壁很薄，其厚度僅為0.1-0.2毫米，因而又以『蛋殼陶』著稱。『光』是指器表具有光澤，『紐』是指器物有穿繩和手持的器面或紐蓋。」[2]新石器文化晚期的遼寧小珠山遺址下層陶器多含滑石夾砂紅褐陶和黑褐陶，器型有直口筒形罐、斂口筒形罐和小口鼓腹罐；遺址中層陶器則以夾砂紅褐陶和紅陶為主，器形多直口筒形罐，還有碗、缽、盂、豆、盃、盆和罐形鼎、器蓋、瓠形器等。在內蒙古，紅山文化前期出土的陶器以細泥紅陶和夾砂粗褐陶為主，其形多為平底的碗、盆、小口或大口的罐類，也有圓底的缽類；紅山文化中、後期階段出土的器物有缽、盆、甕、罐、杯、瓶形器、圈足盤、豆、器蓋等；在紅山文化之後的過渡階段——小河沿文化遺址中，大量黑陶器與彩陶共存，器形以敞口平底筒形甕為主；石棚山的陶器則包括罐、豆、壺、碗、盆、高足杯、器座、勺形器、尊等；夏家店下層文化遺址中的陶器主要分為兩類：夾砂灰褐陶和泥質

1　翦伯贊主編：《中國史綱要》，人民出版社，1983年。
2　安柯欽夫主編：《中國北方少數民族文化》，中央民族大學出版社，1999年。

紅褐陶。自從有了陶器，人們可以烹飪、收藏食物，邁入飲食文明的又一個新階段。

❷·骨針、紡輪的使用

石器時代，人類過著狩獵、採集和捕魚的生活，在氏族內部成員已有了按性別和年齡的簡單分工，青壯年男子從事狩獵、捕魚和防禦猛獸，婦女則從事採集勞動和燒烤食物，婦女們用骨針加工獸皮縫製衣服，用紡輪織出了以野麻纖維為原料的最原始的布。正是這些工具的使用，極大地提高了先民的生活質量。

第四節　飲食文化思想的萌起

一、飲食審美意識的初步覺醒

遠古時期，人類審美意識產生，人們開始製造裝飾品來美化自己。現存最初的裝飾品來源於人類用魚骨做的飾物，體現出原始人類對自然力的崇拜，也是人類藝術審美的文化創造之初始。從東北各地出土的文物情況來看，我們看到古人類處於初始狀態的審美意識在覺醒。如夏家店下層文化中出土了女人雙耳佩戴的玉玦；在新開流文化中發現了獵鷹海冬青骨雕和魚形鹿角雕；牛河梁遺址、紅山文化遺址中陸續有玉器出現，這些玉器的種類有璧、環、龍、璜，造型多數為動物形狀；在吉林科爾沁右翼中旗的原始文化遺址中發現有匕形器、玉錛等細石器，原料多為玉髓、水晶、瑪瑙，有的還進行了第二次加工。

陶器的製作，也觸發了人們的審美意識。製作陶器，首先考慮的是它的實用功能，「正是這種從實用出發的強大動力，才不斷地推動新石器時代的陶器造型從簡

▲圖2-5　牛河梁遺址斜口筒形玉器（《遼　　　　▲圖2-6　牛河梁遺址玉雕龍（《遼寧文化
　　　　寧文化通史》，曲彥斌提供）　　　　　　　　　　　　通史》，曲彥斌提供）

單的器物種類和式樣演繹為各種新的複雜式樣……陶器裝飾藝術的產生，則是在制陶勞動的實踐中觸發的。」[1]在黑龍江沿岸原始社會村落遺址中出土的許多陶器上，都帶有優美生動的篦點紋、魚鱗紋、方格紋、螺旋紋、魚網紋、水波紋等，其中的魚鱗紋、魚網紋等，帶有鮮明的地域特色，在中原地帶極其罕見，「它們是黑龍江沿岸原始居民水上漁獵生活的真實寫照，是原始先民在向大自然做鬥爭中創作的原始藝術」[2]，反映出東北黑龍江沿岸部族的審美特徵。

二、飲食與原始崇拜

在原始的矇昧時代，先民們對自然界的很多現象無法做出合理的解釋，例如自然界的植物生長現象、動物的繁衍現象等，遠古先民們認為自己的部族與某種動植

1　熊寥：《陶瓷審美與中國陶瓷審美的民族特徵》，浙江美院出版社，1989年。
2　張泰湘：《東北考古研究（三）》，中州古籍出版社，1994年。

物或其他自然物之間有一種神祕特殊的親近性，於是就將這種植物或動物作為民族、部落崇拜的對象或是作為部落的標誌。一九八三年、一九八四年，在丹東後窪遺址中，出土的文物有1600多件，其中有40多件是帶有動物形、植物形、人形或人獸合一的石雕或其他雕塑藝術品。先民們所雕的動物和植物，就是一種原始圖騰，體現了原始社會的圖騰崇拜。

因為遠古時代人們的飲食來源主要是狩獵或採集獲得的動物或植物，人們的飲食觀也應當受到二者的影響，所以，先民們的飲食習慣與對動物、植物的原始崇拜、原始宗教密切相關。「夫禮之初，始諸飲食，其燔黍捭豚（bǎi tún），污尊而抔飲，蕢桴（kuìfú）而土鼓，猶若可以致其敬於鬼神。」[1]這是遠古時代人們用飲食方式供拜神靈的禮儀，其意為：原始先民們把黍米和小豬放在火上燒烤，並且挖坑於地，盛之以水，以雙手捧之，當酒來喝。此外，人們還把草莖紮成鼓槌，以大地為鼓，將「鼓槌」敲打地面的聲音當成鼓樂，從而把燒熟的食物和歡快的神情作為向鬼神的供奉。人們「是按照人要吃飯的觀念來構想諸神靈界生活的，以為祭祀就是讓神吃好喝好以後，才能保證人們生活的平安如意」[2]。

遠古先民們認為，人與天、地、自然間是有必然聯繫的，人的生存與自然界的動物、植物密不可分。而天是萬物之靈，天與人是相通的、是一體的，溝通人與天的媒介是神，對神靈的祭拜是祈盼得到天助，有飯吃。這就是中國傳統文化中最重要的文化思想——「天人合一」，因此自古以來，中國的先民們就是敬畏自然、愛護生態的。

1　《禮記》，中州古籍出版社，2010年。
2　王澤應等：《公關禮儀學》，中南工業大學出版社，1998年。

第三章　先秦時期東北各部族
與農牧業生產

原始社會末期，隨著社會生產力的發展和社會財富的增多，「就出現了私有財產，出現了氏族社會成員之間的貧富分化，出現了階級，出現了剝削，原始公社逐漸瓦解，新興的奴隸社會就在原始社會瓦解的基礎上建立起來了」[1]。西元前二〇七〇年左右，夏禹傳子，中原大地上出現了中國歷史上第一個王朝——夏朝，這標誌著「天下為家」的開始，從此，奴隸制社會代替了原始社會。中原政權建立之後的各個朝代，為了穩固周邊疆域，都經常對周邊民族發動戰爭，從進步意義上說，這促進了周邊各民族的社會發展。

東北地區也是如此，早在夏朝少康之時，東北諸夷就「世服王化，遂賓於王門」，可見夏王朝的管轄範圍已經達到東北地區的西南部；至商、周以後，隨著中原政權的強大，東北地區的各族先民相繼表示臣服，與中原的聯繫進一步加強，這在一定程度上促進了東北文化的發展。

第一節　東北諸族及與中原的關係

一、先秦時期的東北部族

在我國歷史文化的浩瀚海洋中，東北地區是我國廣袤土地上的一個邊隅閃光點。在璀璨的中原文化映照下，這裡的人們創造出了具有濃郁區域特徵的文化，以多民族聚居、生活多樣、風俗各異而成為我國的重要文化分區之一。先秦時期，東北地區的少數民族先世就是在這樣的背景下生存的。

❶・肅慎

肅慎是見於文獻記載的東北地區的最早先民，也作息慎、稷慎，其活動範圍北

1　李殿福：《東北考古研究》，中州古籍出版社，1994年。

起黑龍江下游，東到日本海，西至螞蜒河流域，南抵穆棱河下游的新開流遺址，分布極其廣泛。歷經夏、商、週三代，一直順服於中原政權，是東北先民與中原聯繫最早的部落。隨著社會的進步，從該共同體中一次次分化出新的部分，並且在其遷徙、發展過程中與其他民族相融合，形成新的共同體。

在中原地帶進入奴隸社會之後，早在夏禹時期起，肅慎人就對夏表示順服，到周時，與中原關係更為緊密。《國語・魯語》曰：「（武王克商之後）肅慎氏貢楛（kǔ）矢、石砮（nǔ）。」《史記・周本紀》說：「成王既伐東夷，息慎來賀，王賜榮伯作賄息慎之命。」《後漢書・東夷列傳》：「康王之時，肅慎復至。」肅慎與周朝的「職貢」關係由此可見一斑。《左傳・昭公九年》記載，春秋之際，周王室的代表宣稱「肅慎、燕、亳，吾北土也」，把肅慎同其封國燕一樣視為自己的北方領土，肅慎成為中原王朝疆土不可分割的一部分。事實上，當時肅慎人的活動範圍目前還沒有定論，所以從這一點來說，肅慎應該在周朝的勢力範圍之內。

肅慎人以狩獵為生，只要是他們目力所及，舉凡山林草地裡的獐、麕、麋、鹿、虎、豹、狼、熊，高空飛翔的大雁、蒼鷹、野雉，湖澤附近的鳧、鷗，無一不是他們的美味佳餚，還有一種被稱為「麈」（zhǔ）的動物，更是他們肉食的主要來源。據史料記載，肅慎人很早就知道「海冬青」這種飛鳥，《國語・魯語》中記載：「有隼集於陳侯之庭而死，楛矢貫之。石砮，其長尺有咫……仲尼曰：『隼之來也遠矣！此肅慎氏之矢也。昔武王克商，通道於九夷、百蠻，使各以其方賄來貢，使無忘職業。於是肅慎氏貢楛矢、石砮。』」這裡的「隼」就是海冬青，事實上肅慎人是以海冬青為圖騰，同時也說明，早在商周時期，肅慎人就在東北地區活動了。史書記載曰：「其人皆工射，弓長四尺，勁強。箭以楛為之，長尺五寸，青石為鏑。」[1]

商周時期，在東北一些地區，肅慎人的農業經濟開始發展，家畜飼養也比較發達，在他們所飼養的家畜中，豬的比重尤其大，肅慎是東北地區最早養豬的民族，也是一個較早過著定居生活的民族。而有的地區尤其是長白山以北及以東、東部邊

1　吳任臣：《山海經廣注》卷十七《大荒北經》，清康熙六年刻本，1667年。

緣濱海地帶一些部落的肅慎人，則還是以漁獵為生，處於發展較低的階段。

❷ · 九夷

九夷又稱東北夷，是夏時居於東北地區的民族，曾經主要接受夏王朝的管轄。文獻中關於九夷的記載很少，但基本上都能反映出這一民族與中原夏政權的關係，如在夏後芬（又作「槐」，第八王）時，「九夷來御」[1]，這是一段東北九夷為夏王朝服勞役的文字記載，是九夷臣服於中原的舉證，反映出夏王朝對九夷在政治上的統屬關係。

商朝武乙（第二十八王）時，九夷漸漸強盛，其中一支從東北遷到淮河流域，史書上稱之為東夷，是我國先秦史中的一個重要的少數民族。

❸ · 山戎

山戎是中國北方古老的狩獵民族之一，善於騎馬射箭，又稱「北戎」，大致活動範圍在今河北東北部至遼寧、大凌河流域一帶，較其他少數民族而言，地理位置距離中原較近，所以山戎文化與中原文化的交融性就大一些。早在傳說時代，就同中原有密切的關係，先秦古籍的大量記載表明，在很久以前，東北地區就有肅慎、山戎的先民們，他們在艱苦生存的同時，還與華夏部落聯盟的軍事首領帝舜之間建立了從屬性的聯繫。

西周時期，山戎先民的活動範圍歸屬於周朝的勢力範圍，《逸周書·王會》：「東胡黃羆，山戎戎菽。」說的是周成王時，山戎曾向周王朝貢戎菽（大豆）。《史記·匈奴列傳》記載：「而晉北有林胡、樓煩之戎，燕北有東胡、山戎。各分散居溪谷，自有君長，往往而聚者百有餘戎，然莫能相一。」山戎支系多，他們時常南犯，「春秋戰國之際，與中原地區急遽變革之同時，東北地區的政治格局也發生變化。山戎與東胡勢力強大後曾由北向南拓展，達到今西拉木倫河以南及河北省的東北一帶，危及了燕侯國的存在。因而出現西元前7世紀中葉齊桓公『北伐山戎，刺令支，斬孤

1　方詩銘、王修齡校註：《古本竹書紀年輯證》，上海古籍出版社，1981年。

竹而南歸』的大事件」。[1]西元前六六四年，齊桓公大敗山戎。考古發現表明，當時的山戎族已進入青銅時代，過著以游牧經濟為主的生活，其飲食以畜肉為主，輔之以戎菽等菜蔬。

❹．濊貊

濊貊在東北有相當長的歷史，文化發展程度也較高。濊貊原分為濊、貊兩族。濊族的「濊」因水而得名，主要從事農業，居住地偏東，吉林及朝鮮半島的北部住有這一地區的土著居民；「貊」，同貉，是一種類似黑熊的動物，貊族因圖騰而得名，有的史書上往往稱之為「貉族」，貉族主要從事畜牧業，居住地偏西，以後有部分東遷到濊居住區，自戰國以後，濊、貊兩族常常連稱。先秦時期，濊貊人的分布範圍北起嫩江流域，南到鴨綠江畔，東至松花江流域，他們如同肅慎、東胡一樣，也是擅長狩獵和捕撈的民族，飲食也來源於此。商代時，由於中原地帶變動，致使貴族箕子的部眾及大量殷人來此居住，同時也將中原先進的文化帶了過來，他們對濊貊人「教以禮儀、田、蠶，又制八條之教。其人終不相盜，無門戶之閉。婦人貞信。飲食以籩豆。」[2]使濊貊人的農業經濟有了相當的發展，早在戰國晚期，松花江上游的濊貊族就已使用鐵鐮和鐵鑊（huò），但作物品種基本上「惟黍生之」，由此也可以推知，濊貊人也以穀物為主食。他們著名的食品名叫「貊炙」，「貊炙，全體（整隻野獸、牲畜）炙之，各自以刀割，出於胡、貊之為也」。

濊貊活動的典型文化遺址叫「白金寶遺址」，它位於黑龍江省大慶市肇源縣民意鄉白金寶屯，該遺址大致產生在西周中期，是嫩江下游一處較早的、發展水平較高的青銅時代文化遺址。此處出土的生產工具有：蚌刀、蚌鐮、蚌鏃；骨魚鰾、骨矛、骨鏃；磨製石斧、石錛、石鏃、刮削器、青銅製的箭頭、銅范等。此外，還發現幾件可以復原的具有中原文化特徵的炊具——陶鬲，這表明東北地區在飲食方面和中原地帶的關係一直比較密切。

1　魏國忠校註：《東北民族史研究》，中州古籍出版社，1994年。
2　范曄：《後漢書・東夷列傳》，中華書局，1965年。

　　從地理位置上說，「東胡在大澤東」[1]，「大澤」即達賚湖，是東胡人捕撈魚類的主要水域之一。儘管臨近水域，但東胡人的主要生產仍是射獵和畜牧，而且富有「畜產」，如豬、鹿類及馬、羊等，《史記·匈奴列傳》載匈奴冒頓「大破滅東胡王，而虜其民人及畜產」，表明「畜產」是東胡人的主要財產。畜牧的發達影響到人們的飲食習慣與日常生活，東胡人的飲食是吃畜肉、禽肉、魚類、穀物和野生動物。人們常將家畜之皮製作成衣，所以東胡人有「衣豬皮」[2]的習慣。

　　自周代以來，東胡就與中原政權建立了貢屬關係。到戰國時期，東胡與中原的關係日漸緊張，燕昭王即位之後，「燕國殷富」，曾向東北拓疆，不少北方民族陸續被燕、趙兩國所征服，由於燕北是東胡居地，為瞭解決東胡對燕的威脅，燕將秦開「襲破東胡，東胡卻千餘裡」[3]，燕的勢力擴展到今天的赤峰和朝陽一帶，「燕亦築長城，自造陽至襄平，置上谷、漁陽、右北平、遼西、遼東郡以拒胡」[4]。遼西郡北境應接近西遼河一帶，西遼河以北即是古代東胡族游牧之地，此後，東胡人一直在此居住。

　　一九七三年在寧城南山根的東胡墓葬中，還發現了做傚黃河流域貴族墓中隨葬的青銅禮器，其形狀與中原的青銅禮器形狀相同，這說明春秋戰國之交，東胡族的一些部落已經進入了青銅時代，但銅器數量不多，更未能完全取代石器，故在相當長的一段時期內，東胡族還處於銅器與石器共用的時代。到了戰國後期，東胡政權的北界已達到了大興安嶺及呼倫貝爾草原一帶，此時正是中原政權封建制度開始步入穩定的時候，而東胡人事實上則剛開始建立奴隸制政權，出現了以「王」為最高階層的管理機構。

1　《山海經·海內西經》，引自吳任臣：《山海經廣注》卷十七《大荒北經》，刻本，1667年。
2　吳任臣：《山海經廣注》卷十七《大荒北經》，刻本，1667年。
3　班固：《漢書·匈奴傳》，中華書局，1982年。
4　班固：《漢書·匈奴傳》，中華書局，1982年。

二、東北各部族與中原的關係

❶·夏商周時期東北部族與中原的關係

「在中國的奴隸制時代，奴隸制國家對所屬的部落實行分封朝貢制，即對四周各民族加以冊封，保持其原來的生產方式，各民族要向中原王朝朝貢，臣屬於中原王朝。」[1]肅慎就是東北地區最早和中原進行聯繫的一個民族。前文已述《逸周書》載，周之會時，肅慎人就把「塵」作為貢物獻給周成王，接受中原政權對他的冊封。《尚書·周官》亦載：「成王既伐東夷，肅慎來賀，王俾榮伯作《賄肅慎之命》。」此外，先秦時期，東北地區的其他少數民族也有接受中原政權冊封的，如山戎向西周貢戎菽，遼寧西南部的土方族則向西周王朝貢青熊。

商周時期，中原地區高度發達的青銅文化對周邊產生了積極的影響，「遼河流域的青銅文化也繼之而起，這種文化是屬於燕青銅文化和東胡族青銅文化，經由遼西而進入遼河流域的。由此可以看出，遼河流域以其適於農業經營的環境產生了巨大的吸引力，使得中原華夏族的燕人以及分布於西遼河上游地區的東胡族部落，也紛紛遷居到遼河流域的中下游地區」[2]。西周中期以後，東北少數民族文化逐漸向中原地區推進，形成「華夷雜處」的局面。

❷·春秋戰國時期東北各部族與中原的聯繫

春秋戰國之際是中原地區急遽變革之時，東北地區的政治格局也發生了巨大的變化，各少數民族之間關係緊張，強勢民族不甘居於落後區域而南下擴張，客觀上促進了區域文化的交融。

春秋戰國時期的東胡與山戎，主要活動於今內蒙古哲理木盟最南端的庫倫旗一帶。山戎與東胡勢力強大後曾由北向南拓展，達到今西拉木倫河以南及河北省的東北一帶，直至危及燕侯國。戰國燕昭王即位後，積極向北拓展勢力，並在東北設右

1　姜豔芳、齊春曉：《東北史簡編》，哈爾濱出版社，2001年。
2　張志立、王宏剛：《東北亞歷史與文化》，遼瀋書社，1992年。

北平、遼西、遼東三郡，這是東北地區設郡的開始。右北平郡設在平剛（今河北平泉），管轄遼寧南、河北北；遼西郡設在陽樂（今遼寧義縣）；遼東郡設在襄平（今遼寧遼陽市）。三郡以下各領屬縣，對東北地區進行管轄，這不但有利於燕國對轄地的統治和管理，而且也開創了東北地區行政建置的先河，為郡縣制在東北地區的確立打下了基礎。

與此同時，中原地區也從東北吸收了許多先進的事物。例如，農作物的南傳。「（齊桓公）北伐山戎，出冬蔥與戎叔（菽字通假），布之天下」[1]，這裡的「戎叔」即大豆，原產於我國東北山戎，所以有此名，可見「冬蔥」「戎叔」等作物就是齊桓公「北伐山戎」後從東北傳播到中原的。

從上述情況中不難想見，東北歷史及其政治和文化的發展，在中原深厚文化的影響下，出現了新的局面。

第二節　發展中的東北農牧漁業

一、粗放及緩慢發展的農業

❶‧東北農業發展緩慢的原因

與中原一帶相比，東北的農業文明不僅起步晚，發展速度也極其緩慢，之所以如此，其主要原因有三：一是東北的漁獵自然資源供給能力強。對於古代東北人來說，食物來源基本不成問題，所以他們對農業不甚重視；二是因為人的食物需求少。古代東北地大物博，人煙卻很稀少，由此決定的消耗索取也很小，人們養成「靠山吃山、靠水吃水」的習慣，憑藉大自然綽綽有餘的賜予，完全可以滿足生存的需要；三是因為東北地帶不像中原那樣有農業發展的地域優勢。此外，人們對肉

1　劉向編：《管子‧戎篇》，北京燕山出版社，1995年。

類脂肪的需求、經年累月養成的飲食習慣、南方農業文明北上緩慢、環境閉塞、交流困難等因素，使人們長期依靠狩獵捕魚自給自足，對以發展農業來滿足生存的需求不強烈。這不僅妨礙了東北地區農業的發展，而且導致肉食比例大，飲食結構比較單一。

❷．農具及農作物品種

但是，東北地區的農業仍有緩慢的發展。一九六三年，在黑龍江寧安鏡泊湖南端發掘的距今約4000年左右的鶯歌嶺下層文化遺址，具有濃厚的原始農業色彩，從遺址中出土的各種打製的石斧及板狀砍伐器來看，先民們曾用之來伐樹開荒。在黑龍江發現的最早的農業生產工具就是該遺址中一件完整的鹿角鋤，可用來刨坑播種，這些均是當時最原始的勞動工具，證明當地主要是實行「刀耕火種」式的農業生產方式。鶯歌嶺上層還發現了與原始農業有關的磨製石斧、石刀、石鏟、骨鑿等。在距今三四千年的時候，東北原始農牧業已趨成熟和普遍，遼西小河沿文化的陶器圖案中出現了方格田，表明農耕已有了精細之處。商周時期，中原地區的農業有了突飛猛進的發展，這對東北各少數民族也產生了影響，東北的農具種類開始增多：「以骨器、蚌器為主。僅蚌刀一種即多達40餘件，還有少量的蚌鐮，它們都是用於刈割的工具，表明當時已有農業生產活動，並有一定程度的發展。」[1] 人們還將石刀用於生產，以取代以前的蚌鐮，從而提高了收割效率。

從農作物的品種來看，當時的人們「宜五穀、善田種」，種植大豆、粟、黍等（從發掘的炭化穀物如粟、黍、荏、西天穀和豆類等來看，比現代的同類顆粒要小一些，但形態特徵相同）。粟即稷，泛稱禾、穀。現在北方稱「穀子」，去皮後稱小米，是食用最多的一種穀物。有時人們將穀作為糧食作物的代稱。黍，又稱黃米，不僅是古代重要的糧食作物，而且在商和西周時期還是祭祀的重要祭品以及釀酒的主原料；麥的種植由來已久，詩經《周頌・思文》中有「爰采麥矣？沬之北矣」[2]

1　譚英傑等：《黑龍江區域考古學》，中國社會科學出版社，1991年。

2　姚際恆：《詩經通論》卷四，鐵琴山館刻本，1837年。

之句，說明黃河流域麥田的種植面積已是相當可觀。那麼，與中原地帶有密切接觸的東北地區不可能不受到影響，麥的種植也很普遍。中國自古就栽培大豆，商朝甲骨文中有「菽」的象形文字，在《詩經》中亦有「藝之荏菽，荏菽旆旆」的記載。可以推斷我國大豆種植歷史約在5000年上下，與中華文明史一致。但主要分布在黃河流域。而出土實物最早的則是在東北的吉林永吉烏拉街和黑龍江寧安大牡丹屯、牛場的距今約3000年左右的原始社會遺址，其中的吉林永吉大海猛遺址中出土的大豆炭化物，是迄今我國發現的最早栽培型（屬於目前東北地區的秣食豆類型）的大豆標本，距今2600多年，其年代大約在東周至春秋時期。由於東北地區緯度偏高，氣候寒冷，故一般來說農業耕種是一年一熟，但從人們已有了儲藏糧食的窖穴來看，農作物的產量還是比較可觀的。儘管農業有了一定的發展，但人們種植的農作物品種簡單，收割莊稼的工具也不外乎是簡單的石刀等類，耕作方式仍是粗放的鋤耕階段，生產能力仍處於較低水平。

❸ · 中原農業技術的傳入

進入封建社會之後，中原農業的生產技術，尤其是鐵製生產工具迅速傳入東北的部分區域，赤峰、興隆、建平、敖漢、奈曼、朝陽、鞍山、錦州、撫順、旅順、寬甸等地的戰國時期遺址中均有鐵製農具的出土，這些農具種類十分齊全，有斧、钁、鏟、刀、鎬、耙、锸、鋤、鐮等，在遼寧喀左羊角溝還出土了一件秦朝的鐵鏵。鐵器的使用，增強了開荒的能力，使耕種面積不斷擴大。俄羅斯學者傑烈維揚科博士的《黑龍江沿岸的部落》一書中有：「鐵是製作勞動工具的基本材料，用鐵製作箭頭、钁頭、魚鉤、刀、長劍、錐、針、甲片等」的敘述，表明人們已經學會把鐵器應用到農業、漁獵等生產領域。隨著中原人口的遷徙，使鐵製農具不僅在東北的南部地區日益普及，而且逐漸向北推廣，夫餘、濊貊、高句麗、鮮卑等少數民族居住區陸續開始使用鐵製農具。雖然鐵的普及應用在東北地區仍相對緩慢，但對於促進東北地區的農業還是起到很大作用的。先秦時期東北的原始農業已經逐漸過渡到傳統農業，但仍然屬於粗放式的起步階段。當時東北的大部分地區，單單靠農

業還是滿足不了人們的生活需要，傳統的狩獵、捕撈、採集仍舊占有較大的比重。

二、漁業生產及山野採集

東北地區魚類及獸類資源豐富，這一優勢使人們將主要精力放在狩獵、捕魚上，這使得東北的漁業生產穩定而興旺。

在東北地區的文化遺址中，常常能發掘出骨魚鏢、矛鏃等，這證明當時的漁業生產在經濟生活中占據著相當的比重。而且當時手工業的進步也為東北先民的捕撈業創造了一定條件，人們能製造出更好的魚網、魚叉，能編木材為筏，以渡深水之河，能用皮革制船，還能製造出韌性較強的弓箭。這些為漁業生產提供了更大的方便。

由於經久的漁業生產的經驗總結，人們知道了類似「鑿冰沒水中而網取魚鱉」的一些捕魚方法，創造了「衣以魚皮」的獨特文化。人們針對東北大部分地帶都處於冬季漫長、夏季短暫的氣候，江面、河面結冰月份早、解凍月份晚的特點，發現了極有價值的生產規律：人們開始知道捕魚的季節不僅僅是在夏季，即使在冬季也可以鑿破冰窟，用網捕撈魚鱉，或用矛類鏃類射魚。為了保證魚類的供給，人們甚至還要將魚餵養起來，並掌握了一定的餵養方法。

除此以外，東北先民還要常常依賴於山林田野的採集，以擴大食物的來源。由於東北地區土壤肥美，空氣清新，盛產各種山果、山藥、野蘑、山野菜等，所以人們經常採集一些野果、山貨並將其製成佳餚。比如，肅慎人常常採集山野菜以添補蔬菜的不足，這種生活方式相沿成習，至今，居住在偏僻山區的各族人民仍保留著先人的習慣，每到春秋之際就到山上去採集野菜，將其製成美味佳餚。東北地區可吃的野菜有很多，例如山蕨菜（俗稱貓爪子）即是野蔬中的佳品，它作為東北地區人們喜食的野菜已有2000餘年的歷史；榛也是東北的特產之一，味道香美，早在原始社會時期即被先民採摘為食了。

三、狩獵與畜牧業的結合

這一時期狩獵業和畜牧業在原有的基礎上得到了新的發展。這一方面和東北的地理環境有關，另一方面也和人們常年的生活習慣有關。東北先民長年生活在深山老林裡，在長期的狩獵過程中積累下許多捕獵常識，知道怎樣根據季節、動物的習性、糞便、足跡進行狩獵，知道怎樣挖陷阱、做埋伏、設網套等。久而久之，人們的生活習慣也就形成了鮮明的地域特色。

從商周之後，家畜飼養業也有了較大的發展，馬牛已經廣泛用於交通、耕地、軍事以及使役，此時，人們學會利用草地和圈欄來飼養豬、狗、羊等。據考古發現，東北地區商周墓葬中出土的模型豬已經比較肥碩，沒有野豬瘦削的形態，與後來的家豬十分接近。在家畜的飼養與放牧過程中，他們也逐漸知道如何沿著水草豐茂之地放牧牛、羊、如何判斷牧場的好壞，怎樣躲避惡劣的天氣搭制防風的帳篷，以及如何去選擇更好的山地和水源。人們還將狩獵與畜牧結合起來，將狗馴化成獵犬或牧羊犬，用之於狩獵或畜牧。在東北地區考古發掘的許多墓葬中，都發現有大量的動物骨骼，而且，古文獻中所說的六畜在東北地區幾乎都有飼養，說明當時東北地區畜牧業的發達。

總之，隨著農業、漁獵、採集與畜牧業的發展，東北地區的食物種類不斷豐富，食品來源更加廣泛。而各地域部族食品來源的側重點不同，比如狩獵、游牧民族以肉類為主，漁獵民族以水產品為主，而農耕民族則以農作物為主。

第三節　食具種類增多，釀酒技術出現

一、食具種類的不斷增多

我國上古時代（夏朝以前）的炊具主要有：鼎，主要用來煮肉或醃肉；鬲，主

要是用來煮顆粒類食物以及不宜直接炙烤的植物性原料；鑊，主要是用來煮動物的肉；甑，主要用來蒸粒食類糧食（如粟米等）。上古時期的鼎只是一種炊具，用以煮食物，到商朝後期，鼎的功能發生了變化，不再是單純的炊具了，而是漸漸發展成一種重要的禮器和貴族宴飲的盛食器，直至發展成為古代高級官吏吃飯時享有的特權器皿，比如青銅製成的鼎，只有貴族才能享用，所謂「鐘鳴鼎食」即指進餐時鳴鐘列鼎而食，這反映出古代中原貴族奢華生活的一面，如在遼寧義縣的商周遺址中，就出土有青銅鼎。

伴隨著夏商周時期東北食物來源的擴展，以及手工業技術的發展，尤其是春秋末期鐵器的出現，使炊具、餐具以及各種食具的種類也變得豐富多樣起來。

在遼寧義縣花兒樓遺址的商周青銅器群中，出土了五件青銅器，有頸飾饕餮紋用以烹飪的「鼎」，有盛食物的「簋」，還有蒸煮食物的其他器皿。在松嫩平原一帶出土了周代的缽、罐、壺、甕、杯、鬲、紡輪、支座及仿樺皮器等，這些食具基本能夠滿足人們炊煮以及盛放食物、飲料的需要，有時還可用其存放雜物；在內蒙古哲里木盟的西南部發現了戰國時期文化遺址，其中出土的炊煮工具多以金屬器具為主，並有了爐灶（遠古時代，炊間在住室的正中央，上有天窗出煙，下有篝火或火塘，人們在火上做炊，就食者圍此聚食）；在吉林省西南部發現的戰國時燕國文化遺址中，生活用的陶器很多，有罐、盆、缽、豆、甑、尊等。此外，東北地區出土的炊煮器皿還有鼎、鬲等，可以與底部中間有孔的甑配合使用。

◀圖3-1　大甸子獸面紋陶鬲　（《遼寧文化通史》，曲彥斌提供）

從陶器的製法上看，戰國時期常用的生活陶器有釜、甕、罐、豆、缽等。釜多為屬（chàn）粗砂或雲母的紅褐陶，手製，火候不高，表面飾粗繩紋；甕、罐、缽、豆多泥質灰陶，火候較高，質地堅硬，以泥條盤築慢輪修整，罐、甕表面多飾繩紋，豆和缽多素面。其中，「豆」是先秦時期人們用來放置食物的主要器具，多用陶或木製成。除了陶器和青銅器皿，還有一些其他質地的食具，如在遼寧省敖漢旗大甸子古墓中曾發現早期漆器實物，是兩件類似觚形的薄胎朱色漆器，其年代距今約3500年，可見當時食具種類的豐富。

二、釀酒技術的出現

中國的釀酒及酒具製作的歷史源遠流長。二十世紀八〇年代，考古工作者在河南舞陽賈湖新石器時代早期遺址中，從發掘出土的陶器皿裡發現了距今已有9000年的酒的發酵飲料殘渣。表明中國是世界上最早掌握釀酒技術的國家。殷商時，人們發現了以含澱粉的穀物為原料的「曲」和「蘖」。《周禮・天官・冢宰》載：「酒政掌酒之政令，以式法授酒材。」唐代賈公彥《周禮義疏》載：「酒材即米曲蘖，授與酒人，使酒人造酒。」「辨五齊之名。」「五齊三酒俱用秫稻曲蘖。」明代宋應星《天工開物・酒母》載：「古來曲造酒，蘖造醴，後世厭醴味薄，遂至失傳，則並蘖法亦亡。」「曲」的發現，使穀物釀酒術產生了一次大的飛躍，「是製酒的一個轉折點，我國酒的生產和製曲密不可分，而且酒的品種與質量的發展，主要就是通過曲的生產與改進來進行的」。[1]

酒在東北地區人們的生活中是很重要的。喝酒是他們在游牧、捕獵之餘的最愛，他們甚至把釀製白酒這種技藝性較強的勞動作為高級的教育形式，一般人是不能掌握這類技能的。東北地區的各民族大致如此。他們不僅把馬、牛、羊之鮮乳作為飲料，還用牛、馬、羊乳釀造成酒。

1　文史知識編輯部：《古代禮制風俗漫談》，中華書局，1992年。

第四章　秦漢至北朝民族變遷及飲食文化體系初創

第一節　東北地區民族的演變及與中原的交流

一、東北地區民族的演變

西元前二二一年，秦統一中國之後，隨著中原政權的穩固和強大，東北的少數民族勢力紛紛向中原政權納貢稱臣。與此同時，先秦的肅慎、濊貊、東胡三大族系逐漸演變為漢晉之際的挹婁、夫餘、烏桓和鮮卑，北朝時期的勿吉、夫餘和高句麗、室韋以及烏洛侯、地豆於、豆莫婁等少數民族。

❶·秦漢至北朝時期的肅慎

歷史上其實許多民族的稱謂並不是固定不變的，往往在不同的階段有不同的稱呼，肅慎即如此。

肅慎於戰國以後改稱「挹婁」，即「穴居人」之意。《後漢書・東夷傳》「挹婁條」載：「挹婁，古肅慎之國也。在夫餘東北千餘裡，東濱大海，南與北沃沮接，不知其北所極。土地多山險。人形似夫餘，而言語各異。有五穀、麻布，出赤玉、好貂。無君長，其邑落各有大人。處於山林之間，土氣極寒，常為穴居，以深為貴，大家至接九梯。好養豕，食其肉，衣其皮。冬以豕膏塗身，厚數分，以禦風寒。夏則裸袒，以尺布蔽其前後。其人臭穢不潔，作廁於中，圜之而居。自漢興以後，臣屬夫餘。種眾雖少，而多勇力，處山險，又善射，發能入人目。弓長四尺，力如弩。矢用楛，長一尺八寸，青石為鏃，鏃皆施毒，中人即死。便乘船，好寇盜，鄰國畏患，而卒不能服。東夷夫餘飲食類皆用俎豆，唯挹婁獨無，法俗最無綱紀。」從文獻中判斷，挹婁勢力範圍南至長白山，與高句麗相接；北至松花江、黑龍江、烏蘇里江匯流處；東至日本海；西至張廣才嶺，與夫餘相接。漢時曾隸屬於夫餘。作為「古肅慎之國」後裔的挹婁人，到東漢之前，農業有了較大的發展，成為整個經濟生活的基礎部分。狩獵及捕撈生產在原來的基礎上亦有了新的提高。漢魏之際，挹婁諸部的人口約數萬人，並逐漸過渡到了文明時代。

東晉時期，肅慎稱為「勿吉」。「勿吉」之名始見於北齊魏收所撰《魏書・勿吉傳》，意為「林中人」或「森林中的民族」。《魏書》云：「勿吉國，在高句麗北，舊肅慎國也。邑落各自有長，不相總一。其勁悍，於東夷最強。言語獨異。常輕豆莫婁等國，諸國亦患之。」勿吉人自十六國時期以來，成為東北地區一支強大的勢力，「其人勁悍，於東夷最強。」他們不斷向外擴張，並在發展的過程中，積極發展同中原政權的關係，多次遣使朝貢，密切經濟、文化關係，這對促進勿吉社會的進步和經濟發展有重大意義。在三江平原各地發現的數百處漢晉北朝時期的挹婁—勿吉的遺址中，發現他們已步入農業定居生活，農業生產進入鐵器階段，大致符合《魏書》的記載：「其國無牛，有車馬，佃則偶耕，車則步推，有粟及麥穄（jì），菜則有葵，水氣鹹凝，鹽生樹上，亦有鹽池。多豬無羊。嚼米醞酒，飲能至醉。婦人則布裙，男子豬犬皮裘。」糧食產量豐厚，出現了麥以及形狀似黍、但子實不黏的穄等新作物，並且已有多餘糧食用來釀酒，畜牧業依然十分發達。同時，狩獵經濟仍占很大比重，人們使用鐵鏃，淬以毒藥，「射禽獸，中者便死，煮藥毒氣亦能殺人」；除此之外，漁獵業也很發達，勿吉人不但能在內陸江河湖沼中捕魚，還能遠涉日本海進行捕魚活動。另外，手工業水平也有所提高，尤其是造船技術，船隻堅固，使得人們能夠航行到遠海水域進行捕魚作業。到五世紀末，即中原的北魏時期，遠在東北的勿吉人對該地的開發已大大超過以前的挹婁時代。

❷ · 秦漢至北朝時期的濊貊

濊貊是若干民族的複合體，主要居住在東北及朝鮮北部地區。到漢代，濊貊族逐漸發展為許多個較大的民族共同體，一般認為，最早從濊貊族系中孕育出的民族是夫餘。夫餘與濊貊之間有著十分密切的聯繫，史載：「今夫餘庫有玉璧、珪、瓚數代之物，傳世以為寶，耆老言先代之所賜也，其印文言『濊王之印』，國有故城名濊城，蓋本濊貊之地，而夫餘王其中，自謂『亡人』。」[1]夫餘既有濊王之印，故又

1　陳壽：《三國志・魏書・烏丸鮮卑東夷傳》，中華書局，1982年。

有記載稱「夫餘國……本濊地也。」[1]可見夫餘與濊貊乃為一脈相承。

夫餘大致位於松嫩平原南部、東北的中部。「夫餘，在長城之北，去玄菟千里，南與高句麗、東與挹婁、西與鮮卑接，北有弱水，方可二千里。戶八萬，其民土著，有宮室、倉庫、牢獄。多山陵、廣澤，於東夷之域最平敞。土地宜五穀，不生五果。其人粗大，性強勇謹厚，不寇鈔。國有君王，皆以六畜名官，有馬加、牛加、豬加、狗加、大使、大使者、使者。」[2]「大體上東到張廣才嶺，南到今遼寧開原及渾河和輝發河上游分水嶺一帶，西到吉林省白城至遼寧省昌圖一線，北到嫩江下游東流段及東流松花江流域。」[3]這片領域中的肥沃土地比較適於農耕，加之鐵製農具如鐮、钁、鍤、鋤等的使用，使其農業生產技術水平有了相當程度的提高，使之成為東北少數民族中農業最發達的地區。農事品種也較前大為豐富，《三國志》有明確的記載：「於東夷之域，最為平敞，土宜五穀。」從已發掘的夫餘早期遺址來看，人們已住進木結構的半地穴式房屋，反映出生活方式已趨向定居，而定居的生活方式反映了農業生產已在其經濟生活中逐漸占據主導地位。因農業得以發展故而保證了人們生活的穩定性，加速了人口繁殖。兩漢之際，松嫩平原及大興安嶺以東的夫餘人至少也已達到了10萬人左右，其風俗能歌善舞，尤其是祭天時，要舉行盛大集會，連日飲食歌舞，名曰「迎鼓」。

◀圖4-1 赤峰市喀拉沁旗架子山夏家店下層文化遺址群（《遼寧文化通史》，曲彥斌提供）

在夫餘的文化遺址中發現了大量生活用具，其中以陶器最多，有鬲、壺、罐、缽、碗、支座和少量的舟形器，「從陶器上篦點紋組成的迴紋、蟬紋圖案來看，是接受了中原黃河下游商周青銅文化的影響。作為典型器物的直口、筒腹大袋足的鬲與西周至東周初的夏家店上層文化的同類鬲甚為相似。可見夫餘先世的文化深受中原文化影響」[1]。另外，在一些遺址中亦發現夫餘早期文化中出現了鐵器，表明戰國至西漢初期的夫餘族已由青銅時代步入鐵器時代。儘管數量不多，但這畢竟意味著社會生產力已有了飛躍的發展。他們使用的鐵農具如鎌、钁、锸、鋤等與中原使用的農具相同，顯然是受到了中原文化的影響。

兩漢時代的夫餘是東北較為先進的民族，在漢魏時期，夫餘已歸屬於中原政權管轄，直至晉代「其國殷富，自先世以來，未嘗被破」[2]。

夫餘在東北地區與諸多民族建立了多方面的聯繫，特別是與高句麗的關係較為密切，雙方在經濟、文化方面的交流都較多，但後來卻處於對峙狀態。鮮卑諸部曾屢向夫餘進攻，夫餘逐漸走向衰落。北魏時，夫餘曾遣使向其朝貢，確立了政治上的臣屬關係，但因長期內亂和外患，夫餘國漸漸陷入分崩離析的狀態。西元四九四年，勿吉人向夫餘發起大規模進攻，盡占夫餘故地，夫餘國亡。滅亡前數以萬計的夫餘人逃往高句麗和鮮卑。同時，另外一支夫餘人向南發展，聚居在夫餘東南鴨綠江流域的山地，歷史上稱之為「沃沮人」。然而，關於沃沮人的史料記載很少，《後漢書·東夷傳》載他們所居之地「宜五穀、善田種」，日常器皿是「瓦鬲」，穀「米」為常食，「飲食類皆用俎豆」，生產力已經達到一定的水平。

❸·秦漢至北朝時期的東胡

西遼河以北是古代東胡人居住、游牧之地，直到西元前二〇六年匈奴單于冒頓打敗東胡後解體，從此東胡在歷史上消失。之後，東胡各部又在一定歷史條件下結成不同的群體，如烏桓族、鮮卑族等，繼續在這一帶生活。

1　李殿福：《東北考古研究》，中州古籍出版社，1994年。
2　房玄齡等：《晉書·四夷傳·夫餘國》，中華書局，1974年。

烏桓，又寫作烏蘭、烏丸，是東胡族的一支，在漢初以來，活動在今西拉木倫河以北的烏桓山一帶。烏桓是游牧民族，以游牧狩獵為生，逐水草而居，以穹廬為屋。《後漢書·烏桓鮮卑列傳》中記載，「俗善騎射，弋獵禽獸為事，隨水草放牧，居無常處。」飲食以馬、牛、羊肉居多，逐漸形成「食肉飲酪」的飲食習俗。西漢時期，烏桓部落中自「大人以下，各自畜牧營產，不相徭役」，還未出現明顯的階級分化。庫倫旗曾出土一方「騎部曲督」印，說明東漢朝廷曾對這裡進行了有效的管轄。但烏桓常與匈奴、鮮卑相聯結，騷擾中原政權的北部邊境各郡，「光武初，烏桓與匈奴連兵為寇，代郡以東尤被其害。居止近塞，朝發穹廬，暮至城郭，五郡民庶，家受其辜，至於郡縣損壞，百姓流亡」。

鮮卑亦為東胡的後裔，其名稱出現在西漢，《朔方備乘·鮮卑傳》卷三十一載：「《史記集解》引服虔曰：『山戎、北狄，蓋今鮮卑也』……鮮卑音轉為錫泊，亦作席北，今黑龍江南，吉林之西北境，有錫泊部落，即鮮卑遺民。」這裡所指「吉林西北境」指今白城地區的西部，包括科爾沁右翼中旗和扎魯特旗等地。

鮮卑與烏桓雖同出東胡，但在歷史上鮮卑的影響要遠遠大於烏桓。鮮卑拓跋部先世居於嫩江西北的大興安嶺地區，《魏書》曰其遠祖「統幽都之北，廣漠之野，畜牧遷徙，射獵為業」，由「三十六個游牧狩獵部落結成部落聯盟」[1]，後來逐漸南遷至今遼東一帶，並一反前世匈奴頻頻抄掠邊境漢民的做法，採取與中原政權和親的長久之計，同漢人的往來越來越多。拓跋鮮卑以游牧、捕獵為主要生產方式，早期過著「畜牧遷徙」的游牧生活，同時「兼營漁獵」，主要獵取對像是野豬、野鹿、野羊、兔、鼠、飛禽以及魚類，故鮮卑族以肉食為主，其來源於野生動物，並以其乳為主要飲料。除此之外，他們將捕捉來的動物進行馴化飼養，從而進一步保證食物的來源，後因「鮮卑眾日多，田畜射獵，不足給食」，故又「捕魚以助糧」。[2] 鮮卑慕容部原居鮮卑山，後遷居饒樂水（西拉木倫河），以後又逐漸南下，遷到今遼

1   翦伯贊主編：《中國史綱要》，人民出版社，1983年。
2   陳壽：《三國志·魏書·烏丸鮮卑東夷傳》，中華書局，1982年。

寧錦州，從事農桑和畜牧。到十六國時期相繼建立了以慕容鮮卑為主體的少數民族
政權。

室韋也是東胡的後裔，其名稱最早見於《魏書‧帝記‧孝靜記》，室韋之意為
「森林」或「樹叢」。儘管其族源可能是多元的，既有夫餘、濊貊的成分，也融入肅
慎族系的因素，但其主體部分應是東胡族系鮮卑人的後代，他們與拓跋鮮卑有著密
切的淵源，不僅在生產、生活方式方面大同小異，而且在風俗習慣上也頗為相似。
室韋族主要分布在今嫩江流域和黑龍江南北兩岸，生產內容主要是放牧、捕魚、農
耕、打獵。最初的農業是非常原始的，儘管人們已經發現了鐵，但在很長的一段時
間內並未能將鐵製作成農具，而仍是用自製的木犁耕地；而且人們最初種糧食的目
的只是為了飼養豬、牛、羊、馬等家畜，後來才逐漸認識到人也可以食用五穀，農
業才發展起來。他們利用「多獵牛」「多貂」的優勢，「夏則城居，冬逐水草，亦多
貂皮」，《北史》載：室韋「射獵為務，食肉衣皮，鑿冰沒水中而網取魚鱉」。《魏書》
載其生活特點是「唯食豬魚，養牛馬」，除了豬、馬、牛、羊等系列家畜外，還有
魚類及乳製品，並且還把剩餘的糧食釀製成酒，「有曲釀酒」，飲食器具是「用俎
豆」[1]，可見室韋人的飲食文化還是比較豐富的。到五六世紀，室韋同中原政權建立
了貢屬關係。西元五四四年，室韋人開始向東魏政權進貢，以後一再遣使朝貢中原
政權，從而大大加快了室韋社會的文明進程。

二、中原政權對東北少數民族的影響

自燕國、秦在東北設置遼西、遼東二郡以來，漢人逐漸北移。至秦漢時代，在
遼西、遼東二郡內漢人的比重愈來愈大。因此在遼西、遼東二郡內，其物質文化特
徵突出地反映了高度發達的漢文化，這種漢文化對整個東北民族文化的融合和發

1　魏收：《魏書‧室韋傳》，中華書局，1974年。

展，都起到極大的推動作用。[1]西漢時，漢政權繼續加強對東北地區的管理，促進了東北地區和中原地區的政治、經濟、文化交流。西元前一一九年，漢武帝曾派兵打敗匈奴，將烏桓人從匈奴的壓迫下解脫出來，接受漢朝的管轄。自此，烏桓與中原的經濟文化交往日趨密切，社會經濟得到恢復和發展。東漢末年，公孫度為遼東太守，數次對外征戰，東擊高句麗，西擊烏桓，基本統轄了東北各族。三國時期，曹操陸續平定三郡烏桓，占有遼河以西，勢力範圍進入今牡丹江市南部一帶的肅慎（挹婁）南境，並進而控制和監護夫餘、挹婁、鮮卑在內的東北各族，對當地的歷史發展產生重大影響。到了西晉以後，司馬氏進一步將今大興安嶺一帶同中原地區連成一體，故有「諸夷震懼，各獻方物」[2]的場景。可見，漢族對東北文化的影響是毋庸置疑的。東北各族和漢族共同推進了東北地區的社會發展和提高，使這一區域得到良好的開發，社會生產力有了大的提高，民族之間出現融合的趨勢。

第二節　經濟發展與飲食生活的時代特徵

一、多種經濟形態並存

❶・農業有發展，未占主導地位

中原統一的秦漢封建王朝建立後，與東北區域的聯繫也頻繁起來。秦漢時中原的漢人曾大量遷移到東北地區，把先進的農業技術帶到了東北，使東北粗放的農耕方式有所改進，旱地農業技術臻於成熟。不僅加快了農耕民族和游牧民族的融合，也使游牧民族的食物中增加了穀物等農作物成分，形成肉食為主、植物性食物為輔的飲食結構。

1　李殿福：《東北考古研究》，中州古籍出版社，1994年。
2　魏收：《魏書・庫莫奚傳》，中華書局，1974年。

◀圖4-2　戰國和漢代的鐵器，遼寧撫順
　　　蓮花堡出土　（《遼寧文化通
　　　史》，曲彥斌提供）

　　秦漢時期的鐵製農具在遼、吉、黑三省均有考古發現，尤其是在漢朝郡縣所轄的東北區域裡，出土了許多鐵製農業生產工具，「鐵使更大面積的農田耕作，開墾廣闊的森林地區成為可能」[1]。漢代的鐵製農具比戰國的鐵製農具有顯著的改進，漢朝49處鐵官之一就有遼東郡平郭縣的鐵官，鐵農具包括從耕種到收割的全部工具，鐵製農具的使用既擴大了農田的墾殖和規模，也提高了農業生產效率。從東北地區出土的漢代鐵製農業生產工具來看，分工很細，已經具備了整套的用於各種工作程序的專門工具，有的農具可以精細到有幾種類型，如鐵鏵就分為大、中、小三種類型，這說明當時農業生產有了很大的發展。中原發明的耬車在東北部分地區也有使用，促使耕作技術有了進一步的提高。人們還掌握了一些農耕時令的常識，如烏桓族「耕種常用布穀鳴為候」[2]；東漢崔寔《政論》：「今遼東耕犁，轅長四尺，回轉相妨，既用兩牛，兩人牽之，一人將耕，一人下種，二人挽耬。凡用二牛六人，一日才種二十五畝。」[3]可見，東漢時東北地區還出現了牛耕。在北魏時期，東北地區耕、耙、耱相結合的技術體系已經形成。生產工具和農業技術的進步，提升了農作

1　恩格斯：《家庭、私有制和國家的起源》，《馬克思恩格斯選集》第21卷，人民出版社，1995年。
2　陳壽：《三國志‧魏書‧烏丸鮮卑東夷傳》，中華書局，1982年。
3　崔寔：《四民月令‧政論》，中華書局，1965年。

物的產量，擴大了食物的來源。

從農作物的種類來看，當時已有「粟及麥、穄」[1]等耐旱作物，以及文獻中未有記載但在遼寧遼陽考古發掘中發現的漢代高粱。有學者推測，《齊民要術》中的「高丈餘，子如小豆，出粟特國」的「大禾」，可能指的就是高粱。「黍」和「稷」屬於一類，二者子粒比粟略大，呈鮮黃色；從品質角度分析，黍米有黏性，稷米無黏性，但是黍、稷的種植條件和粟幾乎完全相同，對生荒地的適應能力很強，所以在社會穩定和戰後恢復生產時期，人們首選黍稷種植，且分布廣泛，比重很大。除此之外，大豆也是這一時期的重要食糧，成為人們日常飲食不可或缺的一部分。

儘管漢代的東北已具備了打製一整套鐵製農具的能力，以及較高的生產技術水平，但直到南北朝時依然屬於粗放農業經營。這主要是因為許多民族還居處東北高寒地區，農業發展受到限制，以致在社會經濟中依然不占主導地位。有些民族如從夫餘王國分裂出來的烏洛侯還沒有進入農耕定居生活的階段，「冬則穿地為室，夏則隨原阜畜牧。多豕，有穀麥」[2]。西部大興安嶺山林中的室韋部落除了南部之地有少量粗放農業外，其餘各部都以畜牧業為主，食物也大多是肉類。南室韋諸部還未能將鐵用於農具，僅能自製木犁，以之耕地，種植粟、麥和穄子，「頗有粟、麥及穄，唯食豬、魚，養牛、馬，俗又無羊」[3]。

另外，粗放式農業經營模式不僅落後，且極不平衡，並且時常受到政治軍事環境的影響，北方胡族的侵襲，使農耕方式更加受到限制。特別是南匈奴入居塞內，迫使東北地區的少數民族向北遷移，已開墾的土地被拋荒，地區的農業生產漸次萎縮，從而始終無法改變這一歷史時期以肉食為主，糧食為輔的基本狀況。

❷・發達的漁業體系

從大量考古發掘出的漁獵工具判斷，漁獵在當時社會經濟中占有重要地位，且

1　魏收：《魏書・勿吉傳》，中華書局，1974年。
2　魏收：《魏書・烏落侯傳》，中華書局，1974年。
3　魏收：《魏書・室韋傳》，中華書局，1974年。

漸成獨立體系。有些民族還保留有許多有關漁獵活動的美麗神話傳說，如「魚鱉浮為橋，東明得渡，魚鱉解散，追兵不得渡，因都王夫餘，故北夷有夫餘國焉」[1]。這給漁獵活動蒙上了一層神祕色彩，亦說明古代東北少數民族較普遍地以漁獵來補充肉食的狀況。秦漢後，東北地區少數民族的手工業發展很快，他們的弓箭、魚網、魚叉的製作技藝高超，舟船的製造尤為突出。古代東北各民族已經知道充分使用水上交通工具，他們「渡水則束薪為筏」[2]；繼編木為筏之後，人們又「刳木為舟」，即將整塊的木頭中段挖空，做成獨木舟，並「剡木為楫」，配之以槳；同時還使用獸筋縫合而成的樺樹皮製成樺皮船「用之以渡」，進行漁業生產；船有大小之分，且質地堅固，可以到遠海水域進行捕魚作業。舟船的製造大大提高了捕魚的產量，從而大大豐富了食物的來源。

❸·狩獵業與畜牧業的發展

特殊的生態環境決定了特殊的生產方式，培育了東北人進取的精神。「他們或者翻越崇山峻嶺，穿行森林叢莽、馳騁草地荒原彎弓射獵：或者遊戲長河、搏擊大海捕撈：或者『隨草畜牧而轉移』，放牧以萬千計數的羊、牛、馬、駱駝等畜群；狂濤巨浪無所懼，長風暴雪視等閒，養成了強悍的體魄和勇武精神。他們每天都要殺生，都要同掙扎奔竄的動物，甚至凶殘的野獸搏鬥，流血和死亡是極其平凡的事。寒冷和強體力勞動需要他們攝取大量肉食以獲得高能量，從而使自己成為比僅以糧蔬為食的果腹農民高近乎一個營養級。」[3]從文化遺址中出土的大量豬、牛、狗、馬骨骼來看，許多民族都利用地緣優勢發展畜牧經濟，使其在原有的基礎上得到新的發展。

一般來說，肉食的來源除狩獵的禽獸和漁撈的魚類外，大部分來自畜牧業的牛、羊、馬、駱駝等大型牲畜，也來自飼養的家畜如豬、狗，以及飼養的家禽如鵝、鴨、

1　王充：《論衡·吉驗篇》，上海人民出版社，1974年。
2　李延壽：《北史·室韋傳》，中華書局，1974年。
3　趙榮光：《中國飲食文化研究》，（香港）東方美食出版社，2003年。

雞等，狩獵業與畜牧業是當時東北少數民族的主要生計方式。

二、北方飲食文化體系的初創

「自然地理、經濟地理、文化地理、歷史地理，甚至政治地理，等等，人類既往的活動和現實的生存，人類的任何一種文化的存在都必須有一定的地理依存。」[1]而「一定地域和一個民族的風俗習慣，是該地方和民族文化的重要組成部分，她最能體現這個地方和民族的生活方式及特點，是透視民族心理素質和性格特點的窗口」[2]。所以我們說文化是「一方人」為適應在「一方水土」中的「生活的樣法」[3]，也正因如此，造就了血緣、民族、生活習慣、宗教信仰等不同，從而使得人們適應生活的方式也不同。反映在飲食上就是在歷史時空中形成具有一定地域特色的飲食文化，東北地區的飲食文化體系就是這樣初步創建的。生態系統中地理位置、氣候條件、文化生產、地緣衝突、民族變遷等都可促成食文化體系的形成，東北地區能夠形成獨具東北特色的食文化體系，這既有「靠山吃山，靠海吃海」自然因素的決定作用，也有「食、色，性也」人類社會因素的決定作用。

❶ · 調料日趨豐富，烹調技藝進步

從人類懂得用火熟食以來，烹飪術就隨之萌芽。《古史考》中說軒轅氏黃帝教百姓「蒸穀為飯」「烹穀為粥」，可見已掌握了利用水蒸氣獲取熟食的烹飪方式。另，屈原《天問》提及：「彭鏗斟雉，帝何饗？」東漢王逸《注》云：「彭鏗，彭祖，好和滋味，善斟雉羹，能事帝堯。」綜上所述可知，早在上古時期，我國就已經出現初級的烹飪技術，已具備燒、烤、蒸、煮等烹飪技法。

秦漢後的調味品漸趨豐富，其中東北地區占主導地位的是鹹味調味品，特別是

1　趙榮光：《中國飲食文化研究》，（香港）東方美食出版社，2003年。
2　波少布主編：《黑龍江民族歷史與文化》，中央民族學院出版社，1993年。
3　梁漱溟：《東西文化及其哲學》，商務印書館，2003年。

豆醬。早在漢代，人們就已懂得用豆和麥麵加鹽製成豆醬，進食每以醬佐餐，由於醬經過了一段發酵期，「醬成於鹽而鹹於鹽，夫物之變，有時而重」[1]。東北食豆風俗原本就比中原盛行，製豆成醬的技術以及用醬烹調的方法也比其他地區精細許多。到南北朝時，人們已經積累了豐富的作醋經驗，掌握了豐富的發酵工藝，作醋的原料非常廣泛，一般含澱粉類的糧食穀物都可以，如粟米、大豆、小豆、小米等。醋作為調味品有很多妙用，可去腥臊、開脾胃、去油膩、增食慾，既可單獨成味，又可配合其他調味品一齊使用。

最初，在畜牧業不發達的情況下，狩獵所得是東北先人主要的食物來源，於是逐漸產生了對某一種獸肉的情有獨鍾，並發明了許多獨特的吃法。比如有的民族偏愛吃麞子肉，有的偏好鹿肉、野豬肉，肉的烹調方法也很多，或燜燉、或燒烤、或水煮，其中流行於秦漢時期的烤製方法是「炙」法。當時在東北地區最為有名的就是「貊炙」，即「全體（即整隻的）炙之，各自以刀割，出於胡貊之為也。」[2]隨著人們在食物製作方面的經驗積累日益豐富和成熟，東北地區的人們逐漸學會了將肉曬製成乾，以備食物缺乏時食用。

秦漢時期有大量的銅、鐵食器出土，並且在種類、數量、質量上都優於戰國時期，這些金屬炊具的應用，大大縮短了炊煮時間，且使用更加方便。

❷ · 食品地域風味特徵開始形成

中國食物烹飪方式的地方差異、風味差異的形成時間可追溯到先秦時代。早在《黃帝內經》中就有記載：「東方之域，天地之所始生也，魚鹽之地，海濱傍水。其民食魚而嗜鹹。」「西方者，金玉之域，沙石之處，天地之所收引也。其民陵居而多風，水土剛強，其民不衣而褐薦，其民華實而脂肥。」「北方者，天地所閉藏之域也。其地高陵居，風寒冰冽。其民樂野處而乳食。」「南方者，天地所長養，

---

1 應邵：《風俗通義》，湖北崇文書局刻本，1875年。
2 劉熙：《釋名·釋飲食》，吉林出版集團，2005年。

陽之所盛處也，其地下，水土弱，霧露之所聚也，故其民嗜酸而食胕（fū）。」由於地域、宗教、民族、生活習慣等原因的影響，會形成不同風格的飲食文化區域性類型，「東北地區飲食文化圈，是在漫長的歷史上逐漸形成的中華民族飲食文化圈中的風格特異性極強的子文化區位類型。作為歷史上客觀存在的飲食文化區位類型，東北地區飲食文化圈的文化地理區域包括的是今日遼寧、吉林、黑龍江三省和內蒙古東部等的廣大地區。一般來說，某種風格或類型的飲食文化都有相應的原壤性——文化的原生地域屬性——地域附著。」[1]「飲食文化的地域差異是明顯的，一般來說，飲食文化比人類其他特質文化受制於地域的因素要明顯得多」[2]。

影響東北飲食文化圈形成的因素很多，首先是地理因素。東北先民，在天寒地凍的長期生活中，學會了充分利用東北地區地理的特點，創造出具有東北特色的飲食文化。「自然選擇保證最適者得以生存，指的是在某地和某種條件下最適於生存的人，氣候、營養以及對疾病的抵抗力是最重要的因素」[3]。常年生活在茫茫林海之中的人們不是把精力放在糧食耕種上，而是以追逐捕獵獐、麃、鹿、野豬等野獸來滿足生存的需要，人們的飲食習慣逐漸基於此而形成，反映在飲食方面，就是進一步促進它的固有地域風味。這不僅發展了人們對肉類、魚類的烹製技術，而且還發展了東北古代民族與眾不同的飲食結構，能夠烹製出多種主食，在肉食和菜類等副食方面的烹調花樣也與日翻新，味道獨具東北特色。

其次是自然因素。由於東北地區特有的生態環境及與之相適應的物產，東北地區的居民，在漫長的歷史過程中都是以肉食為主，穀蔬為輔。「這種特點最少是維持到了十九世紀末葉，這裡的土著居民如滿族、蒙族、達斡爾族、鄂倫春族、鄂溫

1　趙榮光：《中國飲食文化研究》，（香港）東方美食出版社，2003年。
2　趙榮光：《中國飲食文化研究》，（香港）東方美食出版社，2003年。
3　L・L・卡瓦利・斯福扎、F・卡瓦利・斯福扎：《人類的大遷徙》，科學出版社，1998年。

克族、錫伯族、赫哲族、吉里族、苦夷族等基本如此。」[1]東北地區幾乎囊盡黃河流域所有的穀物品種，可以說「五穀雜糧」齊全。由於東北地域乾旱，比較適合耐旱的粟、麥等作物的生長，稻米則不可多得。人們往往把麥磨成麵粉，做成各種乾糧，或用粟、穄蒸飯吃，在東北偏南的區域如遼寧、河北北部等地，麥、粟、菽、芋、高粱、蕎麥、小豆等是居民的主食類食品。這些五穀雜糧使人們的食物內容更加豐富，營養結構更加合理。

❸·炊餐用具不斷完善

秦漢時期的東北地區已形成了多種材質炊餐用具共用的階段，有普遍使用的陶器，也有獨具地域特色的皮具、獸角製品，以及金屬和玻璃器具等。

一九六五年，在今遼寧北票發現了北燕太祖天王馮跋之弟馮素弗之墓，該墓出土了玻璃質地的杯子，該玻璃杯高8.8釐米，口徑9.3釐米，體現出人們飲食審美觀念的逐漸完善。

陶器在飲食器具中占有重要的地位，陶器的種類、造型、紋飾在各階段皆有不同。吉林省西南部出土的秦至西漢前期的陶器質地單一，多為輪製製法，器形有雙耳壺、缽、豆、甕、釜等；漢代的陶器文化較發達，有泥質灰陶的罐、盆、甕、缽、豆，輪制，質地堅硬，表面多飾細繩紋；夫餘人「喜飲酒歌舞，或冠弁衣錦，器用俎豆」[2]，出土的夫餘陶器造型精緻，上有細密篦點組成的羊紋、草地、圈欄等精美的圖案，反映出夫餘先世具有較高的審美意識，也反映出兩漢時代東北漢人高水平的製陶技術。最晚到了兩漢時代，東北許多地方已進入鐵器（早期）時代，銅鐵等金屬器皿的應用也日漸增多。秦漢之際，飲食用具中的木器使用比例漸漸增

1　趙榮光：《中國飲食文化研究》，（香港）東方美食出版社，2003年。
2　范曄：《後漢書·東夷傳》，中華書局，1965年。

◀圖4-3　前燕釉陶羊尊，遼寧北票喇嘛洞出土（《遼寧文化通史》，曲彥斌提供）　▲圖4-4　北燕圓底提梁銅壺，遼寧北票馮素弗墓出土（《遼寧文化通史》，曲彥斌提供）

大，形成了多種材質的炊餐用具同時使用。漢代，人們普遍用筷子吃飯，對筷子的製作也講究起來。酒具製作也有新意，東北遊牧民族就地取材，用皮草、獸角製成酒具。

此外，在秦漢以後的廚房設施中，人們注意到灶的排煙與隔煙設施的使用，並注意到水井的衛生。

❹．「醫食同源，藥食一如」的養生之道

「醫食同源」在我國不但有悠久的歷史，而且有充分的理論根據。早在遙遠的古代，人們就已經注意到一些動物、植物或礦物質具有治療疾病的功效，醫藥學的最初萌芽就是源於原始人類的飲食生活。《淮南子‧修務訓》中有「古者，民茹草飲水，採樹木之實，食蠃蠬（luǒlóng）之肉。時多疾病毒傷之害，於是神農乃始教民播種五穀，相土地宜，燥濕肥磽高下，嘗百草之滋味，水泉之甘苦，令民知所避就。當此之時，一日而遇七十毒。」之語，即反映人類最初開闢食源時的艱苦探索，也反映出當

時已有了「藥食一如」的萌芽。

在中國幾千年的歷史中，人們的飲食與農學、本草學結下了不解之緣，歷史上「本草」中的藥物，大多是人們正在吃著的食物；而人們的一些食物，又有許多被「本草」家視為藥物，抑或認為其具有某種藥性。東北地區的先民亦是如此，他們在以飲食解渴充飢的同時，還把食物作為藥物用以防治疾病、養生保健，以飲食追求延年益壽。

早期的東北民族常常是依靠採集野生植物的根、莖、葉、果實來獲得食物，從而認識到許多植物的藥性。如乾果類的榛子、栗子是東北的特產，對人體有不小的食療補益作用。又如蔥、薑，人們不僅將其作為調味品，還將其入藥，以求「薑驅寒」「蔥理氣」之效。韭，系百合科蔥屬多年生草本宿根植物，素有通便功效。韭原產於中國。秦漢後，人們認為韭是對人體極有好處的食物，是「百草之王」，認為韭採天地陰陽之氣，「草千歲者惟韭」，食之可以使人目力清晰，聽覺靈敏，春季食用可「苛疾不昌，筋骨益強」[1]。東北地區韭的種植十分廣泛，部分地區甚至以官方名義讓百姓每戶種「一畦韭」。在長期的畜牧生活中，人們還漸漸認識到牛、狗等牲畜的一些器官可以入藥醫病，且效果顯著，這在後世的本草書中都有記載。

東北地區的馬奶酒又稱酸馬奶，味道醇香酣烈，在古代就被認為是「性冷，味甘，止渴，治熱」的良藥，由於它的保健和醫療價值顯著，故一直沿用至今。

這種醫食同源、藥食一如、以飲食防治疾病的理論，對人們的日常生活產生了極大的影響，是中國飲食文化中的寶貴思想。

1　本書整理小組編：《馬王堆漢墓帛書（肆）》，文物出版社，1985年。

三、與中原飲食文化的關係

縱觀東北地區歷史不難看出，千百年來東北先民與中原文化都有著密切聯繫，並且一直延續下來。儘管分布在不同時代、不同類型的歷史文物有著各自不同的內涵，但始終貫穿著一條鮮明的線索，即東北地區與中原地區的文化有著不可分割的血肉聯繫，這種聯繫反映在飲食方面，就是東北區域飲食文明與中原飲食文明在互促互動的過程中，形成了獨特的東北地區飲食文化。

東北的游牧漁獵文化與中原的農耕文化很早就在民間有往來交流，春秋戰國時期，中國出現了有記載的第一次古代民族的大融合，推動了中原農耕文化在東北的傳播，中原政權旨在獲得邊境的安定，避免周邊民族的入境掠奪，這在客觀上促進了中原與周邊地區在政治、經濟、思想文化上的交流，對東北區域文化產生了積極的影響。

魏晉南北朝是繼春秋戰國之後，我國歷史上出現的第二次民族大遷徙、民族大融合階段。在這一階段中，有部分東北地區的少數民族陸續向南遷徙，在激烈的民族鬥爭中頑強地生存下來，並且學習到很多漢族先進的文化和技術。「魏晉以來北方各族的移動，加速了各族社會的變化，各族部落愈是遠離自己原來的住地而進入漢人地區，它們的成員就愈是容易脫離部落羈絆，以致於成為耕種小塊土地的封建農民。各族人民由游牧轉向定居農耕，是民族進步的重要表現。」[1]內遷的北方民族日益漢化，同時遷居到東北地區的漢族也不斷與當地的少數民族融合。其中也包含了飲食文化方面的內容。

受地理條件以及歷史條件的限制，東北大多區域少數民族的農業發展都比較緩慢，但由於一些地區受社會環境的影響逐漸南遷，隨著環境的改善以及同中原聯繫

---

[1]　翦伯贊主編：《中國史綱要》，人民出版社，1983年。

的日益密切，使他們原本落後的農業經濟迅速發展起來，尤其是一些建立政權的民族。例如漢時農業極為落後的鮮卑族，在西遷後，很快就把漢族的「精金良鐵，皆為所有」，從而大大地發展了自己民族的鐵製農具，加快了農業發展的步伐。與此同時，由於中原連年戰爭，大批漢人也進入東北，魏晉時期，很多漢族農民競相從中原地帶逃往遼東，如鮮卑建立前燕後就曾把由內地逃來的十萬戶流民安置在遼河西部地區屯種，由此使遷來的流民給東北地區帶來了豐富的農業生產技術經驗。

隨著民族大融合的進一步深入，東北各族在生產工具、農耕技術、農作物品種等方面，均不斷從鄰近的先進民族、尤其是從中原漢族中大量引進，並將之用於本民族的農業生產中，結合本民族的特點進行發展和創造。從吉林西南部燕北長城以南的古城裡發現的燕、秦、漢時代的鐵製生產工具可以看出，當時東北地區的生產與發展是深受中原地帶影響的，「中原的先進文化是通過遼西、遼東二郡傳入二郡以北的廣大地區，因此在吉林省西南部發現燕、秦、漢文化意義重大，它起到了中原先進文化向北傳播的樞紐作用。」[1]魏晉南北朝時期是一個人口大遷徙、民族大融合的時代，「隨著各區域間封閉性漸趨打破過程的緩慢展開，各區域文化在封閉狀態下長期形成的純鄉土和原始屬性，在不斷拓寬、加強和日趨頻繁的交流過程中加快了傳播和揚棄節奏。」[2]不同民族、不同地區、不同國家之間在飲食文化方面的交流、借鑑和影響，促進了飲食文化的迅速發展。東北人口南移的直接結果就是使一些生產作物在南方得到廣泛種植，並隨著時間的推移而得到南方人民的認可，深入人們的日常生活之中，從而在一定程度上調整了南方居民的飲食結構，甚至對他們的飲食習慣也有部分的改變。東北地區與中原地帶的飲食文化在食物原料、飲食器具和飲食方式方面，都有了普遍而經常性的交流：某些少數民族的食物傳入中原

1　李殿福：《東北考古研究》，中州古籍出版社，1994年。
2　趙榮光：《趙榮光食文化論集》，黑龍江人民出版社，1995年。

後，逐漸滲入漢族飲食文化圈子，如「貉炙」，漸次成為中原漢人喜愛的食物。

在飲食內容上，東北特色飲食對中原影響頗大，東北的游牧民族進入中原後，帶來了畜牧技術和食肉習慣，促進了北方農業區養羊業的發展，還出現了一些優質羊種。在飲食器具方面，中原地帶對東北的影響要大一些，許多飲食器具都是從內地中心向邊緣地區輸出的，如炊具中的鍋、甑，飲器中的碗、杯等。在吉林集安地區曾出土大批魏晉南北朝時期來自中原地區的高句麗文物，如四耳陶壺、隨葬陶灶等；遼寧北票馮素弗墓出土北燕時期的玉盞、銅提梁鍑也應來自內地。在東北普遍發現的鼎、鬲等器物，表明東北先民與中原地區在經濟、文化方面有著頻繁交往和密切聯繫。

總之，「不論中原政權鹿歸誰手，不論內地是統一還是割據，東北地區都同內地始終保持著緊密頻繁的經濟、文化、政治聯繫，並一直深受中原文化的影響，當然與此同時是她對中原及周邊地區的影響。」[1]飲食文化方面也是如此。

1　趙榮光：《歷史演進視野下的東北菜品文化》，《飲食文化研究》，2003年第4期。

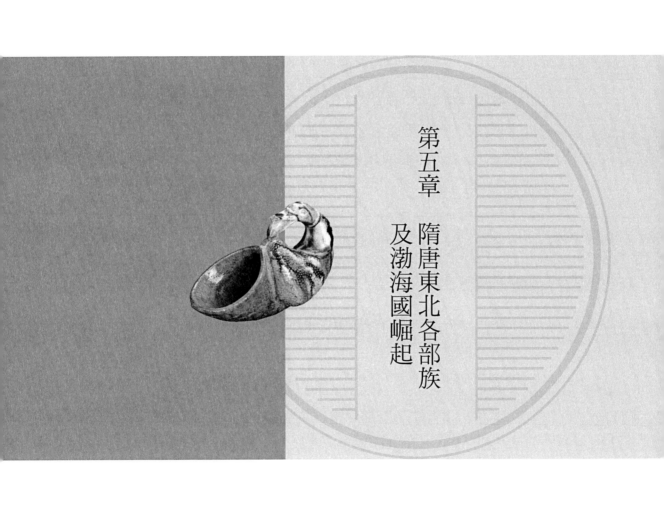

第五章　隋唐東北各部族
及渤海國崛起

隋唐時期是中國飲食文化發展的重要時期，東北各部族也獲得了長足的發展。唐政權對東北地區不斷加強管理，設置管理機構，促其獲得發展。這一時期東北地區的渤海國崛起，成為飲食文化的一個亮點。

第一節　隋唐時期的東北各部族

隋唐時期東北地區的民族主要包括靺鞨、高句麗、契丹、奚等族。他們是東北飲食文化的主體。忽略東北多元族群雜糅並生的歷史情況，是無法準確把握東北飲食文化的民族性的。唐王朝為了對東北地區實行有效的管理，先後在東北地區設置了忽汗州都督府（及渤海都督府）、黑水州都督府、松漠都督府及饒樂都督府。這些官方機構無疑對農牧政策的制定、農牧業生產的管理等方面產生了重大的影響，同樣也是影響有唐一代東北地區飲食文化的重要因素。

❶·黑水靺鞨、奚族

唐朝初年，黑水靺鞨形成部落聯盟，並與唐朝建立了聯繫。從開元元年（西元713年）開始，向唐朝貢。開元十四年（西元726年），唐朝在黑水靺鞨居地設黑水州都督府，任其首領為都督，並派長史進行監控，從而把黑龍江中下游的廣大地區納入唐朝的管轄之下。黑水州都督府在歷史上起到了重要的作用：鞏固了東北邊疆，為以後歷代王朝對黑龍江流域的管轄奠定了基礎；促進了黑龍江流域與中原地區之間的聯繫。

南北朝時期的庫莫奚到了隋唐時期簡稱奚族，貞觀二十二年（西元648年）奚族部眾歸附唐朝，唐朝在奚族居地設置饒樂都督府，以可度者為都督。開元十年（西元722年）唐朝又先後將兩位公主嫁給奚族首領。永泰元年（西元765年）以後，回紇控制了奚族。在回紇控制奚族的85年中，奚族仍不斷與唐朝往來。於是，奚族的飲食習俗大量吸收了中原地區的飲食習慣，形成了飲食文化的充分交流與融合。

❷ · 契丹

契丹是東胡後裔鮮卑的一支，其名最早見於《晉書・載記》，他們戰敗於拓跋魏，避居今內蒙古西拉木倫河以南、老哈河以北地區，以聚族分部的組織形式過著游牧和漁獵的氏族社會生活。唐代，契丹分為八部，也稱為古八部。在戰事動盪的歲月中，契丹各部走向聯合，先後經過了大賀氏和遙輦氏兩個部落聯盟時代。西元六二八年歸附了唐朝，唐朝因此在契丹居地設松漠都督府。以其首領為都督，賜以李姓。在漫長的社會發展過程中，契丹逐漸「分地而居，合族而處」，由游牧轉為定居，其中靠近中原地區的部落逐漸推廣了農業。據《遼史》記載，耶律阿保機的祖父耶律勻德實（唐代契丹迭剌部領袖耶律薩剌德的三兒子）「喜稼穡，善畜牧，相地利以教民耕」。阿保機的父親耶律撒剌的（耶律勻德實的四兒子）還「興板築，置城邑，教民種桑麻，習織組」。在發展農業的同時，還推廣了手工業。西元九〇七年，部落貴族（即遼太祖）耶律阿保機統一了契丹諸部，並用武力征服了突厥、吐谷渾、党項等各部，建立了契丹國，日益強盛起來。

❸ · 高句麗

高句麗，是歷史上中國東北地區的一個地方政權。周秦之際，高句麗民族崛起於鴨綠江和渾江流域。高句麗鼎盛時期的勢力範圍包括吉林東南部、遼河以東和朝鮮半島北部。高句麗政權先後隸屬於漢玄菟郡、遼東郡管轄；西元前三十七年被西漢元帝冊封為高句麗王，即建國；西元六六八年，被唐王朝所滅，在歷史上共持續705年之久。高句麗滅亡後，原政權所轄15萬戶、70多萬居民大多數遷居中原，融入了漢族人群中。

高句麗人的日常飲食主要來源於農業和漁獵業。今吉林集安境內發現了多處高句麗建國前的居住址，出土了大量石器和陶器，其中包括建國前後使用的石質農具。根據高句麗壁畫中牛輓車的情況推斷，高句麗在農業生產中已使用了牛耕。另外，從高句麗壁畫中多處繪有高大倉廩的情況看，高句麗富餘人家已把餘糧入倉存儲。這和《三國志・東夷傳》中記載的高句麗「國中大家不佃作，坐食者萬餘口，

下戶遠擔米糧魚鹽供給之」是吻合的。

考古發現：一座高句麗墓葬中，就出土了鐵鉤41件和陶網墜250餘件。反映出該時期高句麗人對於漁獵方式的依賴，以及對鐵質、陶製器具的使用。高句麗人的狩獵方式主要有騎馬和徒步兩種；主要的武器是弓箭和長矛；主要的獵物是虎、黑熊、野豬、鹿、黃羊。很多墓葬中都有反映高句麗民族狩獵的壁畫，如《狩獵圖》即是最著名的作品之一，表現出高句麗民族善於騎馬射箭的特點。高句麗的生產工具主要有鐵鍬、鐵鏟、鐵錛、鐵鐮、鐵刀、鐵鏵等；飲食器皿主要是陶器、鐵器和銅器。鐵食器有鐵釜、鐵鍋；陶器有混質陶器和釉陶器，器形有陶甕、陶甌、陶瓶、陶罐、陶盆、陶壺（四耳陶壺）、陶鉢。其中陶罐有各種形制的，包括四耳陶罐、茶綠釉陶罐、大口深腹陶罐等；另外，寬唇展沿四耳壺是高句麗民族黃釉陶中具有獨特風格的代表。考古工作者在戰國至漢代的高句麗墓葬中發現了酒盅，表明高句麗民族至遲在戰國時期就已經能夠釀酒與飲酒，特別是釀造的烈酒。在高句麗五世紀的墓葬中，考古工作者發現了黃釉的陶灶，表明高句麗民族喜食熟食。

第二節　渤海國的崛起及飲食文化的發展

一、渤海國的建立及與周邊地區的文化交流

　　靺鞨是黑龍江地區古代最重要的先民之一，其族源是肅慎和勿吉，所居處「蓋肅慎之地，後魏謂之勿吉。」[1]七世紀末至十世紀上半葉靺鞨建立了強大的封建政權——渤海國。遼天贊四年（西元925年），契丹耶律阿保機率軍征伐渤海國，西元九二六年渤海國被契丹國所滅，共傳國15世，歷時229年。渤海國在長達二百多年的發展過程中，全面傚法唐朝封建文明，以唐制創建各種典章制度，轄五京、十五府、六十二州，人口達3000萬。渤海國全盛時期，其疆域北至黑龍江中下游兩岸，轄鞨海峽沿岸及庫頁島，東至日本海，西到吉林與內蒙古交界的白城、大安附近，南至朝鮮之咸興附近。是當時東北地區幅員最遼闊的國家，號稱「海東盛國」。

　　隋唐時，靺鞨族主要分布在松花江、牡丹江及黑龍江下游一代，農業、畜牧和狩獵業都很發達。普遍使用牛耕、水利灌溉技術、深耕法，手工業、商業全面發展。豐富的食物原料、繁盛的農業經濟以及相對統一、穩定的社會環境，為渤海國飲食文化的深度發展以及對東亞地區食事交流提供了歷史機遇。渤海國人與中原以及周邊其他國家間的食事交流非常密切，當時渤海人已經掌握了養蜂釀蜜技術，渤海赴日使節把蜜蜂作為禮物送給日本皇室，並帶去一些具有區域特色的食物。日本天安二年（西元858年），渤海國使節烏孝慎赴日獻上《宣明曆》，此後，《宣明曆》在日本沿用了約800年。

　　渤海國每年還不間斷地向唐王朝朝貢，貢品主要內容在中國史籍中多有記載。唐王朝讓戶部掌管靺鞨之貢獻，《大唐六典》卷三《尚書戶部》載：「郎中、員外郎，掌領天下州縣戶口之事。凡天下十道，任土所出而為貢賦之差。……遠夷則控契丹、奚、靺鞨、室韋之貢焉」唐開元七年（西元719年）八月，「大拂涅靺鞨遣使

1　劉昫等：《舊唐書·北狄傳·靺鞨》，中華書局，1975年。

獻鯨鯢魚睛、貂鼠皮、白兔、貓皮」。[1]此後每年貢奉不斷，以盡藩屬之責。進獻的方物有鷹、馬、海豹皮、乾文魚、瑪瑙杯、昆布、人參、朝霞綢、魚牙綢、牛黃、金銀、金銀佛像、白附子、虎皮等。

渤海國與唐朝之間的親密交往關係不僅僅停留在貢奉方物上，而是一種全方位的「唐化」政策。渤海國派遣質子入朝宿衛。據《冊府元龜》卷九百七十四載，唐開元六年（西元718年），靺鞨渤海郡王大祚榮遣其男述藝來朝，唐朝授其為懷化行左衛大將軍、員外郎，置留宿衛167。後，渤海各代王子、王弟都先後前來唐朝，入朝宿衛。頻繁交往，不絕於縷，使唐文化在渤海國得到大力傳播。就連渤海國的都城上京都是模仿長安城建造的，街坊整齊，宮殿廟宇宏偉。渤海國還仿照唐朝制度，在地方設府、州、縣。農業生產採用中原先進技術，水稻產量大增。他們仿唐三彩製造的陶器，稱為「渤海三彩」。為了方便貿易，唐朝政府在山東半島設渤海館，專門接待渤海商人和使者。

渤海國還是溝通唐與日本的重要媒介，渤海使節在東亞的航海線即是最好的體現：「唐—新羅—日本—渤海—唐」[2]。史料所見渤海使與日本交往很多。其中，渤海

1　王欽若等：《冊府元龜》卷九七一《外臣部‧朝貢第四》，中華書局，2003年。

2　村井康彥：《從遣唐使船到唐商船——9世紀日中交流的演變》，《鄭州大學學報》（哲學社會科學版），2008年第5期。

國與日本國飲食貢賜的情況很多。渤海使者攜帶渤海國王致日本國王的國書、方物來到日本，日本天皇親自接見並賜宴。比如，西元八八二年，渤海大使裴頲出使日本，日本方面準備了渤海人喜食的蔥、蒜、韭、魚等物，以供客人食用。當渤海使者即將返回時，日本朝廷不僅熱情相送，而且還「造船給糧食以」。

從渤海境內有「蔥山」縣名及日本接待人員為來訪的渤海使者準備大蔥及食用的情況來看，當時渤海已經有了蔥的栽培。蘇聯學者在夾皮溝發現了「山蔥」，進一步證實了渤海時期已有山蔥的種植。關於渤海使與日本的交往記錄已有學者做了大量的記述。[1]

二、渤海國人的生計方式及食物來源

渤海國人的生計方式是農業、漁獵和畜牧三大類。

❶・農業

渤海國是以原高句麗故地為根基建立起來的，而高句麗後期農業已發展到較高水平，「種田養蠶，略同中國」。渤海國的農業在渤海人民的辛勤努力下較之前期有了很大的發展，主要表現在以下幾方面。

鐵器的廣泛使用與牛耕的進一步推廣。遼東地區及高句麗故地很早就已經普遍使用鐵器，表明渤海農業已進入了鐵器時代，是當時農業生產力水平提高的重要標誌。渤海建國後，牛耕開始出現於牡丹江流域及海蘭江流域，既節約了人力又提高了農業生產的效率，為深耕細作提供了有利的條件。

水利灌溉的出現與耕作技術的提高。《新唐書・渤海傳》關於「盧城之稻」的記載表明，渤海國已經大面積種植水稻，並且培育出了著名的優良品種——盧城之稻。水稻的種植需要充足的水源、日照和溫度以及複雜的農田管理技術，其大面積

1　王勇：《書籍之路研究》，石川三佐男：《日中「書籍之路」與〈玉燭寶典〉》，北京圖書館出版社，2003年。

的種植更需要與之配套的水利灌溉系統，以便適時地蓄水、引灌和排澇等。因此，水稻的大面積栽培表明渤海人已開展了農田基本建設及修建起一定規模的水利灌溉工程。

農作物品種的增加與多種經營的發展。當時的糧食作物除了稷、黍、麥、菽、高粱和蕎麥外，還增加了稻、荏等品種，尤其是水稻引種的成功對改變渤海人的食物結構以及保證糧食的供給起了重要的作用。糧食作物的生產促進了經濟作物的發展。豆類與麻類的種植也有擴大之勢，牡丹江流域、琿春河流域是大豆的重要產區；海蘭江流域是麻類的重要產區。

渤海國時期的園藝業也有了相當的發展，除培植出聞名遐邇的「九都之李」及「樂游之梨」外，在率濱水流域還產有櫻桃、山楂、杏等水果。被內地稱為「百菜之首」的葵菜，在渤海各地也廣為種植。渤海人喜食的蒜、蔥、韭、芥及幾種常見的瓜類也應有盡有。

❷·畜牧業

渤海國的畜牧及漁獵歷史悠久，渤海建國後，畜牧和漁獵又在原有的基礎上獲得了新的發展，尤其以養馬業成就最為突出，並且培育出優良的品種——「率濱之馬」。當時馬的飼養量極大，在渤海文王時，唐朝就向渤海國提出徵調騎兵四萬的要求，這當然不可能是全部騎兵的數量，如以每一騎兵二馬計算，則當時渤海國至少有戰馬十萬匹左右；到渤海國後期有「兵數十萬」，如按騎兵十幾萬計算，則應有二三十萬匹軍馬，再加上交通運輸及官員騎乘之用，馬匹應多達數十萬。如果再加上登州等地「貨市渤海名馬，歲歲不絕」的需要，當時養馬業的興旺可想而知。黑水流域各地，特別是鐵利府也以產馬聞名。

僅次於養馬業的是養豬業和養牛業。豬是渤海人肉食的主要原料，在傳統的養豬基礎上，又培育出優的豬種——「鄚頡（màojié）之豕」，渤海國的鄚頡府和東部的挹婁故地，素以養豬著稱，扶餘故地成為養豬的中心。牛也因飲食的需要而得到大量的繁殖。此外，羊的飼養業達到了新的紀錄，除滿足本地需要外，也大量出

口。各地考古出土的資料表明，在渤海國時期的墓葬中有大量的隨葬馬、牛、羊、豬等牲畜，證明了當時渤海畜牧業的發達。

與畜牧業相關的是渤海國的狩獵。渤海國茂密的山林及連綿起伏的丘陵，為狩獵提供了理想的場所，渤海獵民具有多種狩獵本領，同時狩獵工具有了新的改進，鐵鏃代替了石鏃，效能大大提高了。所獲獵物數量很大，品種也很多，見於記載的有虎、豹、海豹、野豬、鹿、狐、菟、貂等。

❸ · 漁業

渤海國東臨日本海，渤海境內縱橫交錯的江河及遼闊的海域為渤海提供了豐富的漁業資源，渤海國時期的漁業較前代有了新發展。捕魚的工具有了明顯的進步，在一些渤海國遺址中，發現了長圓形陶網墜，形制與近代鉛網墜非常接近，可能當時已使用大型的網具。從其奉獻給唐朝的貢品中有「鯨鯢魚睛」的情況看，當時渤海國的漁民已經能夠到遠離海岸的海域進行捕鯨作業，表明渤海的漁業生產進入了較高的階段，捕撈的技術也有了很大的提高，捕獲的魚類大大地增加。同時，也捕撈蝦、蟹之類的水產。「湄沱湖之鯽」是當時渤海國的名貴特產，體大肉肥，是渤海進貢的佳品；「忽汗海之鯉」產於忽汗海即今天的鏡泊湖，馳名海內。渤海螃蟹也相當知名。據洪皓《松漠紀聞》記載：「渤海螃蟹，紅色。大如碗，螯巨而厚，其跪如中國蟹螯」。

❹ · 鹽業

漫長的海岸線為渤海提供了取之不盡的鹽業資源，渤海人長年從事海鹽的生產，在渤海國沿海一帶建有大面積的鹽場，最大的鹽產地是鹽州。在遠離海洋的內陸地區，同樣建有池鹽。《新唐書・北狄傳》稱靺鞨地區「有鹽泉，氣蒸薄，鹽凝樹顛。」《遼史・食貨志》：「一時產鹽之地如渤海、鎮城等處，五京計司各以其地領之。其煎取之制，歲出之額，不可得而詳矣。」由此可得知，渤海人以「煎取」的方法大量生產池鹽。

三、渤海地區的生產工具

渤海國在二百年的發展中，人口有了大量的增長，到第十代國王宣王大仁秀時人口已達三百萬左右，「頗能討伐海北諸部，開大境宇」。

人口的增加，促進了渤海國的生產發展，同時也必然促進生產工具的發展。隋唐時期，渤海國的生產工具主要包括農具、漁具和獵具。

❶·農具

農具主要是鐵器和石器。鐵器在渤海國已得到廣泛使用，《新唐書·渤海傳》載有「位城之鐵」，說明位城是渤海國的著名鐵礦所在和產鐵地點之一。位城屬於鐵州，鐵州之稱顯然因盛產鐵而聞名。還有鐵利府也是重要的產鐵區之一。僅黑龍江省寧安縣渤海上京城遺址及附近地區，就已發現大量鐵器，其中包括許多重要的工具，諸如鏵、鐮、鏟、錛等。渤海的鐵鏵、鐵鏟比漢代有所進步。寧安上京龍泉府遺址，出土了渤海時期的鐵鏵，是用生鐵鑄成，長36釐米，形體較大，須用畜力牽引，並已具備遼金時期鐵鏵的雛形。鐵鏵的出現，證明渤海國已廣泛使用畜耕。鐵鐮是收割工具，刃部彎成半月形，大小和形制與中原地區的鐮刀相似，用於大面積收割作物。鐵鏟，已和金代的鐵鍬形制相仿。鐵錛的形制略小於近代的平頭鍬，也與唐人所用的同類物相仿，是較進步的掘土工具。在渤海國各遺址中還出土了石斧、石鐮等石質農具和糧食加工工具。渤海國糧食加工業的興旺，促進了加工工具的發展。穀物加工工具有手搖磨和石碓，也應有磨坊等糧食加工地點存在。

❷·漁具

漁具包括網具、漁船等。渤海人捕魚的工具已有明顯的進步，在上京等地渤海國遺址中發現的長圓形網墜，上有網繩勒痕，形制與用途同近代陶網墜、鉛網墜極為相似，因此可知當時渤海漁民捕魚時使用了大量的網具。關於渤海國的漁船，史書雖然沒有記載，但從渤海國可以大規模遠航到日本來看，渤海國有比較發達的造船業。

❸ · 獵具

獵具主要是各式鐵鏃，還有弓矢、坐騎，另外還廣泛使用鷹、鶻、犬等，尤其是來自契丹地區的一種名叫「貓」的短嘴獵犬，更成為渤海獵人的得力助手。

渤海國的文明成就不僅遠遠超過了其先民，而且在中國邊疆民族地區中居於領先地位，並對後來東北地區的進一步發展，特別是對遼金王朝的相繼建立和發展都具有深刻而重大的影響。

第六章　遼金元三大民族入主
中原的飲食文化

第一節　遼代契丹的飲食文化

西元九〇七年，契丹建立了政權，成為中國北方的一個強大勢力。西元九一六年，契丹首領耶律阿保機創建契丹國。西元九四七年（一說938年），太宗耶律德光改國號為遼，成為中國北方統一的政權。西元九八三年復稱「契丹」，西元一〇六六年仍稱「遼」。西元一一二五年，遼為金所滅，此後契丹逐漸被融合。史載契丹疆域「東際海，南暨白檀，西逾松漠，北抵潢水，凡五部，咸入版圖」。遼朝強盛時，其疆域東至大海，西至流沙，南越長城，北絕大漠。本節論述的主要是遼金元時期契丹飲食文化的發展和演變情況。

一、契丹族的生計方式和食物來源

❶ · 畜牧業

契丹族本是游牧民族，畜牧業是契丹人的傳統產業。《契丹國志·太祖大聖皇帝》載，西元九二二年耶律阿保機的妻子述律後諫止阿保機南攻鎮州云：「吾有西

◀圖6-1　《契丹烹飪圖》，
內蒙古赤峰敖漢旗
羊山3號遼墓壁畫

樓羊馬之富，其樂不可勝窮也，何必勞師遠出以乘危徼利乎！」反映了契丹國初期，畜牧業在契丹國經濟生活中的重要地位。契丹國的畜牧生產有公養、私養兩種方式。「公養」即所謂「群牧」，契丹國設有西路群牧使司、倒塌嶺西路群牧使司、渾河北馬群司、漠南馬群司、漠北滑水馬群司、牛群司，下設太保、侍中、敞史等官員管理群牧生產；「私養」即契丹部民的家庭畜養。

考古發現，在東北契丹時期的文物中，多有關於進食乳肉的情景。他們是東北地區畜牧業發達的歷史證據。內蒙古自治區考古工作者在赤峰地區及河北宣化發現許多遼代契丹家族的壁畫墓，其中《烹飪圖》《點茶圖》《溫酒圖》《庖廚圖》等，鮮明而具體地反映了契丹族的飲食文化。一九九五年秋在內蒙古赤峰市敖漢旗羊山3號遼墓中發現了「契丹烹飪圖」。該墓縱150釐米，橫110釐米。壁畫位於墓室的醒目位置，畫面中高大的穹廬內有四個烈火熊熊的火盆，上面放著煮肉的大鐵鍋，其中一口鍋正冒著熱氣，鍋裡煮著幾隻肥美的羊腿。畫面中有四個契丹人，其中一個年輕男子濃眉大眼，身著短衣，正在伸臂挽袖全神貫注地煮肉。他口銜短刀，髮辮

◀圖6-2　《溫酒圖》，河北宣化遼墓壁畫

盤於頭頂，顯得精明強幹，威武有力，頗有草原驕子的雄健風采。在他的左邊，有一位老年男子，頭戴黑帽，身著黑袍，腰束絲帶，足蹬黑靴，神情嚴肅，袖手坐於圓凳上，描繪出墓主人高貴莊嚴的神情。畫幅的右面，一契丹年輕男子蹲在地上，正在用力撧柴。在他背後，站一契丹中年男子，身穿青色長袍，細長的髮辮垂直兩肩，上唇蓄小八字鬍鬚，神色莊嚴謹慎，右手指著煮肉的年輕男子，似在叮囑什麼，儼然似極負責任的管家。從壁畫描繪的契丹麻毛質地的長袍以及主人袖手而坐的情況來看，當時正值北方嚴冬季節。「契丹烹飪圖」藝術地再現了契丹族煮食羊肉的具體場景，折射出契丹畜牧業發達的生動畫面。

❷·果蔬種植

游牧在蒙古高原東部的契丹人，在與農耕民族的長期接觸中，掌握了種植水果和蔬菜的技術。考古發現，在蒙古國克魯倫河畔的巴赫雷姆，發現了契丹人儲存蔬菜的地窖、水渠和菜田的遺跡。在內蒙古赤峰市敖漢旗，發現了遼契丹貴族的墓葬，墓內壁畫上繪有西瓜、梨、杏、桃子、棗子等果品。在內蒙古遼上京遺址，還發掘出西瓜和甜瓜的籽實等。這些考古發現，證明了早在一千年前，契丹人已經在大漠南北種植蔬菜和水果了。[1]該時期主要的水果類型有：西瓜、桃、杏、李、梨、栗子、柿子、石榴等。契丹人根據醃製肉脯的方法，發明用蜂蜜醃製果脯和蜜餞，是中國食品的一大發明。據史料記載，有一次契丹皇帝向宋朝皇帝送壽禮，一次竟送了20箱果品，其中有蜜漬山果、蜜餞山果、柿子、梨、黑李子、面棗、板栗等。[2]

契丹地區氣候寒冷，水果易凍，契丹人巧用自然，創造了「凍梨」這種美食，並且流傳至今。宋朝使者龐元英詳細記載了凍梨的吃法，他還按此法把從南方帶來的柑橘如法炮製，演繹出一段南北飲食文化交流的佳話。他在筆記中寫道：「余奉使北遼，至松子嶺，舊例互置酒三行，時方窮臘（臘月將盡），坐上有上京壓沙梨，冰凍不可食。接伴使耶戒律筠取冷水浸良久，冰皆外結，已而敲去，梨已融釋，自

1　王大方：《契丹人的蔬菜和水果》，《中國文物報》，1999年3月7日。
2　葉隆禮：《契丹國志》卷二十一《南北朝饋獻禮物》清單，上海古籍出版社，1985年。

而凡所攜柑橘之類均用此法，味即如故」[1]。文中所記的上京，其故址在內蒙古巴林左旗林東鎮，當地盛產沙梨，甚為鮮嫩。

契丹人為了發展水果種植業，由皇帝下詔，令各州縣廣種果樹，逐漸形成了許多果園苗圃，為大面積的果樹種植做了準備。當時，有專供皇帝宮廷享用的果園。遼聖宗太平五年（西元1025年）「幸內果園宴，京民聚觀」[2]。東京遼陽府（今遼寧遼陽）到寧江州（今吉林扶餘）有桃李園，據《松漠紀聞》記載：「寧江州地苦寒，多草木。如桃李之類皆成園。至八月，則倒置地中，封土數尺，覆其枝幹，季春出之。厚培其根，否則凍死」，各果園的果實「其大異常」，果農們已經發明了在高寒地區讓果樹安全越冬的有效方法。

契丹人的果品深受宋朝人的喜愛，著名學者歐陽修出使契丹草原時，契丹皇帝以蜜漬李子招待他。這種李子大小如櫻桃，色味皆如李，令歐陽修大快朵頤。契丹皇帝見狀甚喜，遂命名蜜漬李子為「歐李」，一時傳為南北佳話。[3]契丹境內盛產水果，在考古發現中也得到證實。契丹人在寒冷偏遠的北方草原地區，為中國的園藝事業做出了重要的貢獻。

契丹人種植的蔬菜有黃瓜、豆角、大蒜、蔥和韭菜等，多是從西域經草原絲路引種的。契丹人已經普遍種植的蔬菜多為漢民族經常食用的蔬菜，這也是南方食物和北方食物交流的結果。宋朝使者在上京看到豆角，稱之為「回鶻豆」，《契丹國志》記述了它的形狀：「回鶻豆，高二尺許，直幹，有葉，無旁枝，角長二寸，每角只兩豆，一根才六七角，色黃，味如栗（一作粟）。」北契丹人稱黃瓜為「長瓜」，人們不但應季吃黃瓜，還用鹽漬之以供四季食用。還有來自幽州的合歡瓜，據《遼史·太祖本紀》記載，西元九〇八年「幽州進合歡瓜」。

1　龐元英：《文昌雜錄》，臺灣商務印書館，1986年。
2　脫脫等：《遼史》卷十七，中華書局，1974年。
3　西清：《黑龍江外紀》卷八，中國書店，2008年。

❸・調味品、飲品及其他

　　明代宋應星所著《天工開物・作鹹》鹽產中，按照食鹽的加工來源，把食鹽分為「凡鹽產最不一：海、池、井、土、崖、砂石，略分六種，而東夷樹葉、西戎光明不與焉。赤縣之內，海鹵居十之八，而其二為井、池、土鹼。或假人力，或由天造。」不同產地的食鹽有不同的鹽質。鹽產地必是文化的發源地，自古以來人們逐鹽而居。鹽不但是人們日常生活所必須，同時食草類的大牲畜也離不開它，因此對於游牧民族來說，鹽顯得尤為重要。據《遼史》載，在遼上京道有鹽濼，西京道豐州有大鹽濼。曾於西元一〇〇八年出使遼朝的北宋人路振在《乘軺（yáo）錄》中記載：「上國（指遼上京臨潢府）西百餘裡有大池，幅員三百里，鹽生著岸，如冰凌，其碎者類顆鹽，民得采鬻之。」這裡的鹽濼在今內蒙古錫林郭勒盟東烏珠穆沁旗的達布蘇鹽池（又名額吉諾爾鹽池），是該地的三大鹽池之一。西京道之大鹽濼可能是指《遼史・食貨志》中的鶴剌泊，即今內蒙古錫林郭勒盟正鑲白旗內產小白鹽的湖泊。

◀圖6-3　《備茶圖》（局部），河北宣化6號遼墓前室東壁壁畫

契丹的常見飲料包括：酒、奶、茶、果汁，以及奶粥、法酒、糯米酒、葡萄酒等。契丹人很早就開始吃奶粥，文獻記載稱之為「酪粥」「酪糜」或「乳粥」等。這種乳粥，北宋詩人梅聖俞《送景純使北》詩中提到：「朝供酪粥冰生碗，夜臥氈廬月照沙。」朱彧（yù）《萍州可談》記載：「先公至遼日，供乳粥一碗，甚珍，但沃以生油，不可入口。」在南人看來「不可入口」的東西，契丹人卻視為「甚珍」。[1]

遼代契丹人的食物來自農業、漁獵業及部屬貢奉。契丹族的社會生產，大致以阿保機建立契丹國為一分界線。建國以前，契丹人主要從事游牧，輔以狩獵，過著食獸肉，衣獸皮，車帳為家的生活。《遼史·營衛志》：「畜牧畋（tián）漁以食，皮毛以衣，轉徙隨時，車馬為家」[2]。到契丹國建立後，農業、畜牧業、手工業等，均有很大發展，為契丹國的征戰提供了物質基礎。在契丹國存在的200多年內，農業和畜牧業始終占據主導地位。農業生產的重心在南部，畜牧業生產的重心在北部，處於中間的奚族故地則為半農半牧區。

❹·農業得以發展

燕雲地區大批逃亡者及被掠漢人的進入，給契丹帶來了豐富的生產經驗和勞動

1　李炳澤：《奶粥在中國飲食文化中的地位》，《黑龍江民族叢刊》，2002年2月。
2　脫脫等：《遼史·營衛志》，中華書局，1974年。

第六章　■　遼金元三大民族入主中原的飲食文化

力，並在今灤河上游一帶開墾了許多田地，使契丹的農業生產得以發展起來。阿保機之所以能夠統一契丹諸部和建立契丹國，很大程度上是靠這裡的農業生產為後盾。契丹人在得到遼東地區和滅亡渤海國後，把那裡發展成了第二個農業生產區。

遼會同元年（西元938年），耶律德光勢力範圍擴大，使契丹國可耕種的農業區面積得到擴大，上述地區的農業生產為契丹貴族提供了生活所需的豐富物品。阿保機在平定刺葛諸弟之亂後即「專意於農」，這時主要還是「率漢人耕種」。天贊元年（西元922年），因北大濃兀部人口增多，阿保機將其一分為二，並「程以樹藝」，而二部農業種植又比較成功，於是鄰近「諸部效之」，從事農耕的契丹部落逐漸增多。耶律德光當政後，不僅為了「無害農務」在「農務方興」之時不「東幸」，且把農業生產由「地沃宜耕植」的臨潢府（治所在今內蒙古自治區巴林左旗林東鎮）周圍向更北的地區拓展。契丹人於十世紀上半葉在寒冷的克魯倫河一帶墾地種植，已為考古發現所證實。在內蒙古自治區新巴爾虎右旗克爾倫牧場、蒙古國東方省祖赫雷姆城的考古挖掘中，都發現有遼代的耕地和水渠遺址。這個時期的農業生產模式還被推廣到遼朝的西北部邊境地區。鎮守寒冷邊地的部落在繁重戍守任務中同時從事農業生產，駐守西南和南部邊境的契丹部落，也有相當一部分人經營農業。

由於契丹人的分布區均為乾旱少雨之地，故其種植的農作物，主要是粟、麥、糜、黍，還從回紇人那裡引種了「回紇豆」和西瓜。以下一些數字反映出了當時契丹農業的發展狀況，遼保寧九年（西元977年），景宗為援助北漢，曾「賜粟二十萬斛」。聖宗時耶律唐古因在臚朐河「督耕稼」有方，被調屯鎮州（治所在今蒙古國布爾根省哈達桑東青托羅蓋古城），「凡十四稔，積粟數十萬斛」。由於遼聖宗積極倡導農業，經過興宗、道宗兩朝，契丹農業進入鼎盛時期。其間，因糧食有餘，東京道和上京道的50餘城以及「沿邊諸州」，都設立了儲糧備缺的「和糴倉」，每倉大略儲糧有「二三十萬碩（量詞，同『石』）」。

❺ · 漁獵產品

契丹人居住在潢河、土河之間，漁獵是他們的重要生計方式。冬春之間，河湖

冰凍，鑿冰眼用繩鉤捕魚。狩獵以騎射為主，因季節而不同。春季捕鵝、鴨、雁。四五月打麋鹿，八九月打虎豹。又有「呼鹿」法，獵人吹角模仿鹿鳴，誘鹿進入獵區加以捕射。契丹人飼養獵鷹作助手，捕捉各種飛禽。其中以號為「海東青」的鷹最為有名。契丹人還馴養豹，在出獵時隨行捕獸。遼朝建國後，居住在潢河流域的契丹人，繼續從事漁獵。遼朝皇帝和隨行官員，四季也在捺缽[1]時進行漁獵活動。

二、契丹族的飲食器具

契丹是騎在馬背上的民族，以游牧、射獵和征戰為主，生活用具及飲食器皿多與此有關，具有粗獷、豪放的特點。但由於受中原的影響，飲食器皿在造型上也吸收了中原地區文化元素，反映了當時民族間的文化交流。契丹族的飲食器皿多為陶瓷器和金銀器。

❶ · 陶瓷器

契丹瓷器是在契丹傳統制陶工藝的基礎上，吸收北方系統的瓷器技法而燒製

1　捺缽，契丹語，意為行營、行帳、營盤，為契丹國君主出行時的行宮，即臨時居住處，猶漢語的行在所。

◀圖6-6　遼代銅執壺　（觀復博物館提供）

的，在五代和北宋時期南北窯的產品中獨樹一幟，具有鮮明的民族風格與地域特點。其陶瓷飲食器多為酒具、茶具、盛食具、貯藏器。大都為民窯產品，也有供遼皇室和契丹貴族使用的官窯製品。民窯產品粗樸，官窯產品精緻。

　　契丹飲食瓷器多為白瓷和青瓷。白瓷是契丹人在節日和待客時的食器。遼朝廷盛典佳宴及款待各國使臣的時候都必須使用瓷碗、瓷壺等。另外在內蒙古扎魯特旗遼墓中還發現了綠釉瓷雞冠壺、鉢、杯等。遼代瓷器有白釉、黑釉、白釉黑花瓷。瓷器造型分為中原形式和契丹形式兩類。中原形式大都仿照中原固有的樣式燒造，有碗、盤、杯、碟、盂、盒、盆、罐、壺、瓶、甕、缸等。契丹形式則仿照契丹族習用的皮製、木製等容器樣式燒造，器類有瓶、壺、盤、碟等，造型獨具一格。瓷質茶具主要有：白釉盤口瓜棱執壺、黃釉茶盞托、黃釉瓜棱執壺、黃釉龍柄盞。為研究遼代茶文化提供了很好的物證。這些瓷製用品實用性強，粗獷、質樸，富有民族特色。

　　遼代陶瓷的傳世品中以黃、綠單色和黃綠白三彩釉陶居多。遼三彩是在繼承唐三彩的技法上有所創新而燒造的低溫鉛釉器，在器物造型、裝飾藝術、燒造工藝上都具有濃厚北方民族風格，釉色一般以黃、白、綠三色為主，在這三色基礎上略有

圖6-7　遼銀鎏金雙獅紋果盒，阿魯科爾沁旗耶律羽之墓出土（李理提供）

變化，如黃色可以分為淡黃、醬黃、深黃、薑黃，綠色可以分為淺綠、深綠、墨綠等。遼三彩器物造型多為契丹器型，其中飲食器皿為長瓶、鳳首瓶、三角盤、八角盤、圓盤、摩羯壺、魚紋龍紋執壺、龜形背壺、鴛鴦壺。目前已發現燒製遼三彩的窯址。

❷ · 金銀器

遼代作為食具的金銀器集中體現了契丹民族的生活特色和區域特點，也體現了契丹本土文化與內地、外域文化之間的交流。遼代金銀器多出自遼代貴族墓葬，如在內蒙古赤峰契丹皇族耶律羽之墓中出土了金銀器數十件，其中金器有杯（花式口、高圈足繪雙鳳紋）、繪兔紋碗；銀器有盤、盆、碗（摩羯紋金花銀碗）、罐、匙（在其柄端內鏨刻雙魚，雙魚尾部有穿孔）等，耶律羽之墓中出土的前花鎏金銀盤極為精緻，盤內底中心繪著雙鳳。

遼代佛教聖地內蒙古赤峰遮蓋山出土的鎏金銀雞冠壺，係為遼代金銀器中的上品，其中最具特色的當屬鎏金銀雞冠壺。雞冠壺最先是用皮塊、皮繩縫製的皮囊壺，用以背水、酒、奶，後來逐漸發展為木製、陶制、瓷製和金銀製品。但其外形仍保留皮囊壺的特點，如金銀壺外形仍似5塊皮子用皮繩扎束的皮囊壺；高頸，小口，防止壺內液體外溢；扁身，鼓腹，便於多裝液體；穿孔繫繩便於背帶；平底便於平時穩

▲圖6-8　遼銀金花渣斗，阿魯科爾沁旗耶律羽之墓出　　▲圖6-9　遼金五曲花口盞，阿魯科爾沁旗耶律羽之墓
　　　　土（李理提供）　　　　　　　　　　　　　　　　　　出土（李理提供）

重。它是一件實用器物，是契丹民族隨身攜帶的一種生活必需品。雞冠壺造型別緻，
製作精美，堪稱國之瑰寶。

三、契丹與中原的飲食文化交流

　　契丹王國與周邊各族各國的交往甚為密切，尤其與中原地區的文化交流最為深
入。西元九〇九年，契丹「置羊城於炭山之北以通市易」。遼太宗非常重視市易，
經常「觀市」。由於遼國的疆域東西橫長，所以契丹國在溝通東西方文化、經濟交
流方面，成為東西方交流的天然渠道。

　　契丹與宋朝飲食文化交流頻繁而又具有高層次，多為君主及仕宦階層的交往，
歷史文獻多有記載，為我們今天考察契丹與宋朝之間的食事文化交流留下了寶貴的
材料。據《契丹國志》載，如當宋皇帝生日時，契丹要派人送去很多貴重禮物，
主要是衣物、食物，其中食物主要有：法漬法曲麵麴酒，蜜曬山果、蜜漬山果，
疋列山梨柿、榛栗、松子、郁李子、棗、楞梨、堂梨，麵秔糜梨秒（chǎo，乾糧、
炒米），蕪荑白鹽、青鹽，牛、羊、野豬、魚、鹿臟等。每當正旦，契丹也要贈果
實、雜秒、臘肉、新羅酒、青白鹽之類。「承天節，又遣庖人持本國異味，前一日
就禁中造食以進御云。」當契丹皇帝生日時，北宋派人送金質酒食茶器三十七件、

衣五襲、金玉帶二條……另外還送法酒三十壺、乳茶十斤、岳麓茶五斤、鹽蜜果三十罐、乾果三十籠。從歷史文獻的這些食單中可以看出，契丹國與宋朝之間的外交禮品多為本地的土特產，也看到他們之間的交流之頻繁。從而顯示出殷實的國力和企盼毗鄰和睦的外交訴求。

四、飲宴中的權謀與賞軍

中國歷史上經常有這樣的情景，一場小小的飲宴就能涉及江山社稷、鹿死誰手之大事，也蘊藏著種種事變軍機。遼代耶律阿保機通過「鹽池宴」重新奪回契丹政權，即為一例。關於「鹽池宴」，《契丹國志》《資治通鑑》《新五代史》等書均有記載。《新五代史》卷七十二《四夷附錄》有著極為詳盡的記載：「阿保機，亦不知其何部人也，為人多智勇而善騎射。是時，劉守光暴虐，幽、涿之人多亡入契丹。阿保機乘間入塞，攻陷城邑，俘其人民，依唐州縣置城以居之。漢人教阿保機曰：『中國之王無代立者。』由是阿保機益以威制諸部而不肯代。其立九年，諸部以其久不代，共責誚之。阿保機不得已，傳其旗鼓，而謂諸部曰：『吾立九年，所得漢人多矣，吾欲自為一部以治漢城，可乎？』諸部許之。漢城在炭山東南灤河上，有鹽鐵之利，乃後魏滑鹽縣也。其地可植五穀，阿保機率漢人耕種，為治城郭邑屋廛（chán）市，如幽州制度，漢人安之，不復思歸。阿保機知眾可用，用其妻述律策，使人告諸部大人曰：『我有鹽池，諸部所食。然諸部知食鹽之利，而不知鹽有主人，可乎？當來犒我。』諸部以為然，共以牛酒會鹽池。阿保機伏兵其旁，酒酣伏發，盡殺諸部大人，遂立，不復代。」從這段史料中，我們可以看出飲宴在遼代政治生活中的作用。宴飲活動有時能夠成為歷史上政權更迭的重大契機。

西元九五一年，後周建立並進攻北漢，北漢向遼請求援助。九月，遼世宗耶律阮（阿保機孫子）率軍幫助北漢攻打後周，進軍至祥古山時（今河北宣化境內）與母親蕭太后在行宮中祭祀父親耶律倍，並與群臣飲宴大醉。耶律安端（阿保機的弟弟）的兒子耶律察割乘機攻入行宮，殺死遼世宗和蕭太后，囚禁百官及家屬，自立

為皇帝，這就是遼代歷史上的「察割政變」。

飲宴還是軍隊犒賞士兵的重要手段。據《遼史》記載，西元九二二年四月，遼攻打薊州。攻下薊州後，遼太祖「大饗軍士」。西元九二三年五月遼太宗耶律堯骨（德光）攻克平州凱旋，遼「大饗軍士，賞賚有差」。西元九二五年大元帥打敗党項，「饗軍於精山」。西元九二六年遼攻下渤海國，改渤海國為東丹國，並平定鄭劼等三府叛亂。之後遼太祖「宴東丹國僚佐，頒賜有差」。西元九三三年，皇太弟征討党項得勝還師，遼太宗設宴慰勞之。西元九三四年，遼軍略地靈丘，「父老進牛酒犒師」。足見宴飲在遼代軍事生活中的作用。宴飲還用來表友情。西元九三六年，當晉帝辭歸時，遼太宗與晉帝「宴飲，酒酣，執手約為父子」，「以白貂裘一、廄馬二十、戰馬千二百餞之」。

五、遼代君王的四時捺缽制度

契丹國既有皇都，亦有五京之制，然契丹皇帝一年四季卻巡幸於四時捺缽之間，政務皆在捺缽中處理，捺缽之地實為契丹國的政治中心、最高統治者所在地。

捺缽，契丹語，意為行營、行帳、營盤，為契丹國君主出行時的行宮。關於四時捺缽的時間、地點和行動目的（內容），《遼史》等典籍均有較詳細的記載，《遼史·營衛制》：「畜牧畋漁以食，皮毛以衣，轉徙隨時，車馬為家。此天時地利所以限南北也。遼國盡有大漠，浸包長城之境，因宜為治。秋冬違寒，春夏避暑，隨水草就畋漁，歲以為常。四時各有行在之所，謂之『捺缽』。」皇帝在四時捺缽中要進行一些與飲食相關的漁獵活動，並形成定製。

時間：按常規，正月上旬，契丹君主的「牙帳」從冬捺缽營地啟行，到達春捺缽地約住60日。四月中旬「春盡」，牙帳再向夏捺缽地轉移，在五月下旬或六月上旬到達目的地後，居50天，約在七月上旬或中旬，又轉向秋捺缽地。當天氣轉寒時，則轉徙到氣溫較暖的冬捺缽地「坐冬」。契丹君主「每歲四時，周而復始」，巡守於捺缽。顯而易見，捺缽實為契丹朝廷的臨時所在之地。

地點：史載的四時捺缽地，到聖宗朝已成定製。在此以前的太祖至景宗五朝，每朝都不盡相同。定製後的春捺缽地主要在長春州的魚兒濼（今洮兒河下游之月亮泡）、混同江（指今松花江名鴨子河一段），有時在鴛鴦濼（今內蒙古自治區集寧市東南黃旗海）；夏捺缽地在永安山（在今內蒙古烏珠穆沁旗東境）或炭山（今河北省沽源縣黑龍山之支脈西端）；秋捺缽地在慶州伏虎林（在今內蒙古巴林左旗西北察哈木倫河源白塔子西北）；冬捺缽地在廣平淀（今西拉木倫河與老哈河合流處）。

內容：春捺缽為捕天鵝、釣魚及接受生女真「千里之內」諸酋長等的朝賀；夏捺缽是避暑，與北、南面大臣議國政，暇日遊獵；秋捺缽主要是入山射鹿、虎；冬捺缽是避寒，與北、南面臣僚議論國事，時出校獵講武，並接受北宋及諸屬國的「禮貢」。契丹君主四時捺缽不是為了玩樂，也不是漢人眼裡的所謂「四時無定，荒於遊獵」，而是把游牧民族「秋冬違寒，春夏避暑」，隨水草畜牧的生活習俗引入到政治管理中。契丹君主捺缽中的漁獵活動，絕非只為消遣，君王以親身之示範，旨在教育其族眾不忘立國之本的鐵馬駿騎本色，保持一支能縱橫馳騁的勁健騎兵隊伍，以與中原王朝抗衡。所以後來靠「騎射」建立的金、元朝亦有捺缽之制，清朝則有「木蘭秋獮（xiǎn，秋天打獵）」之習。

四時捺缽制是契丹人建國後的一種創舉，君王在游牧、漁獵遷徙中議事、處理公務，既未改變游牧、漁獵的傳統習俗，又能有效的管理國家。

第二節　金代女真人的飲食文化

一、女真各部與金朝的建立

金代是以女真族為主建立的王朝，女真源於唐代靺鞨七部之一的黑水靺鞨。黑水靺鞨在靺鞨七部中地處最北，漢族先進的文化對其影響較小，所以它在靺鞨各部中發展較慢，社會經濟也較為落後。當粟末靺鞨在唐代已經建立渤海王國進入階級

社會時，黑水靺鞨仍然停留在原始社會的末期。

　　遼太祖阿保機征服女真諸部後，對其進行了分而治之，他把社會發展較快、政治上有勢力的數千戶強宗大姓遷居到今遼寧省遼陽市以南的地區，編入了遼的戶籍直接統治，這些人稱為「熟女真」。對於那些沒有遷徙的、處於社會底層的女真人，實行籠絡統治，他們被稱為「生女真」。生女真約有十餘萬戶，散居山谷間，他們未編入遼代戶籍，遼代也不派官對他們進行統治，「自推豪傑為酋長，小者千戶，大者數千戶」[1]，但要向遼朝貢獻方物，表示臣屬。生女真異常勇猛，三人可搏猛虎。生、熟女真之間不准來往。分布於生、熟女真之間，即住在今遼寧省開原縣東北至第二松花江中間的女真人，稱作「回霸女真」（回霸一作回跋，因其中心地在回跋江即今輝發河流域而得名）。雖被編入遼戶籍，但允許其與生女真往來，居於今俄羅斯遠東錫赫特山脈以東近日本海的，被稱為「東海女真」。住在今洮兒河附近的一支，因其「多黃髮，鬚皆黃」，被稱為「黃頭女真」。

　　上述稱號表明，女真部落的命名或依王者命之，如生、熟女真；或據其居住地區，如回霸、東海女真；或按其外貌特徵，如黃頭女真。五支女真人，共有72支部落，這些部落組織一直存在，直至被「猛安謀克」[2]制取代。

　　十一世紀中葉以後，社會內的階級分化愈趨激烈，出現了大量的奴隸，戰爭成了女真各部掠奪財富和奴隸的手段。頻繁的戰爭，使各部都感到結成聯盟抵禦外侵是賴以生存的條件，於是部落聯盟就應運而生了。此後以地域為標誌逐步形成了若干個軍事部落聯盟，其中以完顏部為核心建立的聯盟最強大，它的發展壯大過程，也是完顏部統一女真各部的過程。

　　建立金王朝的是生女真完顏部的首領阿骨打。他從十歲起就開始習武練射，箭法極好，被稱為奇男子。成年後多次參加平定女真內部叛亂的鬥爭，在歷次征戰中他都衝鋒在前，為統一女真做出了重要貢獻。遼天慶三年（西元1113年）十月，阿

1　陳邦瞻：《宋史紀事本末》卷十二《金滅遼》，中華書局，1977年。
2　猛安謀克是金代女真社會的最基本組織，為金太祖完顏阿骨打所定，有時作為女真人戶的代稱，或作官稱。猛安，又譯萌眼；謀克，又譯毛毛可、毛克。

骨打擔任女真部最高首領都勃極烈。他注意「力農積穀，練兵牧馬」[1]，使女真內部奴隸制有了發展。天慶四年（西元1114年），阿骨打率領女真軍進行了一系列反遼戰役。天慶五年（西元1115年）正月，阿骨打建國稱帝，國號大金，定都會寧（今黑龍江省阿城市白城），這標誌著女真族的社會發展進入一個新時期。金國建立後，進軍遼東北重鎮黃龍府，並迅速占領。接著又先後攻占遼東京、上京、中京。西元一一二五年金與北宋軍聯合滅遼，西元一一二七年又揮兵南下滅北宋。自此以後，它與南宋、西夏分掌中國統治權達100餘年，成為中國歷史上的一個王朝。

金朝在歷史上相對穩定，控制時間較長。西元一一五三年，金人遷都燕京（今北京市）。其統治區域北至外興安嶺，南達淮河，東臨海，西與西夏及以「界壕」與蒙古為鄰。金代強盛時期所控制的疆域相當廣袤，其疆域面積約為南宋的兩倍。金代的疆域中有山區、平原、河流及綿長的海岸等各種地形地貌。極具北方雪國的地理環境造就了多樣的植物資源以及動物資源。山區的原始森林和江河是女真族漁獵的極佳場所。江河中的可食性生物，特別是豐富的魚類資源是金代魚文化發達的重要保證。

二、女真的農業發展與飲食結構

❶·女真人的飲食結構

由於地域的原壤性和區域性，金朝女真人的飲食具有典型的東北特點。主副食分明，副食品豐富。作為主食的農作物種類主要有粟、麥、稻、蕎麥等，尤以粟、麥為大宗。副食品原料極為豐富，大致可分為以下六類：

魚肉類：除了魚以外，據馬擴《茅齋自序》記載，當時可供肉食的家畜有豬、牛、羊、馬、驢、犬等；家禽有雞、鴨、鵝等；野生動物有鹿、兔、狼、獐、狐

1　徐夢莘：《三朝北盟會編》卷三，上海古籍出版社，2008年。

◀圖6-10 遼金時期的龍鳳紋磁州窯罐（《遼寧文化通史》，曲彥斌提供）

狸、大雁、蛤蟆等。

　　油脂類：主要是以家畜、家禽及野生動物提供的脂肪為食用油，還能從菽、麻等植物中提取植物油。當時人們喜食的許多食品，如「大軟脂」「小軟脂」「茶食」等都是用油炸成的。

　　蔬菜類：有蔥、蒜、韭、葵、長瓜等。此外，女真人也將白芍藥花入菜，據《松漠紀聞》載：「女真多白芍藥花，皆野生絕無紅者，好事之家，採其芽為菜，以面煎之，凡待賓齋素則用，其味脆美，可以久留」。

　　蛋乳類：女真人飼養雞、鴨、鵝等家禽，因此食用蛋類；又飼養牛羊等家畜，也已懂得從家畜身上獲取乳類，並能製作乳製品。

　　瓜果類：「蜜糕（以松實、胡桃肉漬蜜和糯粉為之）」[1]。「西瓜形如匾蒲而圓，色極青翠，經歲則變黃。其瓞（小瓜）類甜瓜，味甘脆，中有汁，尤冷。」「如桃李之類，皆成園，至八月，則倒置地中，封土數尺，覆其枝幹，季春出之」。[2]可知瓜果類有松子、胡桃、西瓜、桃、李等多種。

　　調料類：女真人日常飲食中的調料有鹽、醬、蒜、芥末、醋等。鹽是女真生

1　陳元龍：《格致鏡原》卷二十五《飲食類五》，江蘇廣陵古籍刻印社，1987年。
2　洪皓：《松漠紀聞》捲上，明顧氏文房小說本。

活中不可缺少的調味品，「遼金故地濱海多產鹽，上京、東北二路食肇州鹽。」[1]
女真人「以豆為醬，以米為飯，蔥韭之屬和而食之。」[2]製作豆醬，以蒜、芥末、醋
加菜中調味，並以蜜代糖製作甜食。金代女真族食物原料的豐富，主要是由於農業
耕種技術的引入以及東北自然資源的豐富。

❷·女真的農業發展

二十世紀中葉以來的大量考古成果，為女真人的農耕生活方式提供了許多物
證。在生女真的活動區域內，南起松花江，北至黑龍江，西起大興安嶺東麓的金東
北路界壕邊堡，東至三江平原，都發現了大量的金代農業生產工具。如一九五八年
在黑龍江肇東縣清理的一座金代城址，出土鐵器700多件，其中就有各式農具50餘
件。有人統計，黑龍江省境內歷年來出土的金代鐵器多達數萬件，其中以農具最為
普遍。

金朝初年，女真人的農業還處在原始的、粗放型的階段，但農業產量在增多，
國家儲積糧食也在增加。大定二十一年（西元1181年），世宗對宰臣說：「前時一歲
所收可支三年，比聞今歲山西豐稔，所獲可支三年。」[3]世宗時還設常平倉，至章宗

◀圖6-11 金代青白玉透雕海東青捕天鵝
　　　帶扣（觀復博物館提供）

1　陳夢雷：《古今圖書集成·經濟彙編·食貨典·鹽法部匯考六》，中國戲劇出版社，2008年。
2　徐夢莘：《三朝北盟會編》，上海古籍出版社，2008年
3　脫脫等：《金史·志第二十八》，中華書局，1975年。

明昌五年（西元1194年）天下常平倉共有519處，積粟3786萬餘石，可備官兵五年之食，米810餘萬石，可備四年之用。[1]為了保持尚武和騎射傳統，女真推行「猛安謀克制」，按五、十、百、千的人數把女真人和契丹人、漢人組織起來，平時田獵、生產、練武，戰時出征，壯者皆為兵士。文獻記載了許多有關金代農業生產與人民生活的一些狀況：「黑水舊俗無室廬，負山水坎地，梁木其上，覆以土，夏則出隨水草以居，冬則入處其中，遷徙不常。獻祖乃徙遷居海古水，耕墾樹藝，始築室，有棟宇之制」。[2]女真遷居海古水（位於今黑龍江哈爾濱阿城料甸滿族鄉）後，轉變為農耕的生活方式。海古水也從此成了女真人歷史上第一個定居點。阿骨打在金朝建立前，就很重視農業，提倡「力農積粟」，在與遼作戰的同時，還詔令各級將領不得「縱軍士動擾人民，以廢農業」[3]。阿骨打採取了一系列發展農業的措施，最有效的就是「實內地」，即有計劃地向金屬地區輸入內地移民，旨在把中原地區的漢人遷往金朝的統治中心。這些漢人帶來了中原地區先進的生產技術和經驗，對東北地區的農業發展做出了極大的貢獻。同時阿骨打還提倡女真和漢人在農業生產中相助濟。此外，金在伐遼的過程中，獲取了遼國的大量耕具，增加了金代農具的種類和數量。女真軍攻占了遼國的東京後，阿骨打又下令「除遼法，省賦稅」，減輕了東京州縣女真人的負擔，提高了他們從事農業生產的積極性。對于歸降的部眾，阿骨打命「凡降附新民，善為存撫。來者各令從便安居，給以官糧，毋輒動擾。」太宗時多次發佈詔令，勸課農桑。天會四年（西元1126年）十二月詔曰：「朕惟國家，四境雖遠而兵革未息，田野雖廣而畎（quǎn）畝未辟，百工略備而祿秩未均，方貢僅修而賓館未贍。是皆出乎民力，苟不務本業而抑游手，欲上下皆足，其可得乎？其令所在長吏，敦勸農功」[4]。

1　脫脫等：《金史·志第三十一》，中華書局，1975年。

2　脫脫等：《金史·本紀第一》，中華書局，1975年。

3　脫脫等：《金史·本紀第二》，中華書局，1975年。

4　脫脫等：《金史·本紀第四》，中華書局，1975年。

三、生產工具與飲食器具

❶‧生產工具

金代東北地區女真族的生產工具主要是鐵製的器具。關於金代冶鐵的情況，可見於歷史文獻記載，金朝阿骨打建國前在其四世祖綏可（約西元10世紀初）時，就已「教人燒炭煉鐵」，揭開了金代早期冶鐵的序幕。一九六二年文物工作者又在金上京會寧府附近（今黑龍江省阿城市小嶺地區）發現了金代早期冶鐵遺址，還在堆積金代礦渣的地點發現了三座煉爐。冶鐵業是金源地區最重要的手工業生產部門，在金上京地區特別發達。近年，在今阿城市以東的小嶺附近的山區發現了金代鐵礦井十餘處，煉鐵遺址50餘處。經專家考證，當時是以木炭為原料來還原鐵礦石的，這裡的鐵礦石含量均在50%以上，屬鑄鐵脫碳鋼工藝，容易掌握。金源地區冶鐵技術的進步，提高了手工業的生產力。冶鐵技術的推廣和普遍應用，對金代社會經濟的發展起到了重要的作用。現已出土的金代生產工具的形態與種類比北宋更繁多和複雜。例如黑龍江省肇東八里城等地出土的生產工具有：鏵、鐮、鍁、鋤、鑊、鍘刀等。這些用於起土、中耕、收穫的工具，可以完成農業生產的全過程。

❷‧飲食器具

金代東北地區女真族飲食器具包括陶器、瓷器、鐵器、銅器等。隨著社會的進步及生產與生活的需要，金源地區的手工作坊和手工業產品也越來越多。冶鐵業，金、銀、銅製造業，製鹽業和釀酒業，制陶業等行業逐步興起，促進了酒具、餐飲器具的製作創新。

這一時期出現的金、銀、銅製的酒器頗具民族特點，特別是金上京地區因產金而著稱於世。酒在金代社會中占有重要的地位，女真人嗜酒，每逢節慶，必以酒助興，開懷暢飲，醉倒方休。銅甌，即是當時出現的蒸餾酒器具，該蒸餾器由上下兩部分組成，上體為冷卻器，下體為甌鍋，蒸氣是經冷卻而彙集，從旁孔道輸到外邊。該甌為青銅器，含銅67.34%，鉛14.32%，錫7.91%，其他11.43%，但沒有鋅。

其他銅製食器還有銅鍋、銅盆等。

這一時期的鐵製飲食器具還有六耳鐵鍋、鐵鍋等。

金代上京城商業繁榮，各種行業相繼興起，許多漢人在上京城附近經營金銀店鋪，製造出許多精美絕倫的飲食器皿。比如銀製碗、盤、杯、酒盞等。考古發現，東北地區出土的金代銀器皿，除了部分是由中原傳入，其餘大多是在本地製造。金代東北地區開設有金銀作坊，金代統治者使用銀製飲食器，一方面反映出金代女真貴族追求奢侈生活，藉以顯示其身分等級之高貴；另一方面也反映出金代女真統治者深受中原漢族文化的影響，把使用金銀器與長生不老相聯繫，企圖實現永久統治。

這一時期的陶器以陶罐、陶壺為主。陶罐多為泥質灰陶，火候較高。一九七三年在黑龍江省綏濱縣中興鄉金墓中出土了兩件陶罐，一件在腹部繪有褐紅色彩八株小樹的圖案，另一件出土時底部墊有樺皮托。另有黑釉雙耳小壺、三足鼎及圓耳盆形器等。

金前期，尤其在金太宗時期，實行「實內地」政策時，統治者在把大批中原地

◀圖6-12 金代磁州窯虎枕（觀復博物館提供）

◀圖6-13 金代耀州窯青釉刻劃花卉水波紋碗（觀復博物館提供）

中國飲食文化史　東北地區卷

區的漢人、契丹人遷往東北地區的同時，特別注意把漢人中的手工業工匠遷到「金源內地」，這就為金代前期的瓷器生產提供了技術上的條件。金代前期重要的飲食瓷器有碗、盤、罐、瓶、壺等，其中壺、罐、瓶多配有雙繫、三繫和四繫耳，這種便於懸掛提拿的特徵與女真族早期游牧生活有著密切的關係。金代東北的飲食瓷器，較好地繼承了遼、宋兩代優秀的陶瓷藝術傳統，也顯示出本民族獨特的風格。這種藝術風格，反映了金代女真族對中原內地以漢族為主體的傳統文化的吸納，以及對契丹族文化淵源的傳承。

四、金代榷場[1]的設立與飲食文化交流

金進入中原地區以後，以正統自居並以戰勝者的姿態君臨中原大地。但這並不影響他們全面學習和吸收漢族的物質文化和精神文化。金與宋飲食文化的交流主要是通過榷場進行的。以金為代表的北方游牧民族飲食風習，與以宋為代表的中原農耕民族的飲食風習，在碰撞之間體現了不同文化的差異性，同時也產生了食文化共融的現象。這種複雜的飲食文化現像在榷場這一商貿交易頻繁的地方得到了和諧的統一。

金皇統二年（西元1142年）五月，金同意宋的要求，雙方各於邊界置榷場。正隆四年（西元1159年），由於金對宋的戰爭，所以金國除泗州榷場外餘皆停罷，宋也只留一處榷場。不久，金伐宋，泗州榷場也停罷。金世宗與宋議和後，雙方重新恢復了貿易往來。大定四年（西元1164年），金復置泗、壽、蔡、唐、鄧、潁、密、鳳翔、秦、鞏洮等榷場。在榷場貿易中，金人將中原的糧食、瓷器、茶、生薑、橄欖、砂糖、荔枝、牛馬等物品源源不斷地輸入金各地。

他們還向漢人學習如何進行四時農業生產，並效仿漢人的吃喝。榷場制度還直

1　榷場：宋、遼、金、元時期在邊境所設的互市市場。場內貿易由官吏主持，除官營貿易外，商人須納稅、交金錢，領得證明文件後方能交易。

◀圖6-14 遼金五曲花口盞，阿魯科爾沁旗耶律羽之
　　　墓出土（李理提供）

接推進了我國茶文化向中國北方的傳播，使北方茶文化發展到一個新的高度，這也是前所未有的。在此之前，中國茶文化的主要繁榮區是在中國南方以及中原上流社會，邊境的榷場貿易推進南茶北傳的同時，北茶也彰顯出自己的文化特色，比如北方游牧民喜歡在茶中添加牛乳以及其他果實，即是南北茶文化融合的碩果。此外，金世宗大定三年（西元1163年）金世宗又與西夏置榷場，《金史》記載金大定年間曾罷西界蘭州、保安、綏德三榷場，由此可得知，金曾設蘭州、保安、綏德三處榷場。

　　金代榷場的設立，大大促進了金與中原的交流，中原漢民族通過榷場貿易也獲得了產於東北地區的食物，豐富了中原食文化的內涵。通過交流，促進了金代飲食文化的發展，豐富了金代女真人的物質生活，也促使金人的游牧文明向農耕文化過渡。

第三節　元代東北地區蒙古族人的飲食文化

一、蒙元政權的建立

「蒙古」是蒙古族的自稱，原為蒙古諸部落中的一個部落名稱，經歷史的發展

和演變，逐漸成為這些部落的共同名稱。關於蒙古族起源，目前中外史學界有不同的觀點，國內普遍的觀點認為，蒙古族祖先起源於東胡族系室韋的蒙兀室韋。大約在七世紀以前蒙古族就居住在額爾古納河一帶，後來西遷。在我國唐代史籍中稱為「蒙瓦」，《遼史》中稱為「萌古」。十一世紀，他們結成了以塔塔爾為首的聯盟強大一時，因此，「塔塔爾」或「韃靼」曾一度成為蒙古草原各部的通稱。後來西方通常就將蒙古泛稱為「韃靼」。

西元一二〇六年，鐵木真在斡難河畔舉行的大聚會上被推戴為蒙古大汗，號成吉思汗，建立了蒙古國。

蒙古國初建時，金、西夏、西遼、宋等多國政權各據一方。蒙古國的各代首領成吉思汗、窩闊臺汗、蒙哥汗經70年的征討兼併，消滅了各國政權，完成了曠古未有的大一統。

至元八年（西元1271年）元世祖忽必烈改國號為大元，創建了中國歷史上的元朝。

二、元代東北地區蒙古族人的生計方式

由於東北地區多樣而優越的生態環境，使得元代蒙古族先民有著畜牧業、漁獵業及農業共存的生計方式。

❶‧畜牧業

蒙古族是草原游牧民族，素有「馬背上的民族」之稱。畜牧業是其主要的生產方式，牲畜種類主要有駝、馬、牛、羊，尤其是養馬業在整個畜牧業中占有突出的地位。羊的肉、乳、皮、毛都是日常生活用品，《蒙韃備錄》載「宰羊為糧」；《黑韃事略》載「牧而庖者以羊為常，牛次之，非大宴會不刑馬」[1]。牛是東北地區蒙

1　彭大雅：《黑韃事略》，鈔本，1542年。

古人重要的食物之一，牛可以用來擠乳，制乳酪，還可供使役。《多桑蒙古史》載：「以牛馬之革制囊。」

據載，成吉思汗的七世祖蔑年土敦的夫人莫努倫的馬和牲畜，多到無法計算。牧畜的數量規模相當大，呈現出「千百成群」的繁榮景象。當時扎剌亦兒一個部落就有大牲畜七萬頭。西元一二〇六年蒙古國建立時，成吉思汗的兵力達到十二餘萬人，《蒙大備錄》中記載：「凡出師人有數馬，日輪一騎乘之，故馬不困弊。」[1]按每人三騎計算，十二萬人的軍隊就應該有三十六萬匹馬。這還不算散馬群。西元一二一一年，蒙古軍襲擊金國群牧監，得馬幾百萬匹分屬逐軍。通過孳繁、擄掠，蒙古草原的馬匹數量猛增，並成為世界上擁有馬匹最多的國家。大量的馬匹，一方面充實了蒙古軍的實力，另一方面也成為蒙古人肉食原料的來源。蒙古建國後特別重視畜牧業，窩闊臺時，指令在各千戶內選派嫩禿赤（管理牧場的人）專管牧場的分配和使用。國家為了擴大牧場，經常派人在漠北打井，開發無水草原；國家為了保護牧場，頒佈了嚴格的禁令：草生而掘地、遺火燒燬牧場，都要受到法律的懲處。泰定元年（西元1324年）中書省規定的牧民貧富標準是：凡馬、駝不足二十匹，羊不足五十隻者，為貧困。從這個數據可以看出元代東北蒙古族畜牧業生產的發展盛況。

❷ · 漁獵業

元代東北地區蒙古族及女真分布的地域江河交錯，河湖棋布，有松花江、嫩江、烏裕爾河、月亮泡等大小泡澤200多個，為東北漁業的發展提供了天然條件。這裡有畜牧、漁業兼營者，也有專門從事漁業者，據《金華黃先生文集》卷二十五《魯國公札剌爾公神道碑》載：「地無禾黍，以魚代食。」捕魚成為沿江靠河地區各族居民謀生的重要手段，東北地區捕魚兒海（貝爾池）、答兒海子（又稱魚兒泊，今達賚諾爾）和肇州（今黑龍江肇東縣八里城）都產魚。《元史》卷五十九《地理

1　來集之：《倘湖樵書》卷七，上海古籍出版社，2002年。

▲圖6-15 元代銀錘鏨蓮花紋高足杯
一對（觀復博物館提供）

志》載：「至元三十年（西元1293年）世祖謂哈喇八都魯曰：『乃顏故地曰阿八剌忽者產魚，吾今立城，而以兀速、憨哈納思、乞裡吉思三部人居之，名其城曰肇州，汝往為宣慰使。』既至，定市裡、安民居，得魚九尾皆千斤來獻」。

　　狩獵是蒙古族飲食的又一種重要來源，是畜牧經濟產生的基礎。《蒙古秘史》中記載的「森林中百姓」都是獵民，元代東北地區「林木中百姓」和居於黑龍江地區的女真人主要以狩獵業為主。蒙古族狩獵的方式多種多樣，比較常見的是集體圍獵和個人行獵，圍獵的規模極為壯觀。集體圍獵前要舉行非常隆重的出獵宴，宴畢，各獵戶家屬為親人送行，敬獻上馬酒，祝福多獲獵物。蒙古獵手們獲得的獵物極為豐盛，其中主要是肉類動物，包括雪兔、鹿等。參加圍獵的各蒙古獵戶都可以獲得一份不等量的獵物。南宋彭大雅在《黑韃事略》中記載，蒙古人「其食肉而不粒，獵而得者曰兔、曰鹿、曰野彘（zhì）、曰黃鼠、曰頑羊，曰黃鼠、曰野馬，曰河原之魚」。同時還記載：「其飲，食馬乳與牛羊酪。」同時代的趙珙在《黑韃備錄》中也說：「韃人地饒水草，宜羊馬，其為生涯，止是飲馬乳以塞飢渴。凡一牝馬之乳，可飽三人。出入止飲馬乳，或宰羊為糧」。

❸‧農業

　　元朝建立前後，在蒙古統治者經略東北之初，曾給當地的社會經濟造成嚴重破

壞。元朝統一全國後，在元政府勸農政策的推動下，經過東北各族人民的共同勞動，東北地區的農業有了一定的發展，農田面積擴大，糧食產量提高。

蒙軍南下之初，對所至之地燒殺擄掠，甚至肆意毀農為牧。在破壞性極大的戰爭中，蒙軍殘酷野蠻的強制推行遊牧生產方式，給東北農墾地區帶來了極大的災難，被征服的民眾對蒙古統治者的野蠻統治方式表示強烈反抗。因此，從窩闊臺時代開始，在耶律楚材等人的推動下，蒙古統治者逐漸重視農業，到了忽必烈時代農業政策有了轉變。據《元史》卷九十三《食貨志》載：「世祖即位之初，首詔天下，國以民為本，民以衣食為本，衣食以農桑為本。於是頒《農桑輯要》之書於民，俾民崇本抑末」。在設十路宣慰司之際，強調必須選擇熟悉農事者充任勸農官。中統二年（西元1261年）復增設勸農司，以掌農田之辟。中統三年（西元1262年）忽必烈嚴令「中書省、宣慰司、諸路達魯花赤、管民官，勸誘百姓，開墾田土，種植桑棗，不得擅興不急之役，妨奪農時。」把恢復、發展農業放在重要地位。這一政策是推動農業生產出現轉機的重要動力。與全國一樣，東北地區的農業也出現了嶄新的面貌，這主要表現在以下幾個方面（可以稱之為「農政五條」）。

第一，在組織上，至少在東北地區的南部比較普遍地推行了「社」的組織。社制與裡正、主首制並行，前者主要負責「勸課農桑」，是為了恢復與發展農業生產特創的一種組織，所以《元史·食貨志》中稱社制謂「農桑之制」。元朝政府頒佈的14條立社法令，明確規定由社眾推選年高並通曉農事者立為社長，並對社內如何促進農業生產的發展作了詳盡具體的規定。如要求興修水利，組織滅蝗，建立義倉，生產互助；要求社長「各隨風土所宜，須管趁時農作。若宜先種者，儘力先行布種植田，以次各各隨宜布種，必不得已，然後補種晚田瓜菜。仍於地頭道邊各立牌榜，書寫某社某人地段，仰社長時時往來點覷，獎勸誡諭，不致荒蕪」[1]。各社並設置有「農桑文冊」，以便「取勘數目」，督考農務。

第二，由國家出面，調集部分軍民大力開展有組織的屯墾。元代統一全國後，

1　《元典章·戶部》卷九《典章二十三》，天津古籍出版社，2011年。

中國飲食文化史　東北地區卷

在各行省「皆立屯田，以資軍餉」[1]，東北地區也相繼設立屯田。元代屯田，規模龐大，組織嚴密。元代的屯田分為軍屯和民屯，東北的屯田主要是民屯。元朝政府在東北地區的肇州、蒲峪路等處設置了「屯田萬戶府」，以管理民屯。

第三，鼓勵、支持原來從事漁獵或牧業的一些少數民族改為農務。至元三十三年（西元1293年），濠來倉（指今巴彥縣東，松花江北岸）附近的200戶女真一向「以漁自給」，忽必烈下令「與其漁於水，曷若力田，其給牛價、農具使之耕。」[2]勸導他們改行農務。

第四，減少農民額外負擔，保護農業生產。如至元十六年（西元1279年），地方官奏報「賦北京、西京車牛俱至，可運軍糧。」對此，忽必烈強烈反對，指斥有關官員說：「民之艱苦汝等不問，但知役民，使今年盡取之，來歲禾稼何由得種？其止之！」[3]

第五，保護農業生產所需勞力，維護農業生產的正常進行。對於遭受戰爭或自然災害的地區，或減免其租稅，或進行賑濟，或開放山河之禁，通過漁獵補充食物來源，或建立常平倉、義倉以調劑豐歉之年。《元史》卷十二記載，西元一二八六年「發粟賑水達達四十九站」，《元史》卷九十六《食貨志》載「大德元年（西元1297年），以飢賑遼陽、水達達等戶糧五千石」。東北地區屯田後，使這裡荒閒的土地得到了重新開發。隨著農業生產的發展，這裡成為徵收賦稅（主要是糧食）的主要地區。

由於這一時期東北地區的各族人民有機會和農業發達地區的民族發生接觸並進行交流，又能從農業地區得到農具、種子，於是一部分人從畜牧業或漁獵業開始轉到農業或兼農業了。

1　宋濂：《元史・兵志第四十八》，中華書局，1976年。

2　宋濂：《元史・本志第四十七》，中華書局，1976年。

3　宋濂：《元史・本志第十》，中華書局，1976年。

三、元代東北地區蒙古族人的飲食結構與食俗

蒙元帝國時期東北地區的蒙古族人日常飲食主要是糧食、肉食和奶食。主食原料包括粟、麥、米；肉食取自羊、牛、馬、駱駝等，尤其以「全羊肉」著名；奶食取自牛、羊、馬、駱駝的奶等。奶品分為食品和飲料兩類。奶食品主要有奶皮子、奶酪、奶油、白油、奶豆腐、奶餅、奶果子；奶飲料有酸奶、奶茶、馬奶酒、牛奶酒等。

❶·糧食為主食

元代蒙古族人的主食是糧食，主要品種是饅頭。元代的饅頭與今天的饅頭不一樣，類似今天的包子。元代的饅頭有羊肉餡、豬肉餡和魚肉及蔬菜餡。元代有許多記載飲食的書籍，如《飲膳正要》《居家必用事類全集》等，都對饅頭的做法和名稱有記載。書中認為元代宮廷中的饅頭與牛羊肉一樣受歡迎，這些饅頭的品種有剪花饅頭、茄子饅頭、鹿奶肪饅頭，餡有羊肉、羊油、鹿脂和茄子等。元代民間百姓也喜歡吃饅頭，據《居家必用事類全集·庚集·飲食類》所記，民間饅頭製法是先發麵，再和麵，然後揸皮包餡，蒸而熟之，其名稱有平坐大饅頭、平坐小饅頭、薄海大饅頭、捺花大饅頭、攢尖饅頭，等等。[1]

❷·飲料

蒙古族人嗜好飲品，尤其嗜好烈酒。據《馬可·波羅遊記》所記，當時有奶酒、葡萄酒、米甜酒和藥酒。中國北方所產的米酒給馬可波羅留下了深刻的印象，在書中有的細緻描述：「契丹省（指中國北方）大部分居民飲用的酒，是米加各種香料和藥材釀製成功的。這種飲料，或稱為酒，十分醇美芬芳。」「沒有什麼東西能比它更令人心滿意足的了。溫熱之後，比其他任何酒類都更容易使人沉醉」。馬可波羅曾把中國的酒方帶回歐洲，現今流行於歐美的「杜松子酒」，其配方即載於

1　王大方：《漫話元代的饅頭》，《中國文物報》，1998年1月4日。

◀圖6-16 元代無蓋青花花卉紋執壺
（觀復博物館提供）

元代《世醫得效方》，歐美人稱之為「健酒」。[1]

❸ · 飲食器

元代東北地區飲食器材質主要是瓷器和陶器。在東北地區流行的元代瓷器主要是從中原地區傳入的，以鈞窯、磁州窯、龍泉窯三個窯系的產品為多。鈞窯瓷器的特點是「釉具五色，豔麗絕倫」，釉色細潤，胎骨灰色，器型以碗、盤為多見。磁州窯系的瓷器，多為白地黑花（或鐵鏽花），器型有四系瓶、蓋罐等。龍泉窯以湖綠色為主，瓷釉青翠，溫潤如玉，器型以大型碗、盤和小碟為多。當代的內蒙古自治區文物工作者先後在赤峰市、烏蘭察布盟等地發掘出土了87件保存完好的元代瓷器，其中一些瓷器屬於首次露面的珍貴文物。在對烏盟察右前旗集寧路古城遺址進行搶救性考古發掘時，在兩處瓷器窖藏中出土了47件元代的上好瓷器，其中景德鎮窯釉裡紅玉壺春瓶、青花高足碗等是元代蒙古族貴族使用的器皿。

❹ · 蒙古族的飲茶習俗

蒙古族飲茶的歷史從十三世紀開始，確切地講應該始於成吉思汗時代。西元

一二二一年，南宋趙珙出使蒙古，辭別之日，蒙古將領木華黎說：「凡好城子多住幾日，有好酒與吃，好茶飯與吃。」[1]這裡提到了以茶款待。《長春真人西遊記》載：「車駕北迴，在路屢賜葡萄酒、瓜、茶等。」[2]耶律楚材隨成吉思汗西征在《贈蒲察元帥七首》的詩中有「一碗清茶點玉香」之句，說明蒙古軍營中也流行飲茶。成吉思汗的《神茶罐的故事》也是反映成吉思汗時蒙古人開始飲茶的。宋朝用茶來換取北方游牧民族的家畜和畜產品，在邊關實行茶馬互市，使蒙古人通過互市獲得茶葉。

蒙古人飲茶的習慣形成於元代，尤其是元朝宮廷中蒙古皇帝所飲的御茶，質量是上好的，並且要用選好的水製茶。據《飲膳正要》載，蒙古皇帝飲茶所用的水是「內府御用之水，常於鄒店取之，緣自至大初武宗皇帝幸柳林飛放，請皇太后同往觀焉，由是道經鄒店，因渴思茶，遂命普蘭奚國公金界奴朵兒只煎造，公親詣諸井選水，唯一井水頗清甘，汲取煎茶以進，上稱其茶味特異」。茶是蒙古貴族重要的飲料，是一日不可或缺之物。但，蒙古人飲茶不是用開水沖泡，而是煎茶。

❺·主人宴會表慶賀

蒙元帝國遇有重大事情，經常用飲宴的方式來紀念，如西元一二一九年成吉思

1　孟琪：《蒙韃備錄校注》，上海古籍出版社，1995年。
2　丘處機受成吉思汗之召，赴大雪山（阿富汗之興都庫什山）授長生之術。《長春真人西遊記》是其弟子李志常對其事情原委及經過的實錄。

汗為報花剌子模人殺掠蒙古商人之仇，率20萬眾西征，經五年血戰，滅花剌子模國，於西元一二二四年班師回朝。大軍行至蒙古國西境不哈速只忽，成吉思汗降旨設置大金帳，舉行了大聚會及大宴，並且進行由蒙古全體那顏參加的射箭比賽。蒙古大汗登基大典時也舉行了盛大宴會，名為質孫宴。[1]「質孫」的意思就是顏色，質孫宴就是在蒙古大汗即位的典禮上，人們穿著顏色統一的衣服，共同參加盛大宴會。據元朝人周伯其所記：「國家之制，乘輿新幸上京，歲以六月吉日，命宿衛大臣及近侍服所賜只孫珍珠翠金寶，衣冠腰帶，盛飾明馬……於是上盛服御殿臨觀，乃大張宴為樂……凡三日而罷……名之曰質孫宴。」《元史・輿服志》載：「質孫，漢言一色服也，內廷大宴則服之。」質孫宴會後來稱為「詐馬宴」，在成吉思汗陵附近的蒙古包大帳中，蒙古牧民在盛大的節日裡，仍然要舉行隆重的「詐馬宴」，以歡迎貴客，慶祝豐收。[2]

1　宋濂：《元史・志第十八》，中華書局，1976年。
2　王仁湘：《食肆酒樓任逍遙》，《中國文物報》，1999年4月25日。

中國飲食文化史

東北地區卷

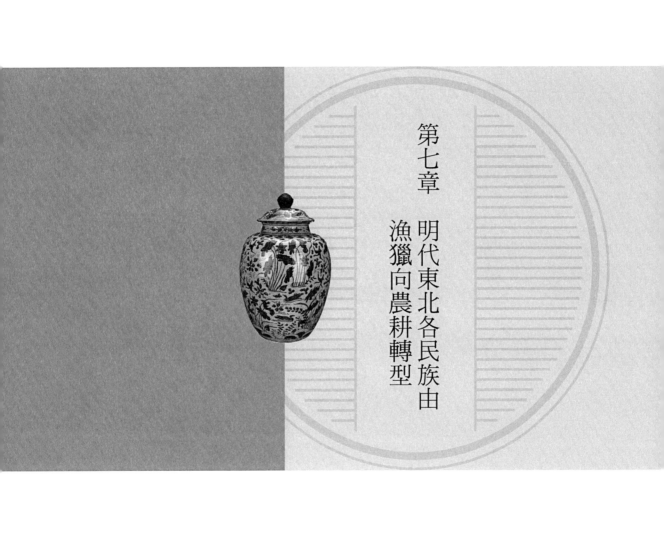

第七章　明代東北各民族由
漁獵向農耕轉型

第一節　明朝統治下的東北地區飲食生活

西元一三六八年，明軍攻占大都，元朝滅亡。元順帝逃到上都（今內蒙古多倫），後又逃至應昌（今內蒙古克什克騰旗達裡諾爾西），中原的蒙古貴族紛紛逃回蒙古故地。次年明軍攻克應昌，元帝逃往和林（今蒙古國烏蘭巴托西南）國號仍稱為元，史稱「北元」。西元一四〇二年去國號稱韃靼，去帝號稱可汗。元朝滅亡後，東北的故元官吏乘機割據一方，擁兵自立，結寨自保。後被明朝所滅，明朝政府對東北實行招撫政策。西元一三七一年，元遼陽行省平章劉益派人帶著他的親筆信及遼東州郡地圖並戶籍、兵馬、錢糧之冊到南京首先降明。隨後，明朝又招撫了納哈出等故元官吏，並先後在東北設置了遼東都司和奴兒干都司進行管理。

一、東北各民族的主要生計方式

明代東北地區主要有漢族、蒙古族及女真族。明朝初年，漢族主要居於遼河流域；女真主要居於黑龍江、松花江流域；蒙古族居於今內蒙古東部。他們的主要生計方式仍是以畜牧業、漁獵業、農業為主。

❶ · 畜牧業

明代蒙古族畜牧業得到進一步發展。游牧民飼養羊、牛、馬，有的部落還養駱駝。牛肉、羊肉與牛奶、馬奶以及奶製品是牧民的主要食物和飲品。

明代蒙古族的牲畜數量沒有資料統計。但從有關記載來看，在明代前期由於連綿的戰爭，牲畜損失很大，牧業生產呈現不穩定和下降的趨勢。洪武五年（西元1372年），明軍在亦集乃和瓜、沙二州打敗蒙古人，掠獲牲畜十二萬頭；洪武

二十一年（西元1388年）大將軍藍玉在捕魚兒海突襲蒙古大汗，一次戰役即獲牲畜十五萬頭；永樂二十年（西元1422年），明成祖征討兀良哈，獲取牲畜十數萬頭。僅從史書上的明確記載來看，明朝在戰爭中所得的蒙古牲畜即以千百萬計。到明代中後期，一方面明朝國力漸衰，無力發動大規模對蒙戰爭，另一方面蒙古人內部統一的趨勢加強，相對安定，畜牧業開始發展起來。不少大封建主向寺院和活佛施捨，常常一次就獻出牲畜上萬頭；與明朝貿易成交的牲畜數額累年都有大幅度的增長，反映出畜牧業的發達情況。

然而草原游牧經濟是脆弱的，當時沒有挖井、儲草、搭棚圈等設備，一旦遇到雪雨、乾旱等自然災害，就無力抗拒，致使牲畜大批死亡，於是牧民生活立刻陷於缺衣少食的極端貧困境地。所以明代蒙古族在主要經營畜牧業的同時，還必須進行狩獵、耕種、對外交換等其他經濟活動，作為生計方式的補充。

❷‧漁獵業

狩獵是蒙古族人的重要生計方式，狩獵的季節多在冬季，狩獵民居住在用木頭和樺樹皮搭蓋的棚子裡。他們穿的是獸皮，吃的是野牛、野羊肉。冬季出獵時，他們使用一種滑雪板，名為「察納」，也叫「木馬」，在山林中飛快地追逐野獸。獵獲物則放在雪橇上，每隻雪橇可裝載數千斤，運送很方便。他們狩獵的方式主要是集體圍獵，常以部族為單位聯合舉行。首領召集屬眾趕赴獵場，按照嚴格的狩獵規定，架鷹使犬，千騎雷動，圍捕射殺，有時時間長達百天，所得野物常常堆如山丘。蒙古族人掌握許多狩獵的要訣，如獵鹿，因為鹿奔跑時間過久，肉味就要受到影響，所以一旦遇見奔鹿，就必須在短時間內射中。

明代東北地區蒙古族人的飲食文化思想中包含著樸素的人與自然和諧相處的觀

念，這也是中華飲食文化中「天人合一」觀念的體現。「凡打獵時，常食所獵之物，則少殺羊。」[1] 這則材料表明：東北先民獲取食物以及消耗食物同樣是有計劃並且是十分珍惜食物的。在食物充裕的情況下，是不會宰殺牲口的。蒙古人頗知生長之道。在春天鳥獸繁殖的季節不去射獵，夏天也不過量捕殺，只是小小襲取，藉以充飢而已。如果違反，就要受到懲罰。《俺答汗法典》明確記載了七項保護野生動物的規定，如「殺野驢、野馬者」，罰以馬為首的五頭牲畜。秋天野獸肥壯時，才進行大規模的圍獵。這些行為準則是先民在長時間與大自然和諧共處中所積累的寶貴經驗，體現了古人可貴的生態觀。

除了大規模的圍獵之外，也有個人的捕獵活動。一般採用安裝自動弩機、挖設陷阱、使用網套夾子等方法捕捉走獸飛禽。靠近湖泊河流的蒙古人也從事捕魚活動，因缺乏網子和釣鉤，多用箭矢射取。狩獵和漁獵所得，作為畜牧業生產不足的補充，特別是遇到災荒年月，野物顯得尤其重要。史書上有不少關於蒙古人靠打獵度過饑荒的記載。

❸ · 農業與屯墾

明代前期蒙古地區的農業十分薄弱，只有兀良哈三衛還保留一些農業生產。他們經常向明朝索取耕牛、犁鏵、種子，種植糜等作物。脆弱的畜牧業也需耕種作為補充，因此從明代中後期開始，在漠南適於農作物生長的地區，農業逐漸得到了發展。所種作物有麥、穀、豆、黍等，後來還種植瓜、茄、蔥、韭之類蔬菜，飼養雞、鴨、鵝、豬等家畜。但耕作方式仍然比較粗放，沒有灌溉設施，廣種薄收。蒙

1　彭大雅：《黑韃事略》，翰墨林編譯印書局，1903年。

明實現和平以後，農業有了更大的發展，「種田千頃，歲收可充眾食」[1]，在很大程度上解決了食物不足的困難。在遼西地區的內哈喇哈部也出現了由漢人耕種土地的情況。

洪武四年（西元1371年），明代實行軍屯，同年八月，明朝政府在遼東設遼都衛指揮使司，為解決軍糧問題，採取「農戰交修」的辦法，至洪武七年（西元1374年），屯田實現了糧食自給。洪武二十年（西元1387年），遼東北部、西部都設有屯田軍，軍屯逐步發展起來。自洪武至永樂年間，遼東地區已開墾土地25300餘頃，收糧716170石，遼東、奴爾干都司的給養皆靠遼東屯田供給。軍屯改變了遼東地區的經濟結構，使農業成為主要的經濟部門，元末明初，遼東居民「以獵為業，農作次之」，大興屯田之後，「四名之中，農居其三」，同時使遼東的土地得到了開發，遼河兩岸幾千里內「阡陌相連，屯堡相望」，糧食產量也有增加，不但能自給，還有剩餘。

二、明政府與東北各民族的貢市貿易

蒙明貿易與雙方政治關係緊密相連。在南北對峙、戰爭不斷的時候，蒙古人只能在封鎖的邊境上私相貿易。他們用皮衣、馬尾、羔皮等與漢族軍民換取斧子、火石、耳墜之類的小物品。春荒時，以一頭牛換一石米豆，一隻羊換雜糧數斗，沒有牲畜的，則用柴、鹽等換一點糧食充飢。這樣零散而又充滿危險的貿易，遠遠不能滿足雙方各自生活的需要，人民渴望和平與順利的交換。在雙方統治者逐漸放棄對

1　陳子龍：《明經世文編》卷三百十八，中華書局，1962年。

抗和共同的推動下，遂使正常的貿易得以恢復。蒙古人以牲畜、獵物和一些手工製品向明朝換取紡織品及其他生活用品、糧食、農具、貨幣等。其目的一是解決糧食及生活用品普遍不足的困難，二是滿足蒙古貴族奢侈的需要，三是蒙古封建主在內部鬥爭中經常需要得到明朝的支持以戰勝對手。其中經濟方面的原因是最主要的。在蒙明統治者眼中，貿易並不是平等的交換，蒙古封建主認為從明朝取得各類物資是「收取貢賦」，而明廷則以「天朝」自居，視貿易為羈縻[1]手段。但在客觀上，貿易是在和平條件下的互通有無，對社會的安定，對促進游牧民族與農業民族之間的經濟交流，起著積極的作用。

正常的貿易採用「通貢」和「互市」兩種形式進行，其中「互市」又分官市和民市，「通貢」是蒙古封建主與明廷之間的特殊貿易形式。進貢與回賜之物主要也是地方土產，大宗交換依然是食物。在蒙古封建主與明朝的政治、軍事關係比較緩和的時候，他們經常派遣使者攜帶牲畜及其他特產送給明朝皇帝，稱為「進貢」。對此明朝以較高的價格折算成一定數量的布帛綢緞、衣服、醫藥、各類生活用具等讓使者帶回，同時送給一些銀兩，稱為「回賜」。由於通貢使蒙古封建主得到大量物品，所以儘管明朝規定了嚴格的貢道和貢期，蒙古封建主們仍然極力突破限制，頻繁通貢；瓦剌也先時代的通貢次數最多，常常是前使未歸，後使踵至。通貢規模也最大，如正統十二年（西元1447年）一次就派出使者2472人，貢馬4772匹，貂鼠、銀鼠、青鼠皮12300張，甚致使明朝窮於應付，難於籌措「回賜」。可見，這種頻繁的通貢所具有的政治意味已經淡化，而其實質更趨近於食物的交換與分配，只是形式為「朝貢」或「回賜」。

1　羈：馬籠頭。羈縻：籠絡之意。

明朝政府為了使東北地區的蒙古、女真等族與漢族進行交易，在遼東地區設立了定期的場所，謂之「馬市」。明朝政府開設遼東馬市的主要目的在於「有無相濟，各安生理。此繫懷柔來遠之道」[1]，以控制各少數民族，鞏固邊防。永樂三年（西元1405年），蒙古福余衛奏請入朝貢馬，明廷決定「就廣寧、開原，擇水草便處立市，俟馬至，官給其直，即遣歸」[2]。由於前來馬市交易的人很多，所以，永樂四年（西元1406年）明朝政府正式在遼東的開原、廣寧設二處馬市，這是遼東馬市的正式設立。遼東的馬市最初是為了官方購買軍用馬匹而設的，後來逐漸從官方交易逐漸演變為東北各族之間互通有無的民間集市。來自蒙古兀良哈的貨品主要是牛、馬、羊等牲畜及皮張；來自女真地區的主要是貂皮、人參、松子等土特產品；來自漢族的主要是生產工具如鏵、鏟等和生活用品如米、鹽、布等。通過遼東馬市交易，使東北各族間互通有無，尤其是促進了食品的交換。

第二節　明代東北地區飲食文化的主要特徵

一、由「引弓之民」走向「尚俗耕稼」

長弓射獵、駿馬奔襲是歷史上游牧民族的生存文化特徵，我國古代漢文典籍稱之為「引弓之民」。東北地區的原住民從隋唐時期的靺鞨、金代的女真開始，逐漸向農耕邁進。到明代女真，尤其是西元一五八三年努爾哈赤起兵之後，農耕文化

1　金毓黻主編：《遼海叢書·全遼志》，臺北藝文印書館，1970-1972年。
2　《明太宗實錄》卷四十，上海書店，1982年。

有了進一步的發展。特別是鐵農具的輸入，使得原來「唯知射獵，本不事耕稼」[1]的女真轉變為「頗業耕農」[2]。其農器多來自朝鮮。由於鐵質農具的輸入與使用，直接推動了東北地區農業耕作技術的提高，促進了耕地面積的擴大，努爾哈赤及其後繼者為使農業得到快速、有效的發展，採取了一系列行之有效的措施，例如，肥田、不誤農時、因地制宜、加強管理、役不妨農、保護耕畜、充實勞力、違者處罰等一系列措施，使農耕經濟在東北地區女真族的社會經濟中的比重大大提高。農耕經濟的發展，標誌著女真民族由漁獵民族開始向農耕民族邁進。

經過長期努力，滿族入關前的農業生產，無論從生產力水平、糧食產量和積儲方面都基本達到自給水平。一入其境，「家家皆畜、雞、豬、鵝、鴨、羔羊之屬」，凡「禽獸、魚、鱉之類；蔬菜、瓜、茄之屬皆有」，產量則「粟一斗落種可獲七、八石」，待秋收後或「埋於田頭」，或輸入家中，「掘窖以藏，漸次出食」，或置於倉中。都城赫圖阿拉（今遼寧新賓）東門外有貯谷的公庫。至於各家則「五穀滿屯」，乃至於「日暖便有腐臭」之時。至皇太極晚年，盛京（今遼寧瀋陽）及大小城堡、屯莊，只造酒一項，日用米「不下數百石」，一年的用量可達「數十萬石」。[3]從中我們可以看出入關前的滿族已成為「尚俗耕稼」之民。牧獵經濟轉向農耕經濟之後，飲食文化的內涵也隨之發生變化，如飲食結構、飲食習俗、飲食器皿、飲食方式、生產器具、生產與自然天時的對應，對外交流的內容，以及意識形態領域等都發生了變化。

1　吳晗：《朝鮮李朝實錄中的中國史料》，《李朝成宗實錄》卷二六九，中華書局，1980年。
2　吳晗：《朝鮮李朝實錄中的中國史料》，《李朝成宗實錄》卷四五，中華書局，1980年。
3　鄂爾泰等修：《八旗通志》卷六十二《土田志一》，東北師範大學出版社，1985年。

❶ · 人員的遷徙復甦了女真的農業經濟

明代東北地區的女真族分為三大部分：建州女真，分布在牡丹江、綏芬河和長白山；海西女真，分布在松花江沿岸；野人女真，分布在黑龍江和庫頁島。由於原居地的自然條件日趨惡劣，蒙古族勢力的頻頻東侵，明朝政府的撫綏政策，女真自身經濟落後等原因，東北女真遂開始向南遷徙。

從明永樂、宣德年間至嘉靖末年的一個多世紀中，海西女真相繼進入了呼蘭河流域，而後繼續南遷，定居於遼東都司近地，建州、海西女真則遷至鄰近的先進民族地區。從明代女真人的發展進程來看，南遷為其經濟的迅速發展提供了前提條件。遷後的居住地有良好的自然條件，有穩定的生活，使得女真人的農業經濟逐漸復甦並有了較快的發展。明初女真人尚處在「稍事耕種，以養馬弋獵為生」的農牧獵混合經濟狀態，至明中葉，已是「屋居耕食，不專射獵」[1]。這說明他們已完成了向以農業為主導經濟的過渡，加入了農耕民族的行列。

❷ · 鐵製農具的輸入加快了農業的發展

明為羈縻之政策，置馬市於開原。永樂年間有馬市三：一為開原南關；一為開原東衛裡；一為廣寧。開原南關馬市，初一至初五開市一次，為五天。

馬市分為「官市」和「私市」。「官市」是由官府購馬，軍用。「私市」較為熱鬧，是食物原料交換的主要場所。女真人出牛、馬、羊、驢、牛皮、黑狐、水獺、貂鼠、人參、木耳、蘑菇、松子、蜂蜜、珍珠等優質土特產。漢人出米、鹽、布、絹、綢、鍋、衣服及犁等鐵製農具等。女真族人有足夠的土特產可與漢族人交換。其中馬市上漢人輸出女真的鐵量巨大，一次就輸出鐵鏵子469件，馬市貿易的人數

1　陳子龍：《明經世文編》卷二百三十二，中華書局影印本，1962年。

不斷增多。少則幾十，多則數百。萬曆十二年（西元1584年），海西女真都督猛古孛羅、歹商從廣順入市，一次竟達1100人之多。萬曆十一年（西元1583年）七月至九月，以及十二年一至三月的半年時間內，女真各部前來馬市貿易達11870人次之多。隨著馬市的發展，女真經濟不斷增長，馬市上的商品結構也逐漸發生了變化。明初之馬市，女真多輸入糧、布。中期則多為鐵農具等農業生產資料。這些大量鐵製農具的輸入，為女真人發展農業提供了有利的條件。後來，女真糧食生產取得較大發展，甚至能輸出糧食。

女真輸入了諸多的鐵製農具促進了東北地區的農業開發，也使女真人的生計方式有了重大的改變，此時的女真社會「農人與牛，布散於野」，「土地肥饒，千穀其茂」。努爾哈赤曾說：「爾蒙古國以飼養、牲畜、食肉以為生，我國乃耕田，植穀而生也。」表明明代末年女真已由狩獵民族轉為農業民族。

明萬曆四十四年（西元1616年）努爾哈赤即汗位，在滿洲建立了後金王朝，後尤其子皇太極繼位。到皇太極統治時期，農業變得更加重要，他已經認識到：「民若不得耕種，國將何以為存？」把農業看作是國家的重要事情和立國之本。皇太極要求八旗兵在戰爭之餘「治家業、課耕田地」。此時的漁獵業基本上已成為一種軍事訓練和娛樂性的活動，其生產功能已十分微弱，國家對狩獵業加以種種限制，任何人不得隨意狩獵，甚至大貝勒代善還曾因擅自狩獵而受到處罰。因此來自狩獵的食物已變得極為有限了。

❸ · 漁獵、農耕色彩兼具的飲食器具

明代女真社會經濟正處於由漁獵向農耕的過渡時期，漁獵經濟流動性強，飲食器皿講求便攜、易制或耐碰撞；而農業經濟相對穩定，對食器的要求往往限於廉價

實用。因此，這一時期出現了漁獵、農耕色彩兼具的飲食器具。據《女真譯語》記載，當時女真的炊具和餐具有：碗、鍋、碟、盆、箸、壺、盤、瓶、桶、匙、酒盅、酒罐等器具；有銀壺、金臺盞、銀臺盞、金盆等金銀器具。另據《清文鑑》記載還有樺皮桶、木瓢、樹節瓢、樺皮簍、柳罐、大木碗等。其中，盆、壺、鍋、瓶、酒盅、酒罐、銀壺、金臺盞、金盆等帶有明顯的農耕經濟的特點，其他器具則是漁獵經濟的反映。

為了適應狩獵生活，女真大多數家庭以木器和金屬器具為主，只有個別首領才有一些金銀餐具。金屬器具中，又以銅器為主。鐵器一直是禁運物品，因此，女真人十分缺乏鐵質器具。他們只能通過與明朝互市、賞賜、走私等方式獲得，有時甚至鋌而走險，通過搶掠來獲得。女真進入遼東地區後，由於接近明朝和朝鮮，受其影響，在飲食器具方面有了很大的變化，尤其是在烹食器具方面改進很大，已經有了鐵鍋和銅鍋。但由於戰爭等方面的原因，鐵器仍是明朝和朝鮮禁運物品，因此，只有少數女真首領家庭才有鐵鍋。

二、貢賦制度與宮廷的奢華

❶·貢賦制度及食物的占有與分配

宮廷的食物資源來自貢賦，東北地區的各田莊、官莊、獵物向宮廷源源不斷地提供貢品，使宮廷占有足量的、最優秀的食物資源。進貢給後金宮廷的食物主要有野味、家畜家禽和米麵等。野味類食品有虎、熊、麋、獐、鹿、山羊、公野豬、野雞、野鴨及蘇子河和太子河所產的各種淡水魚；家畜家禽類食品主要有豬、牛、羊、騾、馬、驢、雞、鴨、鵝及禽蛋等；米麵類食品有玉米、稗子米、高粱米、蕎

麥、黃米、稷子米、糜子、黏玉米、黏高粱、小米、稻米。[1]這一貢賦制度在明代已經十分穩定，有清一代依然延續。

為了維持平安的現狀，後金周邊的一些民族和地區，往往每年或者每個季度都要向後金納貢。如天聰九年（西元1635年）朝鮮王的春禮進貢中有胡椒、栗、棗、銀杏、乾柿子、螺螄肉、天池茶、松蘿茶等。同年十二月朝鮮王進貢的禮品中還有松子、榛子、胡桃、銀杏等。[2]另外，各地方官員也要向後金貢獻方物，如天命六年（西元1621年）五月十六日，蓋州游擊[3]張玉獻粳米和鹽；十七日，金州游擊愛塔獻大魚、小魚及櫻桃；十九日，張游擊獻王瓜、櫻桃、杏。

此外，食物資源也來自戰爭掠奪，後金統治者每次征戰都會掠奪大量物品，如天聰六年（西元1632年）征討察哈爾，一次獲牛7339頭、羊14450只、駝29峰、馬騾59只。這些食品源源不斷地流向八旗[4]，在八旗內部按等級分配，等級高的官吏分得物品就多，而八旗子弟又多居住於後金的政治中心，他們是食物分配製度的受益者。

❷ · 奢華的食器

在游牧民族向農耕民族轉型時期，後金人所使用的飲食器具也體現出遊牧文化與農耕文化相結合的特點。女真興起之初，貴族們的飲食器具仍以銅、鐵、木器為主，只有少量金銀器皿。萬曆年間，朝鮮使者送給努爾哈赤兄弟一套銅碗、銅

1　吳正格：《滿族食俗與清宮御膳》，遼寧科技出版社，1988年，第30頁。
2　吳晗：《朝鮮李朝實錄中的中國史料》，中華書局，1980年。
3　游擊：後金、清代武職外官名，從三品，次於參將一級。
4　八旗是中國清代滿族的軍隊組織和戶口編制的形式。以旗為號，分正黃、正白、正紅、正藍、鑲黃、鑲白、鑲紅、鑲藍八個旗。後又增建蒙古八旗和漢軍八旗。八旗官員平時管民政，戰時任將領，旗民子孫世代當兵。

中國飲食文化史　東北地區卷

箸作為見面禮，表明當時銅器還很珍貴。隨著後金政權四處征戰取得節節勝利，獲得的戰利品和財富不斷增多，宮廷貴族的飲食器具也日漸奢華。從天聰九年（西元1635年）八月二十二日皇太極贈給額駙班第及格格的飲食器具中便可窺其奢華，其中有：各四兩火金腳杯二、各五兩配有杯碟之杯兩對、各四兩銀腳杯四、各五兩配有杯碟之杯四對、貼石青人形杯二、並蒂杯、二十兩之普通金壺一、三百兩之銀鍋一、七十兩之槽盆一、描金瓶二、各六十兩之描金酒海二、各三十兩之壺二、各四十兩之普通茶桶二、各二十兩之貼琺瑯壺二、大瓷盆二、大小瓷壺二十一、錫壺八、人形瓷器十二……作食器用之五十兩帶腳酒海一、四十兩之有底酒海一、五十兩之茶桶一、各十五兩之碗二、各十兩之碗二、各五兩之大酒杯五、十五兩之柄勺一、三十兩之大盤一、各十兩之皿二、十兩之馬勺一、各五兩之醬油皿二、各二兩之匙三、銀把骨匙二、銀把象牙筷子兩雙、銅馬勺一、三兩六錢之金盃一。這些賞賜的飲食器具，在質地上涵蓋了金、銀、銅、瓷等材料，在功用上包括烹食器、盛食器、酒器、茶具等物品，僅從名稱來看，就能看出這些器物的做工十分奢華精緻。[1]在這些金盃銀盞中，貴族們盡享天下的美食。

1　佟嘉錄、佟永功、關照宏編譯：《天聰九年檔》，天津古籍出版社，1987年，第103頁。

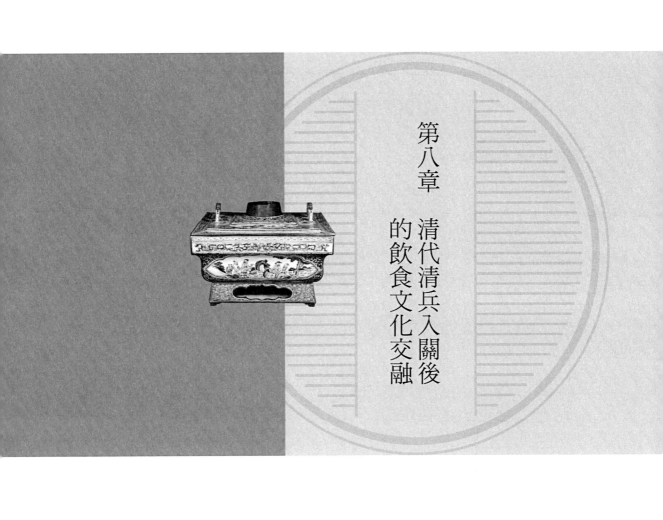

第八章 清代清兵入關後
的飲食文化交融

第一節　清兵入關與漢族人移民東北

清代是東北地區飲食文化歷史發展的重要階段。西元一六一六年，女真首領努爾哈赤建立後金政權；其子皇太極於西元一六三五年廢除了「女真」的舊稱，定族名為「滿洲」；西元一六三六年，皇太極即皇帝位，改國號為清；西元一六四四年清軍入關。以後，在清朝統治中國的兩個多世紀的時間裡對「龍興之地」一直施行嚴厲的特殊政策，對東北地區的文化形態與歷史發展產生了深刻的影響。清王朝統治下的東北大地，是個多民族雜居的地方，除滿族、蒙古族、漢族以外，還有達斡爾、鄂倫春、鄂溫克、錫伯、赫哲族等少數民族。各民族間文化交流不斷加強，飲食文化既豐富多彩，又各具特色。這一時期關內漢族人口的大量流入，儘管有清朝政府的封禁政策，但並沒能夠完全阻止中原漢族向東北地區的遷徙，這使得清朝政府不得不在清朝後期廢除了封禁政策。大批中原漢族移民在與當地的少數民族的相互交流中，對東北社會經濟的發展起到了重要的推動作用。

一、清兵入關與東北地區少數民族的分布

順治元年（西元1644年）四月，努爾哈赤第十四子多爾袞率領清朝滿洲八旗、蒙古八旗、漢軍八旗各部，經山海關進入北京，隨即宣佈「本朝定鼎燕京」[1]。

清兵入關遷都北京後，遼東地區驟然出現了人煙稀少、土地荒蕪的蕭條景象。東北滿族爭先恐後「從龍入關」，形成了舉家西遷的不可遏制之勢。日本人在《韃靼物語》中記載了當時的情景：「自韃靼之都城（瀋陽）以迄明都北京……溯旅程之起迄，凡經三十五六日，男女相踵，不絕於道。行李則俱用駱駝負送，亦有用馬者，然其馬並不施以鞍鐙，但以布幅鋪於腰脊，屬之以繩，而縛於馬腹，其行李物品，皆顯露在外麵包裹也。」清朝政治重心的轉移和遼東地區經濟的凋敝，對東北

---

1 《清世祖實錄》卷五，中華書局，2008年。

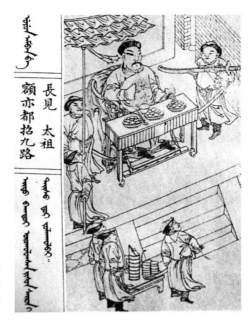

長見 太祖

額亦都招九路

▶圖8-1　女真族崛起時期，其飲食習俗逐漸豐富，形成別具特色的滿族飲食文化（《滿洲實錄》「額亦都招九路長見太祖」，李理提供）

地區的經濟發展產生重大的負面影響。

　　這一時期，東北地區形成了一種新的民族分布格局。滿族主要分布於遼瀋地區，同時又有相當大的一部分遷入吉林和黑龍江，因此，滿族幾乎分布於東北各地。東北地區的蒙古族、錫伯族主要生活於嫩江流域和遼西地區。達斡爾、鄂溫克和部分鄂倫春等民族分布在嫩江流域。赫哲族和費亞喀以及部分鄂倫春族主要分布於黑龍江下游及鄂霍茨克海濱海地區。回族、柯爾克孜族、朝鮮族以及大部分的漢族是後遷入東北地區的民族。清初，漢族主要集中在遼東地區，吉林和黑龍江地區主要是漢族流人。清中期以後，大批的漢族流民闖關進入東北，分布於東北各地，逐漸成為東北地區人數最多的主要民族。東北地區以滿族為主的少數民族分布格局，使東北地區的飲食文化帶有獨特的地方民族特色，大批漢族的相繼遷入，又使中原漢族的飲食習俗傳入東北，極大地豐富了清代東北地區的飲食文化。

二、漢族移民對東北農業生產的影響

❶．漢族移民的組成

東北地區的漢族人主要是從中原各地遷徙而來的。這些漢族人主要有清初遼東招民墾荒時期遷入的漢民、清初的流人、清中後期闖關進入東北的流民，以及清末招民實邊遷徙而來的移民等。

「流人」是指觸犯清朝刑律及參加反抗清朝統治失敗或受牽連、被清朝政府加上各種罪名流放到環境艱苦的邊疆地區的罪犯及其家屬。這些流人中政治犯較多，也有刑事犯，他們基本上都是中原各地的漢族人。他們來得最早，人數最多，成分也最複雜。「流民」係指不顧清朝政府的封禁令，闖關或偷渡進入東北的關內移民。導致大批移民的原因主要是清初期的土地兼併迫使大部分失去土地的飢民出走；還有就是來自山東、河北、河南等地迫於災荒而離鄉背井之人。這些漢族移民因生活所迫闖關進入東北，遍及東北三省，儘管清朝政府不斷加強封禁東北的措施，「永行禁止流民，不許入境」，如乾隆二十七年（西元1762年）頒佈了《寧古塔等處地方禁止流民例》等一系列條令，但進入東北地區的流民仍不斷增多。面對這種情況，清朝政府有時也不得不實行「禁中有弛」的政策。如乾隆五十七年（西元1792年），直隸等省遭受水災，出關到盛京、吉林和蒙古地方就食的漢族流民就有數十萬人之多。到了清末，清政府實行弛禁和招民實邊政策，使得來自中原地區的漢民急遽猛增，並且超過了當地的少數民族，成為東北地區人數最多的主要民族。這些來自全國各地的漢族人把家鄉的美食風味帶到了東北地區的，如北京的五味兼容、江南的精緻甜美、陝北的濃郁味重、西南的紅油辛辣等特色各顯靈秀，使東北飲食文化得以不斷深化、內容更加豐富、充實，極大地促進了東北飲食文化的發展。

同時，漢族移民也將內地先進的社會文化和物質文明帶入東北地區。這些中原漢族移民大多被分給當地各族披甲人為奴，或在旗田、官莊、水師營、驛站等地種地當差，或自己開墾土地耕種，他們大多與當地各族人民朝夕相處，接觸密切，文化的交

流與融合即成必然。

❷ · 漢族移民對東北農業的影響

漢族人的遷入，使東北地區落後的農業經濟發生了重大變化，大片的荒地被開墾，先進的生產技術被傳入，農作物品種增多，糧食產量逐年增加，商業貿易及其他各業都有了不同程度的發展。

一是漢族人帶來了中原農業先進的生產技術與耕作方式。順治年間，寧古塔地區（清朝時期古地名，約今黑龍江省牡丹江市一帶）的少數民族皆用較原始的「火田法」種田，這種耕作方式，每　地的產量只有一石到兩石。又如「蒙古耕種，歲易其地，待雨而播，不雨則終不破土，故飢歲恆多。雨後，相水坎處，攜婦子、牛羊以往，氈廬孤立，布種輒去，不復顧。逮秋復來，草莠雜獲，計一畝所得不及漢田之半」[1]。由此可見，其生產力水平還很低。漢人遷入後，廣泛地使用了牛耕和鐵製工具。並普遍採用了中原地區的「休閒法」和「輪作法」。「漢人之耕作分休閒輪作二法。若砂鹹地則用休閒法，每年耕作一分，休閒一分；至輪作法最為普通，即高粱、穀子、黃豆之類，每三年輪作一次，又名翻茬，為與獲茬互相輪種也。」[2] 在漢族農民先進生產技術的引領下，當地少數民族的農業耕作水平有了顯著的提高。「索倫達幹爾……近日漸知樹藝，闢地日廣。」出現了「一夫力作，數口仰食而有餘」的可喜局面。

二是建立了以定居生活為基礎的食物貯藏觀念。游牧民族的一個典型特徵就是不定時的移居生活，沒有食物貯藏的觀念，更沒有相應的方法。而漢人的居住方式就是定居，他們帶來了貯存糧食的觀念與方法，帶動了當地的少數民族向前邁了一大步。由於糧食產量的增加，東北地區各城先後建立了糧倉以儲存糧食。使大量的糧食得以妥善保存。此後，東北地區一改歷史上靠輸入糧食維持的局面，並發展成為中國糧食和農副產品的主要輸出地區。這些貯備下來的糧食，對缺糧地區的補給

1　方式濟：《龍江紀略》，上海古籍出版社，1993年。

2　方式濟：《龍江紀略》，上海古籍出版社，1993年。

以及在實荒之年救荒都發揮了重大作用。如康熙四十二年（西元1703年）和乾隆十七年（西元1752年），山東等地遭受水旱災害，民不聊生。清朝政府從東北調運大批的糧食到災區，使災民得以渡過難關。據不完全統計，從乾隆到嘉慶時期，東北每年輸出糧食多達數十萬石甚至上百萬石，這完全有賴於東北的糧食貯備。

三是與糧食業生產相關的其他行業興起。與糧食生產十分密切的行業是釀酒業和榨油業。釀酒業是東北最大的，同時也是最發達的手工業部門之一，這是東北地區糧食產量充足的最直接的表現形式。從康熙中期東北地區開始向外輸出大豆，大豆的豐產促進了榨油業的興起。同治七年（西元1868年），英商在營口建立了機器油坊。光緒二十五年（西元1899年）到光緒二十八年（西元1902年），又有四家華商在營口設立了機器油坊，到西元一九一一年則已達到47家。這一時期糧食加工工業也獲得了較大的發展。

四是東北的土地得到大量的開墾。漢族人的大量遷入，使東北地區的土地得到了迅速的開發，墾地面積急遽擴大。以雍正時期及乾隆時期東北北部部分地區八旗墾地及官莊墾地為例，雍正時期兩地的八旗墾地已達180791垧，到乾隆四十五年（西元1780年），黑龍江地區的旗地已經增加到282403垧，除此之外，大批的漢族流民也開墾了大量的土地。到乾隆末年，黑龍江地區的土地開墾面積至少在30萬垧以上。

第二節　清代東北地區的飲食結構、飲食習俗

清代初期，東北南部地區的滿、漢等民族基本以糧食為主食，以肉菜等為副食。而北部地區的鄂溫克、鄂倫春、赫哲等游牧漁獵民族則還是傳統的以獸肉、魚肉和牲畜肉為主食，糧食很少。隨著滿漢官兵的北遷戍邊，加之大批中原漢族人的不斷到來，這裡的飲食結構也逐漸發生變化，糧食成為人們的主食，肉菜則變為人們的副食。同時，蔬菜品種也不斷增多。當時流人辟圃種菜，所產惟芹、芥、菘、

韭、菠菜、生菜、芫荽、茄、蘿蔔、王瓜、蔥、蒜、青椒等。糧食產量的增加和農作物、蔬菜品種的增多，極大地豐富了東北地區的主副食內容，豐富了民眾的飲食生活。

一、各民族的主副食結構

❶·滿族

清代滿族的主食主要有麵食、米飯和米粥。麵食是滿族最喜愛的主食，品種有豆麵餑餑、豆包、豆麵卷子、黏火燒等。滿族米飯、米粥的品種很多，米飯有高粱米飯（又叫秫米飯）、小米飯、大小黃米飯（即糜米）、稷子米飯等。米粥有高粱米（秫米）粥、小米粥、小豆粥、杏仁粥、龍斗虎（高粱米與小米混合熬煮）、臘八粥等。

清初，寧古塔是滿族人較多的地方，「開闢來，不見稻米一粒，有粟，有稗子，有鈴鐺麥，有大麥。稗則貴者食之，賤則（食）粟耳。近亦有小麥，卒不多熟，而（蕎）麥亦堪與小麥亂也。瓜茄菜豆，隨所種而獲。」[1]可見這時當地滿族人的飲食結構還較為單一。到了康熙年間，隨著經濟的發展及滿漢等族人口的增多，寧古塔地區各族民眾的飲食結構有所改變，糧食品種增多，僅穀類就有10種之多，滿族的飲食越來越豐富。比如酸湯子、秫米水飯、小肉飯、薩其瑪等，都是滿族人的傳統飲食。

滿族食物以燒、烤為重，設大宴時多用烤全羊。滿族先人祭祀時除用家禽、家畜肉外，還有鹿、獐、雁、魚等。尤喜食豬肉。豬肉多用白水煮，謂之「白煮肉」。滿人忌吃狗肉。

滿族的日常生活中離不開蔬菜，雜以野菜，善用生醬（大醬）。吃飯時家家戶

1　方拱乾：《絕域紀略·樹畜》，上海書店，1994年。

戶都有四樣小菜，俗稱「壓桌菜」。如豆、醬、韭菜花和各種醬漬、鹽漬小菜。其中有種植的蔬菜，如蔥、韭、生菜、香菜、水蘿蔔、長瓜、回鶻豆、蔓菁、芹菜，還有黃花菜、蕨菜、明葉菜、灰灰菜、抱頭菜、小根菜、貓耳朵、老母豬忽達、小葉芹、大葉芹、猴腿兒、紅花根等各種野菜，其味清香別緻，是滿族家常小菜。

滿族做豆醬的歷史悠久，在其先民建立渤海國時就已經製作出了有名的「柵城之豉」，當時日本人稱之為「招提豆醬」。滿族人用炸熟的黃豆做成塊，放在醬缸中發酵一個月即成。以醬做原料，可以製出許多美味的菜餚，靠山居住的，把許多山珍野菜做成菜醬，近水居住的，把鮮魚做成魚醬，肉醬、雞蛋醬更是普遍。[1]

❷·達斡爾族

達斡爾族是居住在我國東北的古老民族之一，是從黑龍江流域遷到嫩江流域的民族。在這幾個民族中，以達斡爾族的飲食習俗最具代表性。達斡爾族起初是游牧民族，其飲食結構以肉食為主；進入清代以後逐漸改以糧食為主食。早在黑龍江沿岸居住時期，達斡爾族就已經開始大量種植糧食作物。有文獻記載，順治元年（西元1644年），沙俄侵略黑龍江時，這裡就已經「生長著六種作物：大麥、燕麥、糜子、蕎麥、豌豆和大麻……還生長著蔬菜、黃瓜、罌粟、大豆、蒜、蘋果、梨、核桃和榛子。」[2] 達斡爾族人在定居前多吃山野菜，南遷嫩江流域後，他們的生活發生了較大的變化，開始畜養家畜、家禽，如馬、牛、羊、豬以及雞等，開始種植五穀，也開始有了食穀的習慣。他們的主食以糧食為主，有稷子米、小米、黃米、燕麥（又名鈴鐺麥）以及蕎麥等。達斡爾族的吃法有熟吃和生吃兩種，熟食有煮、烤等方法，喜歡吃大塊煮肉。每逢除夕過節，喜歡吃手把肉，即把帶骨頭的肉在鍋中煮熟，盛在盆中端在炕桌上，用刀割著吃。吃時蘸韭菜花末或白菜末、鹽末，味道鮮美。達斡爾人有生食的習慣，所謂生食即生吃野獸的肝、胃，認為這樣能補養身

1　朱正義：《漫話滿族風情》，遼寧出版社，2002年，第235頁。
2　《關於文書官瓦西里·波雅爾科夫從雅庫次克出發航行到鄂霍次克海的文獻》，《歷史文獻補編（十七世紀中俄關係文件選譯）》，商務印書館，1989年，第2件第13頁。

體。

❸‧鄂倫春族

生活在大興安嶺深山密林中的鄂倫春族則以肉食為主。他們常年以射獵捕魚為業，捕獵的對象主要有野雞、飛龍（大興安嶺森林留鳥）、沙雞、樹雞等飛禽和麅、鹿、野豬、熊、狐、狼、虎、水獺、豹、灰鼠等野獸。日常主食則以麅、鹿、犴、野豬、熊肉為主，此外還有魚及野菜、野果等，糧食很少。他們有時也用獸皮等與漢族商人換取糧食，但糧食在其飲食中所占比例很小。鄂倫春人對獸肉的吃法主要有三種，即煮食、烤食、生食。最普遍的食法是煮，煮時特別注重火候。烤的方法也非常獨特，把木棍的兩端削尖，把肉切成片，穿在上面。再把這木棍插在篝火旁，以火烤之，待肉片的外表烤得金黃冒油，但肉片不十分熟時就可以吃了。鄂倫春人還有一個特殊吃法就是生食野獸肝腎。

❹‧蒙古族

蒙古族主要以游牧業為主，其飲食結構帶有鮮明的游牧民族特色。蒙古族一般不食馬肉，日常主食主要以牛、羊肉及乳製品為主，也食用炒米等穀物糧食。蒙古族每日三餐都離不開奶與肉，二者素有「白食」「紅食」之稱。所謂「白食」是蒙古人民喜歡吃的奶食品，蒙語為「查干伊德」，意思是純潔、崇高的食品。蒙古族尚白色，在招待尊貴的客人時主人首先要敬獻白食待客。「白食」分為食品、飲料兩種，奶製食品有：奶豆腐、奶酪、奶酥、奶皮、奶油、黃油、奶渣子、黃油渣子、白奶豆腐等。奶製飲料有鮮奶、奶酒、混合回鍋酒等。「紅食」是肉食品，蒙語為「烏蘭伊德」。傳統肉製品為「手把肉」、烤肉、肉乾等。隨著整個東北地區的經濟發展，部分蒙古人開始兼營農業，由於飲食風俗受到滿、漢等族的影響，其飲食結構開始發生變化。稷子米、小米、蕎麥麵及黃米麵、黏豆包等逐漸成為其主食，但肉奶製品仍然是其飲食的重要組成部分。

❺ · 鄂溫克族

鄂溫克族名始見於清代，「鄂溫克」是民族自稱，意為住在大山林裡的人。他們過的是遊獵生活，所以他們是以肉類食品為主食，特別注重鮮食，喜歡吃「手把肉」。同時也吃採集來的山野菜、蘑菇、木耳等。民國學者趙銑在《索倫紀略》中記載了鄂溫克人是兩餐制，「兩餐殆皆鳥肉之肉，夏曆八月至翌年三月，在其地為常凍期，存蓄肉類不虞腐也。飲料多為白駝及牛馬之乳。至其飲食之法，則多淺食，一鼎一樵燒煮而已，至為簡單」。

❻ · 錫伯族

錫伯族是居住在黑龍江嫩江流域的一個古老民族。其飲食習慣是以食穀為主，肉食為輔。「發麵餅」是其最有民族特色的麵食。錫伯族人冬天喜歡喝「五他」，即油茶。副食中最有特色的是錫伯族人醃製的鹹菜。每年秋季，他們都會用韭菜、青椒、芹菜、包心菜、胡蘿蔔製成「哈特混孚吉」，以備日常食用。

❼ · 赫哲族

赫哲族人主要從事漁獵生產，日常以魚為主食，也習慣以魚待客。特別是以殺

▶圖8-2　清乾隆款粉彩多穆壺（李理提供）

生魚為敬，赫哲族把殺生魚叫「塔拉卡」，一般以新鮮的四季鯉或鱘魚、草魚、鱅魚為原料，切成魚絲再調味即好。

❽ · 柯爾克孜族

生活在東北的部分柯爾克孜族人在游牧生活階段以肉類為主食，多吃麇肉、黃羊肉、牛肉、羊肉等，吃法是「手扒肉」。把麇子或黃羊剝皮取出內臟，整個放入鍋中清煮，不加任何調料。煮熟後，從鍋中取出放入大容器中，大家圍坐在一起，或用刀割，或用手撕，蘸鹽麵或調料食之。定居以後開始耕田，飲食習俗也發生變化，逐漸以穀物為主。奶製食品是傳統食品，主要有：奶皮子、奶豆腐、黃油、酸奶干子。平時飲的是鮮奶和酸奶，特別喜歡用鮮奶和酸奶拌稷子米飯吃。喜歡喝奶酒和白酒。

❾ · 朝鮮族

朝鮮族是清朝末年遷入東北地區的少數民族，他們的飲食習慣也是多種多樣。朝鮮族人精於種稻，日常主食是大米。最有民族風格的食品是特製的糕餅、糖果和冷麵。糕的種類繁多，有用米和米麵做的打糕、片糕、切糕、散狀糕、發糕等。朝鮮族人特別喜歡吃狗肉，特別是三伏天，喝狗肉湯成為一種習俗。「生拌魚」是朝鮮族喜歡吃的一種生鮮食品，其製法是把活魚剝皮，去骨剔刺，然後切成薄片，再放作料調味即成。醃製辣白菜是朝鮮族飲食習俗中最具特色的食品，其製作方法有十多種，一般以秋白菜為原料，經浸泡、鹽漬、密封後即成。

❿ · 回族

回族原本不是東北的祖居民族，清代遷到東北地區後，始終保持著濃郁的民族特色。其飲食別具風格，專一清真。主食是米飯和麵食，輔以羊、牛、雞、鴨、魚肉和各種蔬菜。忌食豬、馬、騾肉和一切凶猛禽獸之肉，忌食動物的血和自亡動物的肉。回族的小吃豐富多彩，品種繁多，大致可分為麵類、黏食類、糖食類、涼粉類、肉食類、流食類等多種。其味道酸、甜、辣、鹹俱全，其顏色有白、黃、紅、

綠，可說是色、味、香俱佳。

此外，東北地區還有費雅喀、庫頁等其他族群，主要從事漁獵業，經濟發展較為落後，因此其飲食也較為原始。他們的食品主要以魚肉和獸肉為主，糧食很少，同時輔以一些山菜、野果等。夏秋季時他們將魚肉和獸肉曬成魚乾及肉乾，以備冬季及平時食用。歸附清朝後，他們的飲食風俗開始受到滿族的影響，但並沒有改變其原有的飲食風俗。

清代東北地區各民族的飲食方式和飲食風格可以說是千姿百態，各具特色。但總的來看，滿漢兩族的飲食方式和飲食風格對東北其他少數民族產生了強烈的影響。這種各民族間的相互影響和交融，極大地豐富了清代東北地區的飲食文化。

⓫ · 東北地區各族共享的果蔬資源

東北地區還有一些各族人民共享的果蔬、豆類等主副食資源。

東北地區夏季溫暖短暫，冬季寒冷漫長，既不利於蔬菜瓜果的生長，又不利於儲藏，因而清初東北地區蔬菜瓜果品種較少、產量較低。隨著漢族的大量遷入和經濟的發展，東北地區的蔬菜瓜果也逐漸增多，成為人們餐桌上的必備佳餚。清代東北地區的蔬菜品種主要有白菜、黃瓜、蘿蔔、芥菜、茄子、豆角、土豆、青椒等。

清代東北滿漢等族常吃的蔬菜是大白菜，以及將大白菜發酵漬成的酸菜。窖貯的大白菜及酸菜食用時間可達半年以上。為解決寒冷的冬季和早春、晚秋淡季吃蔬菜困難的問題，東北各族人還把大量的鮮菜用鹽醃漬成鹹菜，用料主要有白菜、黃瓜、蘿蔔、芥菜、茄子、青椒等。另外還曬製成各種乾菜，多以豇豆、芸豆、倭瓜、茄子等切成片、絲，晾曬陰乾而成，均備無青菜時之需。土豆、蘿蔔、大白菜、酸菜、鹹菜及各種乾菜是冬季東北各族主要的蔬菜食品。東北地區盛產大豆，因而東北人非常喜歡吃豆製品。東北的豆類食品主要有豆製大醬和豆腐。豆腐是東北人常用的副食，一年四季都有，尤以冬、春季為多。豆腐分大豆腐、乾豆腐和凍豆腐等多種。

清代東北地區各種乾果、鮮果的資源非常豐富，乾果、山貨有榛子、蘑菇、松

子、木耳、山野茶等。水果有李子、山裡紅、山楂、蘋果、梨以及人參、蜂蜜等。東北冬季最有名的是凍梨，這是東北滿漢及其他各族人節日的常備水果。甚至清朝的王公顯貴每年都要令人從東北運送大批凍梨進北京，以供其享用。東北人還喜歡吃蜂蜜，他們最初是到山裡野外採集蜂蜜，後來便大量養蜂取蜜。清朝政府還專門在東北設有蜂丁，清入關之後僅內務府所屬的蜂丁就不下數百名。蜂蜜可單食和用以製作各種糕點，還可以蜜漬各種瓜果成為果脯、蜜餞，如蜜餞山裡紅等。

二、飲食習俗及其特點

　　東北地區各民族的飲食習俗在清代發生了較大的變化，由於受到漢族移民飲食文化的影響，各少數民族改變或部分改變了自己的飲食方式，飲食習慣的文明程度有了明顯的提高。此外，中原地區漢族的節日食品，如元宵、端午角黍、中秋月餅等，也都成為東北少數民族的節日佳品。其中，滿族的飲食方式在東北地區起著主導作用。

　　在食品加工、製作以及炊餐具的使用方面，也都體現了文明與進步。清初東北的糧食加工較為原始，如寧古塔等地的糧食加工最初「手不碾而舂，舂無晝夜，一女兒舂，不能供兩男子食，稗之精者至五六舂。」[1]後來逐漸改用碾子等加工米麵，大大加快了出麵的速度。食品製作方面，滿漢等族主要採用煮蒸等方式將米做成米飯或粥，但多是做成半生不熟而食之。清代東北人做飯主要以柴草和木材等為燃料，蒙古族、達斡爾等族主要以乾牛糞等作為燃料，用以燒水、煮肉、熬奶。在入清之前，東北的一些少數民族部落沒有鐵鍋，做飯、煮肉、熟物等採用「刳木貯水，灼小石，淬火中數十次，渝而食之」[2]的方式。進入清代以後，他們大多開始用鐵鍋或瓦盆等做飯煮肉。

1　徐宗亮等：《黑龍江述略》，黑龍江人民出版社，1985年，第112頁。
2　方式濟：《龍江紀略》，上海古籍出版社，1993年。

東北地區諸多少數民族的飲食生活在有清一代體現出了如下特點：

❶．地處嚴寒，流行火鍋

在長期的生產生活中，東北各族人民也逐漸總結出一系列食品烹飪技術和形式各異的風味小吃。它們大多都受滿族飲食製作習俗的影響，形成具有東北特色的飲食文化風格。如吃火鍋、黏豆包、薩其瑪、酸湯子、稷子米、手扒肉等等。

火鍋屬於燉菜，其歷史悠久，遠在1400多年前的遼代初期便有了火鍋的記載，它是滿族祖先的傳統食俗。清代火鍋一般以銅鍋盛湯，其下置炭火，湯中配以酸菜、白菜、粉條等，用來涮豬肉、羊肉、雞肉、魚肉，有時還有野雞肉、麅子肉、野鹿肉及飛龍肉等；還有的用蘑菇調湯，如榛蘑、元蘑、草蘑等，味道醇厚。清兵入關後，滿族火鍋遂成為風行全國的具有東北特色的經典菜餚。

❷．喜食蒸黏點心

滿族人喜歡吃黏食，傳統食品的餑餑、打糕、淋漿糕、盆糕等都是黏食。

「餑餑」是滿族人對饅頭、包子等麵食的統稱。餑餑的式樣很多，因為它便於攜帶並且經餓。八旗兵打仗時用它做軍糧。它至今仍是滿族人待客的最好主食。因季節不同做法有別，春做豆麵餑餑，夏做蘇葉餑餑，秋冬做黏糕餑餑。「豆麵餑餑」是將大黃米或小黃米用水浸泡磨麵蒸成。同時將黃豆炒熟磨麵，餑餑蘸豆麵，呈金黃色，又黏又香。「蘇葉餑餑」是將黏高粱米用水浸泡磨麵，將小豆煮爛成泥，與高粱米麵共包入蘇葉中蒸成。蘇葉，為農家所種，味清香。「黏糕餑餑」也是將大黃米、小黃米用水浸泡磨麵蒸成，內可夾小豆泥，食用時蘸糖或油煎。

「打糕」，是用黏高粱米、大小黃米、江米為原料做成的，做法是先把米蒸熟成黏飯，取出淋以清水，再放在打糕石上用木鎯頭錘成團麵，做時要撒拌熟的黃豆粉，便可製成各式餅類。吃時，可蘸蜂蜜或糖食用，十分可口。《清稗類鈔·飲食類》：「有打糕，黃米為之精。有餅餌，無定名，入口即佳也。多洪屯有蜂蜜，貴人購之以佐食」。

「淋漿糕」，原料是秫米麵、黃米、江米麵三種麵。做法是將麵攪拌均勻後，舀

到麵袋中，加水，將淋成的汁灑滴在容器裡，淋好後，上屜蒸熟，切成方塊或菱形塊即成。其質地鬆軟，味道香甜。

「饊糕」，原料是秫米麵。做法是將屜置於鍋上，按屜面大小，先撒上一層小豆，然後撒上一層秫米麵，蒸熟後再撒第二層，一直撒到與屜幫大體相同的高度為止，最上面再鋪上一層小豆，其味甘美。

「盆糕」，又稱黏穀糕。其做法與饊糕相同，只是把籠屜改成了陶製的、底部有若干小孔的「蒸籠」，糕做成後，將盆倒扣在案子上，整個糕呈半圓形，吃時用刀切成片，捲上白糖，故也叫「切糕」。

「薩其瑪」是滿族的代表性食品。製作時，先將雞蛋和白麵和勻做成細條，用豆油炸熟，再摻以蜂蜜、白糖、瓜子仁，做成糕狀；再在糕面撒上青紅絲，其味香甜可口。不僅滿族喜歡這種食品，東北其他民族也都喜歡。

❸ · 酷嗜酸味，亦愛粒食

「酸菜」是東北人最愛吃、最普遍的蔬菜，是用大白菜發酵漬成的，經常與粉條、豬肉一起做成「熬酸菜」。酸菜也可以保存較長的時間，是鮮菜不接時的補充。

「酸湯子」是滿族人夏天喜歡吃的一種食品，分清湯和混湯兩種：清湯的即是把湯條（用玉米水磨發酵後做的粗麵條）撈出後，再拌以蔬菜或作料；混湯則是把湯條和湯混合盛出。酸湯子味酸甜，夏日吃起來特別爽口，也很受達斡爾等族的喜

◀圖8-3：清晚期銅胎畫琺瑯人物紋火鍋（觀復博物館提供）

愛。

「穄子米」是達斡爾、蒙古等族喜歡吃的一種食品。清康熙年間進士方式濟在《龍沙紀略》中對其有所記載，清代穄子米的做法是「夏秋間，以未脫者入釜，淺湯熟鑊，暴以烈日，焙以炕火，礱（lóng）而炊之，香軟可食。冬則生礱，香稍減」[1]。這種食品為滿族、鄂溫克等族所喜愛，在東北少數民族地區很流行。

❹ · 喜食手扒肉、乳酪

清代東北各族中，從事游牧狩獵的民族盛行「手扒肉」的菜餚，其做法和吃法是：把帶肋骨的羊肉切成巴掌大小的肉塊，放作料煮熟，不用刀箸，手抓而食之。蒙古族人還能把乳加工成酥、酪和乳餅。元代農學家魯明善在《農桑衣食撮要·造酪》中記載了蒙古人的造酪方法：「奶子半勺，鍋內炒過後，傾餘奶熬十沸，盛於罐中，候溫，用舊酪少許於奶子內，攪勻，以紙封罐口，冬月暖處，夏月涼處，頓放則成酪。」如果「將好酪於鍋內，慢火熬，令稠，去其清水，攤於板上，曬成小塊，候極乾，收貯。切忌生水濕器」，就製成了乾酪。酥油、乳餅的製法也有許多工序，酥則是從酪中提取的精華部分。

❺ · 祭祀、設宴喜用豬肉

漢族、滿族都喜歡吃豬肉，每逢年節及喜慶日子總要殺豬，全家或親朋好友聚集一堂共吃豬肉。滿族信奉薩滿教，他們在祭祀祖先跳神時要殺純色黑豬作祭品，祭祀跳神完畢後便要舉行「吃豬肉大典」。康熙年間隨父吳兆騫流放寧古塔的吳桭臣對當地滿族人的薩滿教祭祀活動進行了較為詳細的記載。寧古塔滿族「凡大小人家，庭前立木一根，以此為神。逢喜慶、疾病，則還願。擇大豬，不與人爭價，宰割列於其下。請善誦者，名『叉馬』，向之唸誦。家主跪拜畢，用零星腸肉懸於木竿頭。將豬肉、頭、足、肝、腸收拾極淨，大腸以血灌滿，一鍋煮熟。請親友列炕上，炕上不用桌，鋪設油單，一人一盤，自用小刀片食。不留餘，不送人。」「有

1　方式濟：《龍江紀略·飲食》，黑龍江人民出版社，1985年。

跳神禮，每於春秋二時行之⋯⋯西炕上設炕桌，羅列食物。上以線橫牽，線上掛五色綢條，似乎祖先依其上也。自早至暮，日跳三次。凡滿、漢相識及婦女，必盡相邀，三日而止，以祭條相饋遺。」[1]這種習俗是清代滿族所特有的飲食文化與宗教文化相結合的產物。

滿族的貴族之家有大祭祀或喜慶事時，則要設肉食宴會。主人在院中搭一個高於房子的蘆席大棚，院內遍地鋪蘆席，客人入座後，主人端上一方約十斤的豬肉，放在直徑二尺的銅盤內。主人不備筷子，客人用自備手刀，自己片自己吃。在肉食菜餚中還有涼肉、壇燜肉、烤爐肉、烤子油豬、燎毛豬、鍋貼肉、炞白肉、血腸、全豬席等。

❻ · 善吃魚

滿族先民曾長期從事漁獵活動，積澱了豐富的魚文化。他們知道不同的魚哪些部位最好吃，他們說：「鯽魚肚，蟲蟲嘴，熬花身子，鯰魚尾，胖頭的腦袋味最美，湖鯽吃脊肉，紅尾美味在湯水。」在此基礎上，孕育出滿族豐盛的魚宴，如鰉魚宴——有魚肉丸子、煎魚肉片、魚餡餃子等。滿族的生魚席一般多用鱘魚、鰉魚、胖頭、草根等。[2]

三、餐具、餐制和宴飲儀禮的變化

❶ · 餐具使用的變化

清代東北地區炊餐用具發生了較大的變化，據方式濟《龍沙紀略》記載：「東北諸部落未隸版圖以前，無釜、甑、罌、瓿之屬。熟物，刳木貯水，灼小石，淬水中數十次，瀹（yuè）而食之。商賈初通時，以貂易釜，實釜令滿，一釜常數十貂。

---

1 吳桭臣：《寧古塔紀略》，黑龍江人民出版社，1985年。
2 朱正義：《漫話滿族風情》，遼寧出版社，2002年，第236頁。

後漸以貂蒙釜口易之。三十年前，猶以貂圍釜三匝，一釜輒七、八貂也。今則一貂值數釜矣。」在這裡，通過貂皮與鍋之間交換值的變化可以看出，鍋這一炊事用具從無到有、從少到多的過程。當時使用的一些餐具主要是木質的，「自昔器皿如盆、盎、碗、盞之類，皆刳木為之，數年來多易以瓷，惟水缸、槽、盆猶以木」[1]。由此可見，清初東北各族民眾所使用的炊具除木製外，也有一些瓦器。大量使用木製飲食用具，一方面是為了便於攜帶，不易損壞，符合游牧民族遠程射獵的需要。另一方面是進入東北的鐵器較少。當時東北人所使用的木製炊具主要有木杓、木碟、木桶、術盆、木盂等。《清稗類鈔·飲食類》載：「凡器，皆木為之……大率出土人手，匕、箸、盆、盂，比比皆具，大至桶甕，高數尺，亦自為之。」而赫哲、鄂倫春等族則使用以樺樹皮等做成的餐具。隨著漢族的遷入和經濟的發展，特別是鐵質炊具的傳入，引起了他們在飲食方法上的變化。東北地區的鐵製、瓷製、陶製餐具日益增多，鐵鍋、陶缸、瓷盆、瓦盆等越來越普遍，但在偏遠地區的少數民族中，木器仍然是主要的餐具。東北各族民眾炊事用具的變化，反映了飲食文明的演進。

❷·餐制及用餐方式的變化

作為東北地區的大族——滿族，其先世在漁獵時代進餐無定製，這主要是由漁獵的生產方式決定的。漁民、獵手們在勞動過程中，經常是隨時啃幾口肉乾、魚乾或乾糧，喝上幾口山泉水，名為「打尖」。等到太陽落山後，再籠起篝火，燔燒獵物，美其名曰「天水肉」。進餐時，大家不分你我，共同享受野味，飽食痛飲之後，便一起載歌載舞，盡興而歸。努爾哈赤建立後金政權之後，滿族生產轉向農耕經濟，但狩獵時代的進食風俗仍然保持著。滿族人家舉行宴會時常常在野外，在地上鋪一塊獸皮，眾人圍坐，席地而餐，餐到興頭上，還以歌舞助興。

滿族入關後，長期穩定的農耕生活使他們的餐制發生了變化，經年久月養成了一日三餐的飲食習慣，並一直沿襲下去。但在關外的鄉間，滿族在冬令時節經常還

1　楊賓：《柳邊紀略》卷4，黑龍江人民出版社，1985年。

是一日兩餐，即上午、下午各一餐。這是因為東北冬天夜長晝短，農活極少之故。

其他少數民族雖有各自的進食特點，但在滿漢等族的影響下，其用餐方式也逐漸與滿漢等族相接近。東北地區各族民眾的用餐類型主要有日常用餐、節日宴飲、待客宴會以及宗教祭祀用餐等。滿漢等族平日用餐一般都是在室內火炕之上，放一小炕桌，桌上放置飯菜等食品，家人盤腿坐炕上圍桌而食。這種用餐習俗逐漸為東北其他民族所接受，成為東北地區較為普遍的用餐形式。

❸ · 宴飲禮儀的變化

滿族對宴席的禮儀特別重視。《柳邊紀略》記載：「寧古塔宴會，以十二簋為率，小吃之數亦如之，爭強鬥勝，務以南方難致之物為貴，一席之費，大約直三四金。滿洲則例用特牲，或豬、或羊、或鵝，其費更甚。」「每宴客，主人先送煙，次獻乳茶，名曰奶子茶，次注酒於爵承以盤，客年差長，主長跪以手進之，客受而飲，不為禮，飲畢乃起。客年稍長於主，則亦跪而飲，飲畢客坐，立乃起。客年小於主，則主立而酌客，客跪而飲，飲畢起，而坐與席。少年欲酌同飲者，與主客獻酬等。婦女出酌客亦然，是以不沾唇則已，沾唇不可辭。蓋婦女多跪而不起，非一爵可已。又客非懼醉而辭，則主不呼婦女出，出則萬無不醉者矣。凡飲酒時不食，飲已乃設油佈於前，名曰劃單，即古之食單也。進特牲，以解手刀割而食之。食已，盡賜客奴，奴席地坐，叩頭，對主食不避」。不難看出，上升為統治地位的滿族的宴會是很講究的，這已不是當日的游牧野餐。從宴席的規格、禮儀到菜式的品種，已是今非昔比。飲食品種豐富，造價昂貴，講究禮儀。

清代滿族及其先民一直信奉薩滿教，其家族祭祀活動十分盛行，祭祀時要跳神，在跳神前還要先釀酒。《龍沙紀略》載：「黃米，釀米兒酒，閱日而成。糜亦堪釀，味甘而薄。祀神用之，取其速成而潔，有醴酒之遺意焉。」《寧古塔紀略》亦載：「有跳神禮，每於春秋二時行之。半月前，釀米兒酒，如吾鄉之酒釀，味極甜。磨粉做糕，糕有幾種，皆略用油煎，必極其潔淨。豬、羊、雞、鵝畢具。」楊賓

在《柳邊紀略》中對此也有記載，即滿族跳神時的供品是「豬肉及飛石黑阿峰，飛石黑阿峰者，黏穀米糕也。色黃如玉，質膩，摻以豆粉，蘸以蜜。跳畢以此遍饋鄰里、親族，而肉則拉人於家食之，以盡為度，不盡則以為不祥」。

滿族宮廷宴會有明顯的促和目的，宮廷宴會規模龐大，努爾哈赤時，元旦設百席，大宴群臣，借此聯絡滿蒙官員之間的感情。到皇太極時，宴會規模更加龐大。天聰九年（西元1625年）正月初四，皇太極為籠絡蒙古王公，以四豬、二鹿、十麅之肉，備宴五十桌，招待蒙古科爾沁、舊察哈爾、喀爾喀、喀剌沁、土默特及阿祿之諸貝勒、台吉等。滿蒙官員團聚一堂，消弭矛盾和誤會，促進民族間的團結。

第三節　清代東北地區的煙、酒、茶文化

煙、酒、茶是東北地區各族人所喜歡的特嗜品，並形成了區域性的生活習俗，反映出東北各族民眾社會交往和社會生活的一些側面。

一、菸草的傳入和東北人的吸菸習俗

早在清入關之前的滿族興起之時，菸草種植技術便由朝鮮傳入，並為滿族所接受。吸菸最初是八旗將領，後逐漸擴散。受其影響，清代東北其他各民族也吸菸。滿族吸菸尤甚，不分男女老幼都有吸菸的習慣，因此，清代東北吸菸之風極其普遍。十七世紀中葉，清政府頒佈開墾令，山東、直隸（今河北）的移民進入東北，帶來部分煙籽，在東北開始種植曬煙，東北地域遼闊、氣溫適宜，加上適中的雨量，疏鬆的土質，曬煙種植業很快發展起來。東北人將這種菸草稱為「蛤蟆煙」，又稱「紅煙」，亦稱「關東煙」。當時東北出產的關東煙在全國都小有名氣。

東北人吸菸有旱煙、水煙兩種，以旱煙最為普遍。東北地區男女吸菸一般都用被稱為「煙袋鍋」的煙具。「煙袋鍋」由煙鍋、煙桿和煙嘴三部分組成，煙鍋用來

裝燃煙絲，煙桿用來傳濾煙氣，煙桿有長有短，上面常常掛著裝煙的袋子。據《清稗類鈔》記載：「康熙時，士大夫無不嗜吸旱煙，乃至婦人孺子，亦皆手執一管，酒食可缺也，而煙決不可缺。賓主酬酢，先以此為敬。光緒以前，北方婦女吸者尤多，且有步行於市，而口銜煙管者。」在清代的東北民謠中有「三大怪」之說，即「窗戶紙糊在外，十七八的姑娘叼個大煙袋，養個孩子吊起來」，可見大姑娘叼煙袋已成東北的一大風習。東北人吸菸無定時，勞作、休息，甚至吃飯、睡覺前後都要吸菸。東北人非常好客，滿族、達斡爾族等常常以煙敬客。每當客人到家裡拜訪時，主人要先將裝滿煙並點燃的煙袋鍋給客人吸食，或為客人裝煙。每逢節日的時候，東北人中的晚輩也要為長輩裝煙，以示尊敬。

清代東北人吸菸的習俗，往往與其喝茶飲酒的習俗相隨相伴。它從一個側面反映了當時這一地區的人際交往關係及其相應的社會習俗，因而成為清代東北飲食文化的重要內容之一。

二、清代東北的茶、酒文化

東北地區是冬季漫長的高寒地區，清代這裡又是游牧漁獵等少數民族較多並且較為集中的地區，在少數民族日常飲食中肉食又較多，因而茶酒便成為當地各族必不可少的飲料，飲茶飲酒習俗便成為清代東北飲食文化的重要內容。

❶ · 茶文化

茶葉具有提神、解渴、消肥除膩等多種功效。清代東北的少數民族大多喜歡吃肉奶類食品，因而對茶葉情有獨鍾。清代東北地區對茶葉的需求量不斷擴大，東北人飲茶的品種以紅茶和花茶為主，此外還有奶茶、糊米茶及茶食等。

由於東北地區交通閉塞和運輸困難，清初這裡的茶葉很少，喝茶極其困難。自茶葉傳入東北後，才有了茶飲。茶葉的傳入主要是與中原漢族的物物交換和隨著中原漢族的遷入帶進滿族早期喝的一種「糊米茶」，並不是真正的含茶飲料，只是把

▲圖8-4　清龍頭紋銀壺（李理提供）

▲圖8-5　清乾隆年間銅胎畫琺瑯開光仕女嬰
　　　　戲紋小瓶（觀復博物館提供）

粟米炒糊了沖水喝。但是這種「糊米茶」味道醇厚，開胃健脾，有助消化，不僅滿族人愛喝，其他民族也很喜歡喝。

以游牧為生的蒙古族喜飲奶茶及馬奶子酒。奶茶是用青磚茶或黑磚茶熬熟後去殘渣，加鮮牛奶或羊奶，每人早晚各喝兩碗。[1]達斡爾、鄂溫克及部分鄂倫春族等也飲用奶茶。滿族過去不飲奶茶，後來也開始喜歡飲奶茶。

▶圖8-6　清掐絲琺瑯寶相花大冰箱（李理提供）

1　趙翼：《簷曝雜記》卷一《蒙古食酪》，中華書局，1982年。

中國飲食文化史　東北地區卷

　　在寒冷的冬季，滿族人喝茶時還喜歡佐以「茶食」。「茶食」最早來源於滿族的
祖先女真人，做法是將麵和好後用油炸，再用蜂蜜塗拌而成。據《清稗類鈔》記載：
滿族「俗於熟點心之外，稱餅餌之屬為茶食。蓋源於金代舊俗，婿納幣皆先期拜門，
戚屬偕行，男女異行而坐，進大軟脂、小軟脂蜜糕人一盤，曰茶食」。

▶圖8-8　乾隆皇帝十分孝敬母親，在皇太后誕辰日慶
典上，他親自把盞敬酒，恭祝母后吉祥（清
《慈寧燕喜◀圖》，李理提供）

第
八
章

清
代
清
兵
入
關
後
的
飲
食
文
化
交
融

149

◀圖8-9　清朝中晚期，文武官員飲茶之
風已十分盛行，使用的茶具也
非常講究（光緒年間《點石齋
畫報》，李理提供）

❷・酒文化

清代東北地區的各族大多喜歡飲酒，他們或以酒禦寒，或以酒祭祀祖先神靈，
或以酒會客。每逢節日或喜慶宴會，酒是必不可少的飲料。清代東北地區的酒有白
酒、黃酒、米兒酒和奶子酒等，其中清初的寧古塔燒酒較為有名，俗稱「湯子酒」，
又叫「滿洲燒酒」。清朝末年俄羅斯等外國人進入東北後，啤酒、果酒等也成為當
地的飲料之一。

清代東北的酒主要是用糧食發酵釀造而成，也有用馬奶等為原料發酵釀造馬奶子
酒。用高粱釀製的酒叫高粱酒，俗稱「白乾」。黃酒是以黃米等為原料釀製的。米兒
酒則是以穀、麥等糧食為原料釀造而成。米兒酒的製作方法非常簡單，可以朝釀而夕
飲，其味甘甜可口，有助於消化。《扈從東巡附錄》中介紹了這種釀酒的辦法：「飲穀
為糜，和以曲糵，須臾成醅，朝釀而夕飲，味少甘，多飲不醉。」由於早期滿族的製
酒工藝極為簡陋、隨意，所以，一般家庭都可以自製。

東北人有以酒待客的習俗，每當家裡來客人時，主人都要拿出家裡最好吃的東
西款待客人，而其中最重要的就是酒，可謂「無酒不成席」。

總之，吸菸、飲酒、喝茶是清代東北地區各民族在長期的生活與勞作中形成的

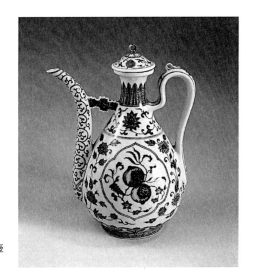

▶圖8-10 清乾隆款青花花卉執壺
　　（李理提供）

習俗，它既有中原漢族風俗北傳的因素，也受東北滿族習慣的影響，還有東北蒙古等族自身的傳統。這幾種習俗文化的相互交融和影響，最終形成了一種具有東北地域特色的煙酒茶習俗，使清代的東北飲食文化得到了豐富和發展。

第九章 清末至中華民國時期的經濟發展與日本的入侵

第一節 東北的農業及糧食加工業的發展

十九世紀末葉至二十世紀中葉，東北地區的土地開墾面積大幅度增加，土地集中非常嚴重，在土地集中過程中，出現了一批大地主。甲午戰爭後，帝國主義對中國的投資侵略，一方面使中國的財政金融命脈逐步為帝國主義所控制，另一方面也刺激了中國民族資本主義的初步發展，東北地區的民生與民食也隨著時代而變化著。

一、十九至二十世紀東北土地的開發

一八九四年的甲午戰爭和一九〇四年至一九〇五年的日俄戰爭後，東北地區的民族危機加深，從增加財政收入和抵禦日俄的侵略出發，清政府實行實邊裕餉，東北封禁政策全面鬆弛。光緒二十八年（西元1902年）二月，吉林將軍長順奏：「吉省帑項奇絀，擬請清查田賦，勘放零荒，並將昔年所占旗地，一律查丈升科，以裕餉源。」[1]光緒三十年（西元1904年）黑龍江副都統程德全提出了「旗民兼招，無分畛（zhěn）域」的方針，用以鼓勵民眾積極領墾。[2]當時的朝廷也意識到「東省積弱之故，首在土曠人稀，吉、江荒涼尤甚，東南、東北沿邊數千里毗連俄、韓……對岸則屯堡相望，星羅棋佈……有越畔之思……我則空虛少人煙……有土無人，尤自棄也……非大開例禁，鼓勵移民，則其餘拓植之方，均為無術。」[3]政策的轉變，促進了東北土地開墾向縱深發展。吉林省從光緒末年到西元一九〇六年六月底，共放出荒地134230坰，熟地3746坰；黑龍江的官荒放墾始於呼蘭地區，通肯地區（包括今海倫、望奎、綏棱等地）在十九世紀九〇年代陸續放墾。西元一九〇四年以後，黑龍江進入全面放墾時期，到西元一九一〇年，已放毛荒750390坰。

1　《清德宗實錄》卷四九六，中華書局影印本，1987年。

2　《黑龍江省墾務局檔案22》。

3　徐世昌：《退耕堂政書》卷九，文海出版社，1968年，第512頁。

面對沙俄咄咄逼人的侵略氣焰，清政府對蒙地也採取移民實邊，以加強對邊疆的控制。到宣統三年（西元1911年）共丈放荒地6586416垧。隨著蒙地的開墾向民地轉化，蒙旗農業人口和農業生產得到進一步增長。人口密度由開發前的每平方裡0.06人增至0.67人，年產糧食總量達到4775850石。各旗縣基本達到糧食自給有餘。

民國成立以後，在東北地區的清朝王公莊田失去了權力的保護，加上廣大壯丁、佃農的鬥爭，不少王公變賣土地，奉天當局認為王公變賣「妨害實多」，決定由省官地清丈局訂立章程，主持丈放。到一九一五年年末，奉天省已丈放官莊面積50萬畝，浮多地17萬畝。變旗地為民地，有效擴大了農業種植的面積。

這些土地的開發為糧食的生產、人口的增加提供了基礎條件。

二、糧豆外貿迅猛發展

清末經過大規模放墾與開發，東北耕地面積普遍增加，農業生產迅速發展，糧食產量隨之猛增。西元一九一一年，吉、黑兩省的糧食產量已達101.5億斤，而當時兩省的人口只有570萬，人均糧食1700多斤。甲午戰爭後，農業中的資本主義因素有新的增長，隨著國內市場的進一步開放，進出口貿易的擴大，出口農產品的種類和數量顯著增加，再加上資本主義新式工業的興起和新型工商業城市的發展，經濟作物和園藝作物的種植加速推廣，促使糧食商品化程度進一步提高。

早在光緒十八年（西元1892年）日本三井物產會社就在營口開設支店，開闢東北大豆向日本及爪哇的銷路。甲午戰爭以後，日本福富、松村、海仁等日商紛紛進入東北。西元一九○三年英國資本的京奉鐵路從北京延至新民，帝俄東清鐵路也全線開通，進一步促進東北糧食貿易的發展。西元一九○八年，由於埃及、印度和北美的棉籽和亞麻歉收，造成英國榨油工業原料短缺，日本三井物產會社便將百噸東北大豆運往英國，因價廉物美銷路大增，「其聲譽幾超過絲茶」[1]。同時，俄商「將

1　《東方雜誌》，民國七年第八期，上海商務印書館，1918年。

滿洲麥米由海參崴運往荷蘭、德國，並將豆數萬石運往倫敦」[1]。從此，東北糧食市場迅速擴大，特別是東北大豆，迅速成為世界性的榨油原料。東北亦迅速納入資本主義世界市場之中。

西元一九〇八年之後，東北大豆輸出數量猛增，而且很快由以關內市場輸出為主轉向國外市場輸出。西元一九〇八年東北大豆輸往日本占35.9%，輸往歐洲占5.4%，輸往關內占58.7%；宣統二年（1910年），輸往日本占12%，輸往歐洲猛增到67%，輸往關內僅占20%。由於世界市場需求的擴大，糧食價格迅速增長，一八八二年營口港每石大豆為二兩六錢四分銀兩，到一八九七年就漲至五兩；豆油每百斤價格由三兩九份漲至六兩五錢。哈爾濱的豆價也迅速上漲，「本埠（哈爾濱）大豆一項銷場最廣，各國購運者日以數萬鋪得（普特）計。近又有怡德洋行派人來哈批買，故日來豆價大見昂漲云」[2]。農產品價格的增長，刺激農民把更多的農產品投放市場。隨著農產品商品化的發展，東北農產品流通市場逐漸形成。當時的奉天（今瀋陽）以其良好的地理位置成為清末東北最大的農產品集散中心市場，「奉天之位置，為南滿洲中央市場」，加上它「有遼河之水利」，又處於京奉鐵路及中東路交會之地，每年僅豆類一項，即達二三十萬石甚至四十萬石之多。[3]當時的鐵嶺也是東北南部小麥與麵粉的集散地，遼陽是清末東北南部雜糧集散中心，每年從這裡輸出的雜糧達三十萬石。[4]史料記載當時的東北已日益成為出口貿易繁盛的國際性大型貿易市場。

三、糧食加工業的興起

甲午戰爭後，國際列強對中國的投資侵略，一方面使中國的財政金融命脈逐步

1　《東方雜誌》，民國六年第六期，上海商務印書館，1917年。
2　《遠東報》，清宣統三年三月一日，1911年。
3　日本遼東兵站監部編：《滿洲要覽》，第188頁。
4　日本遼東兵站監部編：《滿洲要覽》，第195頁。

被帝國主義所控制；另一方面也刺激了中國民族資本主義的初步發展。日俄戰爭前後，帝國主義壟斷資本湧入東北競相投資設廠，近代科學技術和生產設備由此傳入東北。此時國內外市場擴大，民族資產階級以設廠自救相號召，雪恥、救亡運動日益高漲。在這種背景下，清政權為了挽救行將崩潰的命運，推行「新政」，不僅放鬆對新式工業的控制，而且制定一些獎勵工商業的政策。到二十世紀初，東北民族資本主義工商業進入投資設廠的發展階段。

糧食加工工業是東北近代主要的民族工業。前面介紹的東北特產大豆在二十世紀初打入歐洲成為世界商品，榨油業也在東北近代民族工業中占據首位。西元一八九九年到一九〇二年營口已建有怡興源等四家華商設立的機器油坊。南滿鐵路通車以後，大連成為東三省出入中心，西元一九〇七年大連僅有四五家舊式油坊，到一九一八年製油廠已達54家。西元一九〇八年奉吉官紳集華股80萬元在肇州廳五站籌設富華製糖有限公司，於一九一〇年在呼蘭建成。日俄戰後，一些民族資本家開始經營一些帶有資本主義色彩的農牧墾殖公司，到一九一二年奉天已有農牧墾殖公司12家，吉林有8家。西元一九一二年至一九一九年，麵粉、製油及其他行業也得到發展。光緒二十一年（西元1895年），直隸總督王文韶建議清政府「招商試辦釀酒公司，以收利權」[1]。北方由此掀起了一個經營酒業的高潮。到清末，東北新增酒廠79家。[2] 為了適應大批農產品交易的需要，西元一九一五年哈爾濱出現了農產交易信託公司，系由華商集股而成，專門擔保大宗糧食的買賣。到二十世紀二〇年代，東北各大城鎮都設立了「特產交易所」「錢糧交易所」之類的民營信託貿易機構，促進了農產品的交流。

隨著東北農業商品經濟的發展，二十世紀二〇年代中葉東北已初步形成專門化的商品糧基地。與此同時，基地的佈局也發生了變化，出現了商品糧基地北移的趨勢。當時的遼河流域開發比較早，土地開墾日趨飽和，人均耕地面積明顯減少。但

1　《清德宗實錄》卷三六八，中華書局影印本，1987年。
2　孔經緯主編：《東北地區資本主義發展史研究》，黑龍江人民出版社，1987年。

東北北部（包括當時黑龍江全部，吉林省大部）仍有大量荒地可供開墾。於是墾荒大幅度向北移動，形成了新的商品糧基地。西元一九二九年有個統計數字，東北南部人均耕地面積為0.335公頃，而東北北部則為0.663公頃。[1]

第二節　東北地區西餐的興起

隨著一八九八年中東鐵路的修建，大批俄國人進入以哈爾濱為中心的東北地區，西方飲食文化隨之出現。西元一九〇五年日俄戰爭後哈爾濱、大連等城市被迫開埠通商，各國僑民蜂擁而至，各種檔次和風格的外國餐飲店鋪紛紛興起，西餐業發展迅速。據統計，到一九三七年僅哈爾濱就有大小西餐館260多家，既有俄羅斯人、波蘭人、德國人、猶太人、希臘人經營的，也有日本人、中國人開的，哈爾濱道裡僅中央大街就有西餐店37家。外來飲食文化的進入對東北地區傳統的飲食模式產生了巨大的影響，在東北出現了許多個「全國第一」的食品工業廠家。比如哈爾濱建成了中國第一家啤酒廠（烏盧布列夫斯基啤酒廠），第一家西式肉灌食品場（秋林商場所屬肉灌場），在大連、瀋陽、哈爾濱等地出現了西式飲料（汽水、酸奶、「格瓦斯」）製品廠和西式冰點（冰棍、冰糕、冰淇淋等）廠。國外飲食產品的大量進入，改變了東北地區一部分城市人口的飲食習慣、飲食結構，並將其有機地融入到傳統的東北飲食文化中，這種影響一直延續至今。

一、東北西餐的特點

❶·東北當地原料與西餐烹飪方法的完美結合

1　日本陸軍參謀本部：《滿蒙資源要覽》，1932年，第16頁。

西餐的出現帶來了全新的烹飪技術，形成了特色鮮明的西餐品牌。西餐菜餚的主要特點是營養豐富、形色美觀，哈爾濱的西餐業尤為出色。東北西餐的最大特點是，店家既使用西餐原有的烹飪方法、保持西餐原有風格和營養成分，又充分利用東北的地方原料，同時融入某些中餐的烹飪技巧，逐步形成了東北西餐的獨有特色，例如同時擁有俄羅斯飲食文化和東北飲食文化特色的菜品——「哈爾濱俄式大菜」即是一例。二十世紀五〇年代蘇聯援華技術人員對哈爾濱的俄式大菜的精美和獨特讚歎不已，深有青出於藍而勝於藍之感，後來竟派遣學員來哈爾濱學習西餐，並將哈爾濱西餐菜式、製作方法等進行系統整理帶回國。

哈爾濱西餐菜餚的主要製作方法是：拌、炸、烤、煎、煮、燜、餡、炒等八種，每種都有自己的特色：

拌：是冷盤的做法，但是加入了具有中國烹飪元素的清拌和香油醬拌兩種手法。「清拌」是用蔬菜做原料，改刀裝盤，澆上兌好的汁拌勻即成。成品味道清淡，色澤美觀，酸辣適口，如「清拌黃瓜」。「香油醬拌」是用生的葷素原料，改刀後用開水煮熟或燙熟後，過涼裝盤，加上香油醬拌勻即成，如「拌香雞」。

炸：是哈爾濱西餐菜餚製作時用得比較普遍的一種方法。分淨炸、爆炸、酥炸三種。「淨炸」（或稱乾炸）是生原料不掛糊，在熱油中炸至原料變熟。成品香脆可口，如「炸土豆」。「爆炸」是烹調燜烤一類菜餚的主要工序，用七八成熱的油，將生原料炸到半熟程度，再進行下步烹調，如「烤小雞」「燜牛肉」。「酥炸」是將生、熟原料用精鹽、味素、胡椒麵煨好，蘸上雞蛋汁、蛋糕糊、麵包渣等，用七八成熱的油炸至深黃色和金黃色，使成品酥香、質嫩、皮脆。如「酥香鱖魚」。

烤：是技術性較強的烹調技術，分烘烤和焦烤兩種。「烘烤」是將生原料初步加工、醃好後抹上油料，放入烤盤，在烤盤中注入適量的水，送入烤爐烘烤。烤出的成品，鮮香脆嫩，色澤美觀，如「烤小豬」。「焦烤」的方法僅限於雞、魚、肉和野味，將生原料改刀，加上配料、調料稍醃，再用銀釺或銅叉穿起來，抹上油，直接用火烤。烤出來的菜餚焦嫩脆香，顏色誘人。

煎：是一種簡單、快速的方法。在煎盤中放少量油，將原料撒上精鹽、味素、

胡椒麵稍醃，蘸雞蛋汁、麵包渣，用文火煎至上色、熟透為止，如「煎牛排」。煎好後再送入烤爐稍烤，成品外酥裡嫩，現吃現烤。

煮：將生原料放在開水或清湯中，加調味料，用文火煮製，如「煮大蝦」。成品形狀完整，味鮮質嫩，能保持原料的原色、原味。

燜：將原料經初步加工（焯、煎、炸、烤），再加少量的湯、汁、調料，先用旺火燒開，再移至文火上慢慢燜，達到原料酥爛、味香、湯濃。若用罐燜，更有風味。如「罐燜牛肉」。

餡：一種是將較大塊的生、素原料改刀，加工成空心形狀，將烹製的餡瓤滿原料的空心，再燒製。如「餡青椒」；另一種是將葷生原料絞成泥，調好口味，用原來的皮捲好，再烤、煮。如「餡雞」「餡魚」，用這種方法做出的菜，吃魚無刺，吃雞無骨，味鮮質嫩，新穎美觀。

炒：適用於各種原料的絲、丁、片、條、末等的烹調。炒時用旺火、熱油，炒的菜要香、嫩、脆、鮮。

這其中使用的原料如土豆、小豬、魚、雞等都是東北地區的傳統產品。

在烹飪技藝交流的同時，烹飪語言也得以交流，東北的食品中吸收了很多國外的語言，例如黑龍江地區的有些地方把麵包稱作「列巴」、橄欖球狀的麵包稱作「塞克」、燒酒稱作「沃德卡」、麵包發酵的飲料稱作「格瓦斯」等。這些都是俄語中的詞彙。

❷‧品種極為豐富的西餐菜品

二十世紀二〇到三〇年代，在哈爾濱經常上市的西餐菜餚已經有涼菜、湯、魚蝦蟹類、牛羊豬肉類、野味類、禽蛋類、面盤、菜盤、甜菜九類300多種，一些西菜名品一直流傳至今。

以下是經整理保存下來的一些哈爾濱西餐菜點名錄，精選如下：

涼菜：烤牛肉、烤裡脊、烤外脊、烤羊肉、烤小豬、烤小雞、烤山雞、餡小豬、餡鯉魚、煮大蝦、煮大蟹、拌香雞、拌鰍魚、拌青菜等。

湯菜：紅菜湯、紅菜湯帶奶渣包、酸菜湯、鯉魚湯、雞塊大米湯、雞絲麵條湯、土豆湯、番茄通心粉湯、奶汁豌豆泥子湯、奶汁芸豆湯、奶汁山雞湯等。

水產類：奶汁鱖魚、奶汁鯉魚、紅汁黃魚、黃汁鯉魚、檸檬汁草根魚、番茄汁鱖魚、烤奶汁胖頭魚、烤酸菜鱖魚、烤酸菜胖頭魚、葡萄酒鯉魚等。

肉類：牛肉餅、奶汁肉餅、蔥汁肉餅、烤原汁小牛肉、番茄汁豬肉、烤小牛排、紅燜小牛裡脊、奶汁小牛肉帶菜碼、紅汁牛腰、清煎小牛排、炭烤羊腰窩、酥炸牛舌、罐燜牛肉、鐵扒裡脊、蔥汁裡脊、什錦汁豬肉、番茄汁小羊腸等。

野味類：烤原汁山雞、烤麂肉、烤野豬肉、串燒山雞、串燒野兔、奶汁大雁、奶汁鐵雀、罐燜麂肉、山雞排、蔥汁沙半雞等。

禽類：烤原汁鴨、烤原汁鵝、酥炸雞、奶汁雞胗肝、罐燜鵝、餡雞配土豆、酸菜鵝、蘋果鵝等。

面盤：酥炸雞蛋捲、炸小包、奶渣包、奶汁烤通心粉、牛奶大米粥、雞蛋煎麵包、三明治等。

菜盤：法國蛋、清煎雞蛋火腿、土豆餅、白菜餅、清煎茄子、奶汁番茄、奶汁豌豆、烤奶汁口蘑、奶油小土豆、奶油菜花等。

甜菜：草莓果糖醬、馬林果糖醬、烤蘋果、炸香蕉、煮大米梨、葡萄酒煮梨、奶皮草莓果、布丁麵包、紅豆羹、奶皮糕、杏子糕、奶皮栗子等。

冷飲料：牛奶雞蛋冰糕、可可冰糕、冰糕咖啡、酸牛奶、黑咖啡、「格瓦斯」等。

❸ · 舒適的就餐環境與服務方式

西餐館的大量出現使得西方餐飲文化全面進入東北地區，在就餐環境、服務方式等方面帶來了全新的元素，並且和諧地融入東北地區的飲食文化。

廳堂佈置：二十世紀早期，哈爾濱西餐店在餐廳中根據不同身分的顧客，設置鮮豔的花草，美麗的畫板，優雅的屏風，烘托出隆重的氣氛。桌椅整齊、潔淨。還要對菜餚進行造型美化。如用各類食物雕刻成各種花、鳥、禽、獸和圖案等，藉以

表達店主的熱情。

宴會一般擺長檯，便於擺放體積較大的菜品，如烤小豬、烤鴨等。這種整隻的烤豬，只作裝飾。正式就餐的菜品另有備份。

餐具的配置：就餐前要將杯、碗、盤、碟、刀、叉、口布、味四架（架上放著裝有白醋、精鹽、芥末麵、清豆油、胡椒麵等調味品的小瓶），整齊地擺好。為了便於分菜和賓主之間讓菜，桌面上還要擺上幾套公用刀、叉、勺等餐具。

上菜的順序：宴會上菜的順序是：涼菜、漬菜、奶油、糖醬、魚籽、麵包等；客人入席後，再依次上熱酒菜、湯、魚蝦、肉、野味、雞、面盤、素菜；最後上點心、甜菜、飲料或水果等。在整個上菜過程中有條不紊，注意顏色和形狀的搭配，力求協調悅目，反映出烹飪技術人員的精湛技藝。

餐間服務：為了保持每種菜餚的獨特風味，以及體現對客人的尊重，服務生須根據客人的飲食習慣，做好席間的餐具撤換工作。如在客人吃完涼菜要上熱菜時，吃完帶汁的菜餚要換炸烤類的菜餚時，吃完鹹食要上甜菜時，都要將使用過的刀、叉、勺、碟等餐具換掉，換上另一套潔淨的餐具。

普通的便餐擺檯比宴會簡單一些，但也有較為固定的模式和程序，冷熱甜鹹各有章法，不會失序。

這種人性化的周到服務及舒適的就餐環境，像一股清新之風吹進了東北大地，西餐文化在這裡牢牢地紮下了根。

二、各具特色的西餐店

東北的西餐店大致分為如下幾類，盡顯各自的特色。

一種是兼有其他功能的西餐店。一九四五年前在哈爾濱開西餐廳的大部分都是俄羅斯人，而且很多不僅是單純的西餐廳，還是具有娛樂功能的夜總會，並兼旅館，業務功能齊全。二是突出各國風味特色的西餐廳，如埃迭姆西餐館專做高級俄式大餐；基度亮餐館具有俄羅斯高加索地區風味；還有希臘人鮑鮑都布勞斯開辦的

愛勒密斯餐廳，主要經營希臘風味的飲食，帶來了地中海地區的飲食風味。三是中國人開辦的西餐館。隨著西餐的興起，使越來越多的中餐老闆看到了其中的商機，也開始創辦西餐廳。主要經營俄羅斯風味、高加索風味的餐飲，此後還形成了中國籍西餐廚師的「四大義」——楊洪義、王洪義、尤洪義、朱鳳義。這四位大廚在當時是非常出名的。

至此，東北地區的西餐文化風生水起。

第三節　「滿洲國」時期東北的民生與民食

一九三一年，日本發動「九一八」事變，侵占了中國東北三省，東北淪陷。一九三二年日本一手炮製了「滿洲帝國」，擁戴清廢帝愛新覺羅・溥儀為傀儡皇帝，從此東北淪陷區開始了長達14年之久的日偽統治。從清末到民國以至偽滿洲國時期，在複雜動盪的社會環境中，東北地區的民生與民食形成了特異的歷史風貌。當時中國東北三省生產了占全中國79%的鐵，93%的石油，55%的黃金，鐵路長度占全國的41%，對外貿易占全國總額的37%。[1]日本帝國主義對東北實行經濟「統制」政策，進行了瘋狂的掠奪，壟斷了整個東北的經濟命脈，東北變成了日本戰爭物資的供給地，東北陷入了黑暗的境地。

一、百姓的食物急遽減少

「九一八」事變之前，東北耕地最多時已達1700多萬公頃，還有1600多萬公頃可耕荒地。農業資源豐富，自然條件良好，並擁有占居民80%的農業人口，是舉世聞名的穀倉之一。但在偽滿統治的14年中，農業生產長期停滯，尤其是最後幾年，

1　斯拉德科夫斯基：《中國對外經濟關係簡史》，財政經濟出版社，1956年，第203頁。

由於日本帝國主義推行戰時緊急掠奪政策，東北的農業遭到極大破壞。為了把中國人民生產的糧食最大限度地掠奪到手，從1941年到1945年，日本在農產品的購銷方面，實行了殘酷的「糧穀出荷」政策。所謂「糧穀出荷」，即規定所有農產品都實行強製出售，強制收購，與農民簽訂「出荷」契約，規定了最高的「出荷」量，不管秋季收成如何，都強迫農民如數交糧。為了減少阻力，日本採取欺騙手段，實行了「獎金制度」和「先錢制度」，即對出售糧食者給以「獎金」或事先預支部分糧款。實際預支款少得可憐，常常是每百公斤只先付一元，所謂的獎金也是做樣子，無非是讓農民交出更多的糧食。為了搜刮更多的糧食和其他農產品，日本在各地紛紛成立了出荷督勵部門作為專職機關，由各地各級長官負責，東北地區的人民群眾深受其害。

日本侵略者對糧穀實行嚴格管制，嚴禁私人買賣糧食和囤積糧食，一經查出，不但糧食沒收，還要受到嚴懲。「出荷」政策使老百姓的生活相當悽慘，百姓的食物急遽減少，食不果腹。日本在全滿洲實行配給制度，優先供給日本人以及朝鮮人，而中國的平民百姓，根本得不到一粒大米。只有居一定官職者每月才能得到2-3公斤大米。給中國人配售的糧食不僅數量低，而且品種差。廣大農民的糧食被迫出荷後，普遍沒有口糧，成年只能以野菜、樹皮、草根、糠皮度日。嚴重的糧食不足，造成民眾健康狀況的嚴重惡化，疾病、死亡率急遽增高，成千上萬的人凍死餓死，抑或被迫自殺，出現了許多駭人聽聞的慘案。從而加劇了對於飲食無法保障的恐慌心理，餐飲和食品市場很快陷入凋敝狀態。

二、毒民害國的鴉片政策

為了最大限度地壓榨東北人民，日本帝國主義推行鴉片政策，用鴉片毒害中國民眾，致使不少中國百姓家破人亡。一九三二年九月，日偽當局成立鴉片專賣籌備委員會，同年十一月三十日公佈《鴉片法》，一九三三年成立鴉片專賣公署，各地方分設了32處專賣機關。在奉天設鴉片煙膏製造廠和大滿號、大東號兩公司，開始

在整個東北推行鴉片的種植和經營業務。並且大肆宣傳鴉片是最好的藥材,「民眾種植之鴉片國家將高價收購」,「多種者有獎」等。在鴉片政策的脅迫下,東北大部分地區都栽種鴉片,一九三三年至一九三七年栽種的鴉片遍及偽滿7省30縣1旗,總面積達68萬5千畝。[1] 與此同時,吸食鴉片的人日益增多,一九三三年有5.68萬人,一九三七年即達90萬人,「三千萬民眾中有百分之三吸食鴉片,其數約達九十萬人。」[2] 鴉片放縱政策的直接後果,首先是使數以萬計的東北人民,特別是廣大的青年深受其害。這些人一旦吸食上鴉片,不僅身體日漸虛弱,無法從事勞動生產,使眾多的家庭破產,而且吸食者意志消沉,精神頹廢,完全喪失了民族意識和反抗精神。更有甚者,因為吸食鴉片而傾家蕩產者往往鋌而走險,就去投靠日本當了漢奸,走上了窮途末路。據不完全統計,僅一九三八年因吸食鴉片而中毒身亡者就有14萬至15萬人之多。對於鴉片帶給中國人民的毒害,就連日方及其漢奸也不得不承認實行鴉片毒害政策,對人民直接、間接所受的損害是無法清算的。

三、日偽時期的殖民政策

偽滿洲國居民有85%是農民,耕種著1700多萬公頃的土地,日本帝國主義為了進行最大限度的殖民侵略。從一九三二年起,偽滿政府在偽民政部下設立了土地局等土地管理機構,開始實施為期八年的地籍整理計劃,旨在為日本霸占中國土地進行殖民侵略創造條件。

一九三五年日本人在東京成立了「滿洲移民協會」,翌年關東軍第二次「移民」會議,擬定了《滿洲農業移民百萬戶移住計劃》草案。新的「移民」計劃目標是在二十年內從日本向中國東北地區移民100萬戶500萬人口,從一九三七年起,每五年為一期,而且呈遞增趨勢。所有移民全部投放到東北的重點地區。[3]

1　《民政年報》,1937年,第286頁。

2　《日偽檔案262號》,第314頁。

3　「百萬戶移民計劃」見《現代史資料》十一《滿洲事變(續)》,1965年,第949-950頁。

到一九四五年日本帝國主義戰敗投降時，移入我國東北地區的日本移民究竟有多少，至今未有正式的確切數字統計。根據一些材料推斷，日本移民約為10萬戶，30萬人左右。這些移民，有目的地分布在東北的重點地帶，以期達到日本的軍事目的和經濟目的。

日本的殖民政策給東北人民帶來了巨大的危害，東北的農民被剝奪了最重要的生產資料——土地。據偽滿洲國國務院弘報處《旬報》第166期所載，截至一九四四年年末，日本開拓移民共占地152.1萬公頃，約占當時中國全部土地面積的近十分之一；也就是說，中國人民的每十公頃耕地中就有一公頃土地被入侵的日本移民所侵占。

這些日本移民團種植的作物主要有水稻、小麥、大豆，另外還有一些燕麥、高粱、粟、玉米以及蔬菜，到一九三七年大豆種植占東北產量的26.72%，小麥占16.43%，水稻14.2%[1]，但是這些無一例外地都是供軍需所用，也無一例外是用從中國農民手裡搶奪過來的土地生產出來的。

1　金穎：《近代東北地區水田農業發展史研究》，中國社會科學出版社，2007年。

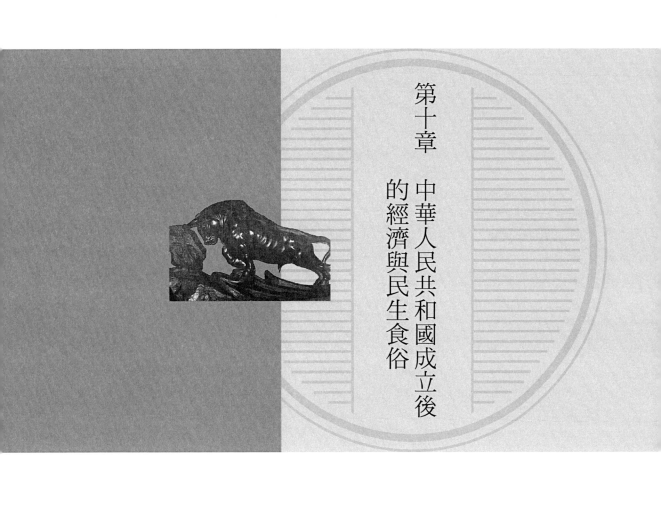

第十章 中華人民共和國成立後
的經濟與民生食俗

東北地區的解放早於中華人民共和國的建立。中國共產黨領導東北人民率先進行社會主義建設，經過東北各族人民的艱苦奮鬥，新中國成立後的東北大地迅速煥發出勃勃生機。糧食、畜產品和蔬菜的產量與新中國成立前相比成倍地增長，人民的生活也得到改善，告別了舊社會「半年糠菜半年糧」的日子。東北人民發自內心地感到新生活的幸福，勞動熱情空前高漲。國家第一個五年計劃時期，東北地區的生產和生活水平繼續提高。但是，「大躍進」（1958-1960年）以後，由於政府經濟建設政策性的失誤，使新中國的經濟發展遭遇了嚴重的挫折，東北地區的工農業生產也受到重創。此時，糧食產量下降，食品短缺，人民生活極其困苦，在最艱難的時候，東北人民不得不以「榆樹籽、豆腐渣、苦菜花」度日。雖然經過調節和整頓得以緩解，但是這種狀況一直到改革開放以後才真正得到改善。

第一節　農牧業發展及城市的定量供應

一、農牧業的發展情況

新中國成立後，東北農民在中國共產黨的領導下，開展了大規模的土地改革運動，廢除了封建土地所有制，實現了耕者有其田。有80％以上的農民分得了土地、房屋、耕畜、農具、糧食等，免除了每年交納的苛重地租。土地改革解放了生產力，東北農業生產迅速恢復和發展。第一個五年計劃期間（1953-1957年），東北各省政府根據自願互利、典型示範的原則，採取從互助組、初級社，到高級社一系列的過渡形式，引導農民參加了農業生產合作社。土地改革和農業合作化運動使東北農業迅速恢復和發展。[1]以黑龍江省為例，一九四九到一九五七年，黑龍江省小麥種植面積穩定在1000萬畝上下，水稻、馬鈴薯、玉米生產也獲得了迅速發展，面

1　黑龍江省地方誌編纂委員會：《黑龍江省志・農業志》，黑龍江人民出版社，1993年。

積擴大，產量提高。到一九五六年玉米種植面積迅速回升到2528.9萬畝。隨著種植面積的增加，黑龍江省糧食的產量也隨之上升，同時亦反映東北三省的糧食增長趨勢。據統計，一九五二年黑龍江省糧食的總產量為800.35萬噸，比一九四九年增長了27.6％。[1]同時，大豆、甜菜種植面積也不斷擴大，從而提高了整體的作物產量。

新中國成立後，政府為保證城鄉有充足的蔬菜供應，相繼制定了城市郊區以生產蔬菜為主的一系列方針政策，促進了蔬菜生產穩步發展。[2]一九四九到一九五七年，黑龍江省全省蔬菜面積由239萬畝增加到345.8萬畝，年平均畝產600公斤左右，比一九四五年提高20％。黑龍江各級政府還把果樹生產作為發展農業經濟的重要項目，到一九六一年果樹栽植面積已達60多萬畝。

畜牧業方面，土地改革以後，廣大農民發展生產的積極性空前高漲，政府把發展養豬業作為農業增產的一項重要內容。以吉林省為例，一九四九年年末吉林省生豬存欄198.8萬頭，一九五二年發展到239.7萬頭，突破了一六三〇年235萬頭的歷史最高水平。同時政府還要求機關、學校、部隊、工廠的集體單位，根據需要與可能設立養豬場，增加豬肉自給量。使生豬存欄數量不斷回升。

從整體上看，國民經濟恢復和國家第一個五年計劃時期東北經濟一直處於上升階段，生產成績顯著，人民生活不斷提高。但是，隨後而來的「總路線」「大躍進」和「人民公社化」等一系列冒進政策開始出臺，不僅盲目追求高速度和「一大二公」[3]，而且在生產上瞎指揮，浮誇風和共產風盛行，1960年到1962年災害接踵而至，農業生產收效甚微，而且蘇聯政府終止了援助中國經濟建設的項目合同，催收債款。天災加人禍造成了東北地區國民經濟的嚴重困難，農業受到很大削弱，生產大幅度下降，社會購買力和商品可供量嚴重失調。人民生活水平明顯下降，農村發生饑荒。「三瘦」（地瘦、畜瘦、人瘦）、「三少」（地少、畜少、勞力少）和「一多」（死人多）是當時社會環境的真實寫照。面對嚴重的經濟困難，中共中央推行了「調

1　金毓黻：《中國東北通史》，吉林文史出版社，1991年，第774頁。

2　長春市地方誌編纂委員會：《長春市志・蔬菜志》，吉林人民出版社，1996年。

3　「一大二公」是當時對人民公社特點的總結，即一是人民公社的規模大，二是公有化程度高。

整、鞏固、充實、提高」的八字方針，東北各省都按照這一方針進行了經濟調整，到一九六四年或一九六五年東北完成了調整和恢復國民經濟的任務，人民的生活有所改善。[1] 然而緊接著出現的「文化大革命」十年浩劫（1966-1976年）再一次給東北經濟造成重創，儘管在生產上也取得了一些成績，但人民生活一直處於困乏階段。

二、城市居民糧食和副食品的定量供應

由於生產能力受到限制，這一時期東北人民的飲食生活基本上處於求溫飽的階段。國家對城市居民的糧油和副食品採取計劃統一供應的形式以保障城市居民的基本生活需求。在農村，隨著個體經濟向集體所有制的轉化，飲食必需品的分配形式也越來越接近集體配給制。

❶·糧油的定量供應

三年（1949年10月至1952年年底）國民經濟恢復以後，從一九五三年開始國家進入大規模的經濟建設新時期，對商品糧的需要日益增多，而當時糧食生產趕不上消費增長需要，供求矛盾非常突出。一九五二年四月至一九五三年三月的一年間，國家糧食銷售比上年增加84％，超出收購量的72.95％。中共中央和政務院為瞭解決糧食收支平衡，穩定局勢，於一九五三年實行了糧食統購統銷。

從這一時期起，居民用糧開始按計劃供應，最初僅憑戶口冊發給購糧證，實行憑證買糧。而後又採取按人定量供應的辦法，加強了糧食供應工作的計劃性。

一九五四年哈爾濱市和長春市的定量辦法是：每人每月糧食供應不突破15千克（舊制30市斤），食油每人每月供應不超過0.5千克（舊制1市斤）。實行定量供應後城市居民的口糧並不充足。

1　王幼樵、肖效欽：《當代中國史》，首都師範大學出版社，1994年。

一九五七年十月，因上年度糧食歉收，全國糧食工作會議壓縮了各地糧食銷售指標，12月末又進行第二次壓縮，兩次共壓縮定量1.58千克（舊制3.16市斤），大部分居民感到糧食緊張。一九六〇年，農業嚴重遭災，糧源十分緊張。中央發出《關於整頓城市糧食統銷和降低城市口糧標準的指示》，根據中央指示，對哈爾濱市居民口糧、食油供應標準，又進行了一次調整。居民口糧定量水平由每月15.69千克（舊制27.38市斤）降到13.145千克（舊制26.29市斤），平均每人降低0.545千克（舊制1.09市斤），食油由每月0.25千克（舊制0.5市斤）降到0.15千克（舊制0.3市斤）。一九六五年因油源狀況好轉，居民食油標準調增到0.25千克（舊制0.5市斤）。

❷ · 副食品的定量供應

與糧油供應相比，副食品的定量供應更加複雜，涉及面更廣。從哈爾濱市副食品的定量供應制度可以看到這一時期整個東北地區城市居民生活的一般狀況。

蔬菜。哈爾濱市的蔬菜定量供應起於一九五九年，因為一九五八年秋菜受災減產，供應緊張。為均衡供應，於一九五九年春節開始實行憑證定量的供應辦法。大體定量是春節期間每人供應暖白菜1.5千克（舊制3市斤）、暖土豆2千克（舊制4市斤）、暖蘿蔔0.5千克（舊制1市斤）。3月份處於青黃不接的季節，為使市民都吃上菜，憑證每人供應土豆2.5千克（舊制5市斤）、乾菜0.5千克（舊制1市斤）。每逢五一、十一、中秋節等節日，也能有一些蔬菜供應。2到3月份蔬菜供應處於淡季，只能保證特需，平日市場停止供應。六月以後，春、夏菜收購和調入量大幅度增加，供應好轉，敞開銷售。從八月三十日起，又實行憑卡供應的辦法。一九六三年蔬菜供應好轉，全部敞開供應。「文化大革命」期間，蔬菜生產遭到破壞，供應緊張，哈爾濱市再度實行憑證（票）定量供應辦法。

豬肉。一九五二至一九五三年哈爾濱市重點供應軍需與特需，各有半年多時間未向居民供應豬肉，中秋節、國慶節豬肉停供，新年、春節期間也只能用牛、羊、魚肉代替豬肉供應。一九五四年新年和春節期間，哈爾濱市開始對居民實行定量供應，憑細糧購買證每人供應0.25千克（舊制半斤）豬肉。此辦法一直持續到

一九六四年。此間貨源多時多供，貨源少時少供。一九六九年貨源緊張，供應量減少，第二次實行定量供應。

家禽。一九五八年四季度以後，家禽貨源短缺，供應緊張。一九五九年上半年未供應食用雞。以後，每逢年節有所供應，少至供應雞肉0.1千克（舊制2兩）、0.15千克（舊制3兩），多至家禽一隻不等。「文化大革命」開始後，市場受到衝擊，家禽供應再度緊張，只在春節集中供應。

鮮蛋。一九五〇到一九五八年哈爾濱市採取蛋多時敞開供應，蛋少時保證重點的供應辦法。一九五八年第一次實行定量供應。中秋節、國慶節每人憑證供應1個雞蛋。一九五九年新年每戶憑證供應雞蛋0.35千克（舊制7兩），春節供應0.5千克（舊制1市斤）。「五一」節每人供應雞蛋一個，端午節每人供應兩個，國慶節每人供應三個，對托兒所、醫院、產婦、病人等，多給一點。一九六四年鮮蛋供應充足，敞開供應。一九六九年開始第二次實行定量供應。

食糖。為保證軍需和民用食糖供應，一九五三年起哈爾濱市對砂糖開始實行限量供應的辦法，限購量逐年遞減，到一九五七年每人每次購買不得超過0.5千克（舊制1市斤）。

一九五九年食糖貨源緊缺，市場供應時常間斷供貨，遂開始實行憑證定量的供應辦法。春節每人供應0.2千克（舊制4兩），2-9月份每人每月供應白糖0.1千克（舊制2兩），「五一」節、國慶節每人供應0.25千克（舊制半斤）。以後定量有所平穩。一九六五年，食糖產銷逐漸恢復正常，並可以敞開銷售。「文化大革命」中，食糖供應漸趨緊張，一九七〇年再次實行定量供應辦法。

這一時期的農村生活也很貧窮，雖然農民收入有所增加，生活水平有所改善。但在「大躍進」、三年災害和人民公社時期，農民生活曾經一度陷入生存危機之中，特別是取消了農民的自留地，更加重了農民生活的困難。從新中國成立到改革開放前，東北地區的農民始終處於求溫飽的狀態。

第二節　東北地區的飲食風俗

　　飲食風俗的形成是一個歷史的過程。東北飲食文化中融入了多種文化元素，有東北各少數民族的飲食文化、有來自中原及其他地域的「流民」帶來的飲食文化，還有來自日本、俄國以及其他國家的國外飲食文化，形成東北多元而絢麗的文化組合，儘管在共和國建立以後政治、經濟環境都發生了重大而深刻的變化，但區域飲食文化仍然基本保持著其本真的文化基因，並體現於民間的飲食風俗中。

一、日常飲食風俗

❶·滿族遺風，喜食豬肉

　　喜食豬肉的風俗自古以來一脈相傳。豬肉是東北地區人民傳統的肉食來源。新中國成立後，政府鼓勵東北地區的農村家庭積極養豬，使生豬的存欄數不斷增加。儘管在大躍進和共產風時期由於強制把農民個人養的豬變為集體所有，一度降低了人們養豬的積極性。但經政策的調整，允許個體家庭重新養豬，從而使東北地區的生豬飼養量又恢復到了以往的水平。於是東北農村又開始恢復了以往既有的風俗，即每年開春時節到市場上抓上1到2隻小豬崽，放到圈裡餵或散養，餵到春節前夕便可殺掉食用。另外，在東北人的日常飲食中，每逢婚喪嫁娶、年節慶典、祭神祭祖，有能力的家庭都要殺豬慶賀。

　　東北農村殺豬有許多規矩，特別是殺年豬的講究更多。殺豬有專人，各家都請其殺豬。殺豬時用黃酒灌豬耳使豬嚎叫，認為這是「福音」，此為「領牲」。動刀前還要念「豬羊一道菜」之類的話，殺完後煺毛、開膛取內臟，將豬卸成後鞧（qiū，臀部）、軀幹、頭、四肢四部分，殺豬之家要取部分肉（一般取五花硬肋）與酸菜、血腸同煮，宴請殺豬者和鄰居親友，以酬以賀。吃法是將血腸、白肉配蒜泥、韭花、辣椒醬吃。邊吃邊飲酒，不夠再添，吃飽為止。餘下的凍起來供日後食用。該

習俗是滿族遺風,在東北農村一直盛行。

由於殺豬在東北農村是一件飲食盛事,所以,慢慢地形成了一種「殺豬菜」。因為豬皮、豬肉、豬骨、豬內臟、豬頭、豬蹄、豬肘、豬尾巴、豬血都可食用。如豬血可灌血腸,製血豆腐;豬皮洗淨後可熬皮凍;用豬頭肉、哈肋巴(豬的肩胛部位的肉)、肋條肉、豬肘子、豬蹄、豬肚、豬肝和豬腸等八種原料還可以製作「豬八樣」宴席,並可製出多種豬肉菜,在東北各地都非常受歡迎。

❷・地處寒冷,貯菜手段豐富

從新中國成立後到改革開放前的這幾十年裡,東北地區的蔬菜生產及供應的品種都比較單一。特別是到了冬季,基本沒有新鮮蔬菜。為了度過漫長的冬季,解決冬季的蔬菜之需,東北廣大百姓利用夏短冬長的自然環境條件,形成豐富的蔬菜冬儲手段(曬、窖、醃、凍、漬),並且形成了東北地區獨特的地域風俗——家家離不了缸,這些缸有大有小,一般大的稱缸,小的稱壇,數量不等,用途不一,一些大戶人家的缸可多達十幾口。

曬乾菜。人們利用秋季太陽的熱量,大量曬制過冬的蔬菜。山區的居民主要晾曬黃花菜、木耳、元蘑、松蘑、猴頭蘑等山珍;平原地區的東北人則曬制土豆乾、豆角乾(絲)、茄子乾、西葫蘆乾、倭瓜乾、蘿蔔乾,還要晾曬小辣椒。

窖儲菜。用地窖儲菜,是東北人保鮮蔬菜的一種實用、科學的儲菜方法。地窖有室內和室外兩種。在東北地區的平房室內,家家都有一個儲菜的地窖。地窖一般寬1米見方,深2-2.5米。主要用於儲藏土豆、蘿蔔等,所以人們習慣地稱之為「土豆窖」。室外地窖一般用於儲存白菜,所以人們習慣稱之為「菜窖」。由於戶外溫度低,所以菜窖較深,且出口較小。冬季窖儲存的白菜不乾巴,不腐爛,新鮮脆嫩。一般可將白菜儲存到開春時節。

醃菜。東北醃菜的品種很多,主要有醃雪裡蕻、醃鹹蛋(雞蛋、鴨蛋、鵝蛋)、醃鹹菜疙瘩(芥菜疙瘩、苤藍疙瘩、塞克疙瘩、地環疙瘩、黃瓜等),這些醃菜豐富了東北人的日常餐桌。

凍製菜。有一些蔬菜受凍後就不能吃了。但在蔬菜匱乏的年代人們都不捨得扔，便想辦法吃掉。東北人當年所吃的凍菜有白菜和酸菜。食用時，將凍白菜用開水打焯，洗淨後蘸醬吃，或燉著吃，其口感很差。

漬菜。漬菜也稱酸菜，與上面醃鹹菜的主要區別是在鹽漬的過程中需要發酵，使菜變酸。選料主要有大白菜和大頭菜，這是從滿族的習俗中承襲下來的。酸菜是東北冬季的主要副食品，各家幾乎每天都要吃上一頓。這除了東北地區冬季缺少鮮菜外，還因為酸菜醃製方便，存儲時間長。酸菜風味特殊，食法多樣，可燉可炒，酸味適口，吸油膩，最宜與東北人愛吃的豬油、白肉放一塊製作。

東北人漬酸菜有生製和熟製兩種方法。「生製酸菜」就是將選好的大白菜去老幫、切根、洗淨後，直接碼入大缸中，碼一層，撒一層大粒鹽，直到碼滿缸為止。白菜的上面要用重石壓上，待兩天以後，白菜下沉，加入清水，將缸口用油布或缸蓋封好，發酵。一般30天左右才能食用。其特點是醃漬時間長，發酵慢，不易腐爛，酸度較熟製酸菜弱，酸菜幫口感脆嫩。

「熟製酸菜」就是先將選好的大白菜去老幫、切根、洗淨，放入熱鍋中用開水打焯，煮3分鐘左右即可撈出，再放到清涼水中浸涼，然後碼放到缸中，碼一層白菜，撒一層大粒鹽，直到碼放滿缸為止。上面要用重石壓上，兩天后待白菜下沉，加入清水，缸口用油布或缸蓋封口，發酵，半個月後即可食用。熟製酸菜其特點是醃製時間短，發酵快，酸度高，但脆感差。

❸·盛產大豆，善做大醬與豆製品

在東北地區，家家戶戶都離不開自製的大醬。將黃豆製成大醬食用是東北人的一大享受。在改革開放以前的歷史時期，由於生活水平普遍較低，大醬成為東北普通平民百姓日常生活不可缺少的佐餐食品。

大醬的加工程序比較複雜，製作過程也比較長。一般在秋收時，就要選好明年製作大醬需要的黃豆。正月一過便開始進行準備工作。先是選豆，把乾癟、蟲咬等壞豆挑出，選出好豆用水洗淨。然後放到鍋裡煮熟，煮豆的水不能多也不能少。再

將煮好的豆盛到盆裡，搗成稠糊狀，再放到面板上，做成長約25釐米、寬約15釐米的醬塊，等外皮不沾手時，再用厚紙將其包好，放到乾燥、通風處待用。

接下來就是「下醬」。東北俗話說：「男怕抹炕，女怕下醬。」下醬需要有豐富的經驗和技巧。下醬時，先將放好的醬塊用清水洗淨（主要洗淨醬塊上的白毛），掰成小塊。將食鹽（一般都用大粒鹽）放到鍋裡熬成鹽水，晾涼後倒入醬缸中，再將掰好的醬塊放進去。把醬缸放到戶外陽光充足的地方保持溫度。然後每天早晚打醬（用醬耙子將醬缸裡的醬塊搗碎，並將醬裡的浮沫用小勺撇出，保證醬的質量），使其儘快成稀糊狀。大約20天，大醬開始發酵，滿院會散發著濃濃的醬香。

雖然同樣是下醬，但一家醬一個味。下得好的醬，色澤金黃，香味濃郁，鹹香適度，百吃不厭；下得不好的醬，色澤暗黑，有臭味。所以，東北百姓嚴格恪守下醬之規，如下醬時間必須選擇在農曆四月間的金日，其他日子都被認為不吉利。最忌水日下醬，也忌諱五月下醬。下醬後，醬缸上要繫一塊小紅布條，不許把醬缸隨意挪動；下醬或日常打扒、搗醬前，要先洗手、梳頭，防止不潔淨的手和頭髮弄髒了醬；不能吃不足月的醬等。這些下醬之規至今還在民間承續著，反映了東北人民注意飲食衛生和恪守天時的「天人合一」的飲食文化思想。

東北人加工和食用大豆的方法很多，最普遍的是用來做豆腐。這是東北農村常見的豆製品形式，即使在「四清」「文革」「割資本主義尾巴」的時期，每村也還保留著「豆腐坊」。豆腐品種主要有大豆腐（水豆腐）、乾豆腐、豆腐腦、凍豆腐等。

此外，東北人還在青黃不接的春季，將黃豆發成豆芽，作為應季的主要蔬菜。發黃豆芽首先要選好黃豆，然後將黃豆洗淨撈出，放到盆裡（泥瓦盆或瓷盆），用一塊厚濕布將豆蓋好，每天早晚再用溫水投洗兩次。待芽長出到二釐米左右，即可食用，炒吃、拌吃、做湯均可。

❹·鮮蔬、野菜蘸大醬乃一絕配

滿族人的飲食生活中有「蘸」的食俗，蘸「是將各種洗淨或用沸水焯過的鮮蔬、

山菜等，以手執之或以箸夾之，在炸好的醬中蘸一蘸，然後食之」[1]。在東北無論城市還是農村，人們都喜歡吃蘸醬菜。無論在普通家庭的飯桌上，還是在飯店的酒席上幾乎都能見到。東北的蘸醬菜品種很多，幾乎包括了一切蔬菜種類。

東北人每年吃到鮮蔬菜的時間只有六個月左右，從春天大地復甦後的山野菜開始，一直可以吃到秋季大量的菜蔬上市。進入四月初，就可以吃到婆婆丁（蒲公英）、小根蒜、薺薺菜、芩茉菜等小野菜；進入五月份，住在山區的人可吃到清香去火的刺老芽、蕨菜（貓爪菜）、黃瓜香等野菜，以及地裡種的小白菜、菠菜、生菜、蔥、水蘿蔔菜、臭菜、香菜等。這些鮮蔬與野菜，都是絕好的蘸醬菜。現在，人們吃山野菜是為了改換口味。三年自然災害期間，這些野菜曾是人們的救命菜。

蘸醬菜從處理方法上可分為「生」「熟」兩種。「生蘸醬菜」就是把菜擇洗乾淨後，蘸醬直接食用，如小蔥、水蘿蔔、黃瓜、生菜等；「熟蘸醬菜」就是先把菜擇洗乾淨後，放到鍋裡，用熱水打「焯」一下撈出，放到冷水中浸涼，擠淨清水，然後再食用，如蕨菜、刺老芽、乾白菜、凍白菜等。所蘸的醬也分為生醬和熟醬。「生醬」就是東北人自家所釀製的大醬（又叫黃醬），從醬缸裡直接用勺盛到碗裡（東北人又叫叨醬）即可；「熟醬」就是將取來的生醬經過烹調後製成的醬，常見的有雞蛋醬、肉醬、辣椒醬、小魚醬等。蘸醬菜醬香菜爽，新鮮脆嫩，口感怡人。

❺．喜吃黏食

東北人喜食黏食，這一習俗亦是滿族食風的沿襲。黏食由黏米麵做成，有乾麵、水麵（浸泡後磨漿）之分。水麵中又有經發酵和不經發酵之別。黏米麵乾糧熱量大，抗餓，多在農忙時吃。黏食中最受歡迎的是黏豆包。傳統的做法十分複雜，《長白山下的民俗與旅遊》一書中如此描述：「做黏豆包先要把黃米淘好，用溫水浸泡一天半日，然後碾壓成粉，過篩後調和成麵，用盆裝好放在炕上醒一醒，然後捏成小圓餅，把赤小豆搗成豆餡，摻上冰糖、白糖，包成雞蛋大小的包子，這就是黏

1　吳正格：《滿族食俗與清宮御膳》，遼寧科學技術出版社，1988年，第83頁。

豆包。」「豆包其實應該叫『包豆』，因為是在黃米麵裡包上一包豆餡，蒸的時候，還在包子下墊上一片蘇子葉，熟後吃起來又香又甜」。

除黏豆包以外，還有一些黏食也頗具特色，如黏麵餅，用發酵的黏麵糰包餡（豆沙或菜餡）後烙熟即成。豆麵卷子，有點像北京的豆麵糕（俗稱「驢打滾」）。製法是先將黏米麵和成水麵，然後上屜蒸熟，擀成薄片，在薄片上均勻地鋪上一層熟豆麵（摻有白糖），捲成捲切段即成。水糰子，這是一種與赤小豆泥同食的黏米麵食品。製作時，將調好的黏米麵擠成海棠大小的圓子，下開水鍋裡煮熟撈出。將煮爛的赤小豆加湯調成小豆泥（可甜可鹹）。吃時將煮熟的黏米麵小圓子撈在盛有小豆泥的碗裡，用湯勺舀著吃。水糰爽滑柔韌，豆香濃郁，很有地方特色。

❻‧吃「包飯」

東北人喜歡吃「包飯」，也有的地方叫「飯包」，這是承襲滿族人吃「乏克」的傳統習俗。「乏克」是滿語，意思就是「包兒飯」。即用菜將飯包起來吃。原料主要有米飯、大白菜葉、蔥、醬等原料。先將乾飯做好（一般都是小米飯或秫米飯），將選好的大白菜葉洗淨，切好蔥絲，打好醬（肉醬、雞蛋醬、辣椒醬等），將這些東西拌好，攤在白菜葉上包好即成。吃時用兩手捧著或攥著吃，免得散花。這種將飯和蔥醬包在一起後，吃的就是那「串味兒」的效果，飯、菜、醬的各種味道調和後的綜合之味。

二、歲時飲食風俗

中國是個農耕古國，節令時俗具有濃重的農耕文化的色彩，在東北這塊神奇的土地上，又融入了游牧文化的粗獷豪放。世世代代的東北人敬畏自然，敬重祖先，崇尚勇武，辛勤耕牧，從歲首到歲末，在一系列淳樸的民間食風食俗中，無不彰顯著東北各族人民樂觀向上的民族精神。他們恪守農時，祈盼富足；祭拜祖先，不忘先賢；崇尚和諧，看重親情；以食養生，希冀健康；他們信奉著龍的文化，在每一

個歲時年節的活動中，他們都在書寫著自己的民族文化。

❶ · 春節

春節是中華民族的傳統節日，每當春節來臨之際，中國各地區人們都會為春節豐盛的佳餚而愉快鄭重地忙碌，此俗在東北地區也是相同的。特別是在物資匱乏的年代，過春節是人們一年的期盼，能美美地吃上幾頓好飯。遼東地區一般從臘月十五日就開始準備了，人們要「拉年紙單」，即計劃過年的年貨。準備的食物要能從臘月三十一直吃到正月十五。年前要推米、磨麵、做豆腐、做年糕、殺年豬、宰年雞、做黏豆包等。遼南的人們還有刻大麵果的習俗，即把麵糰用模具刻成花、鳥、魚、豬、人物及建築模型，形態逼真，然後烤熟或烙熟。遼寧東部民謠常說：「二十六，割年肉；二十七，宰年雞；二十八，把麵發；二十九裝斗；三十走油，初一磕頭。」「走油」就是家家都要用油炸些食品，寓意一年到頭都有油水。黑龍江民謠也說：「二十三，祭灶天，二十四寫大字，二十五掃塵土，二十六刨豬肉，二十七殺年雞，二十八把面發，二十九貼春聯燖豬首，三十晚上玩一宿。」由此可見一斑。

除夕年夜飯，是春節飲食活動的重頭戲，一般都在三十的中午進行，又叫「團圓飯」。普通人家也要炒六個、八個菜，多的有十幾個菜。當然，不是所有的時期都是好年景，新中國成立初期和三年困難時期食物奇缺，即使是過大年，也是由政府配給供應少量的食品。飯菜可能每年都不同，但不變的是家中的親情，不論身處何地，這一天全要回到家中，為的是這頓全家團圓的年夜飯。國家的經濟情況好轉以後，人壽年豐，除夕夜全家老少坐在一起，喝酒品菜，雞、鴨、魚、肉、蛋應有盡有，其樂融融。在遼南，這頓飯必有魚，寓意年年有「餘」。在吉林和黑龍江省，新年筵席也不能離開雞和魚。吃完飯，全家在炕上團團圍坐，開始包新年餃子，擺餃子也有規矩。黑龍江的風俗是餃子要橫豎成行地擺在圓形的「蓋簾」上，不許擺成圓圈。因為擺成圈，意味著日子越過越死；擺成行，則像徵著在新的一年裡財路四通八達。包餃子時還有包硬幣的習俗，如果誰吃到硬幣誰就有福。包完餃子如

果剩下麵，認為將有衣穿，剩下餡，則認為有菜吃，包完的餃子在除夕夜食用。另外，除夕夜還有吃豬蹄的傳統，人們叫它「摟錢耙子」，年夜飯時吃它，寓意新的一年能夠財源廣進，生活富裕。

初一、初三、初五、初六在遼寧都要吃餃子，因為初一是一年伊始，初三為「大日」，初五謂「捏破五」。初六謂「開中大吉」。吉林初一有吃年糕的習俗，年糕即黏糕，年前做好放起來，到時放到簾屜上蒸透，寓意「年年高」。黑龍江在初二要祭財神。吃水餃或餛飩叫「送神餃子」和「元寶湯」。初七為「人日」，這一天要吃麵，取長壽之意。

❷ · 立春

立春意味春天的開始，一般在春節前後人們要吃春餅，啃蘿蔔，俗稱「啃春」。

❸ · 元宵節

元宵節時黑龍江和吉林人都吃元宵，元宵以糯米粉製作，多是煮食，也有用油炸的。遼南的習慣是中午炒上幾個菜，飲酒佐餐。夜幕降臨時，將各種各樣的燈籠掛上，吃元宵過夜。遼東一帶只有少數人吃元宵，多數人家仍吃餃子。

❹ · 二月二

二月二叫「龍抬頭」日，這一天在吉林和黑龍江都要吃豬頭。豬頭的作法多是在煮熟後再用扒法或燜法製成。遼東一帶「二月二」則家家包餃子。遼南多吃薄餅。

❺ · 清明

清明節前後又是「寒食節」，所以舊俗吃冷食、喝冷酒。新中國成立後，黑龍江各地習慣在這一天踏青、野餐，同時，這一天也是掃墓祭祖的日子。在遼南要擺桌上供，祭品為雞、魚、肉，餃子、包子，還要放上酒杯，斟滿酒。祭畢，收供回家，全家共享。遼東地區清明節除包餃子外，還用小米、黃豆磨麵攤煎餅，捲綠豆芽炒粉條吃。

❻．端午節

東北農村對這一節日尤為重視。除包粽子外，一般人家都要準備雞蛋和豬肉。小孩之間多以雞蛋相碰，先破者為輸，輸者立刻要吃掉生雞蛋。黑龍江農村包粽子用大黃米。親友之間以粽子相互饋贈、品嚐。吉林端午節這一天日出之前，人們紛紛到野外采艾蒿，割百步草，用露水洗眼睛，用艾蒿水洗臉。早飯與晚飯吃雞蛋。遼東端午節則家家吃鹹雞蛋，包餃子。遼南地區以糯米、葦葉、馬蓮包粽子，粽子裡有棗、豆沙，也有包肉的。農家此日多煮雞蛋蘸鹽吃；也有的早起去野外采艾蒿和蒲棒草，懸在門上，小孩多戴香草荷包。

❼．入伏

入伏這一天，東北民間一般都吃麵條，叫「伏麵」，也有吃餃子的。

❽．立秋

立秋日習慣吃一些營養價值較高的食物。立秋日黑龍江的習俗是吃雞、鴨、魚、肉，謂「抓秋膘」，忌食瓜果，否則令人消瘦。吉林則稱「搶秋膘」。所謂「搶秋膘」，是說從此日開始，進食滋補食品，這符合「春發、夏枯、秋收、冬藏」的傳統營養觀點。身體瘦弱者還要到較胖壯者的碗裡搶飯吃，謂之「搶膘」。

❾．中秋節

中秋節是東北民間最重視的節日之一，賞月、吃月餅是傳統食俗。遼東的人們一般吃炒菜，包餃子，個別人家也吃月餅。遼南地區除吃月餅和各種水果外，還要備酒和豐盛的飲食。

❿．冬至

冬至這一天「交九」，即開始數九，講究吃餛飩。俗語說，此日吃餛飩可以消寒。

⓫‧臘八

東北「臘八」的食俗與各地一樣，吃臘八粥。因為民間諺語有「臘七臘八，凍掉下巴」之說。認為吃臘八粥可把下巴黏牢，防止凍掉。煮臘八粥的原料為當地所產的雜糧，農家認為臘八粥是禦寒補身、強身健體的冬令補品。人們也在這一天醃漬臘八蒜。吉林和黑龍江也有臘八吃黏飯的習俗，此俗可能與吃臘八粥的習慣有關。

⓬‧臘月二十三

臘月二十三俗稱「小年」，東北舊俗白天忙「掃塵」，晚上以灶糖或糖餅、棗、栗子祭灶，然後吃灶糖。如今普遍吃餃子。

第三節　東北地區的飲食禮俗

一、日常飲食禮俗

東北農村的日常禮俗中保存有濃厚而獨特的區域、民族傳統文化。農家的一日三餐平日都在自家炕上吃。吃飯前，土炕中間擺上飯桌，先用抹布擦拭一遍。全家老少盤腿圍坐在桌子三邊。有老人之家，老人坐在炕裡或炕頭上，小孩坐在老人兩旁或炕裡。個頭小的孩子有坐小凳的，也有雙腿跪著的。兒子、姑娘或媳婦則坐在桌子兩側或炕沿邊上，好隨時上菜飯或給老人、孩子盛飯、撥菜。上菜時，一般先在桌上擺好鹹菜、大醬及可供蘸食的新鮮菜蔬或冷葷，然後盛飯，並端上熱乎乎的熬、燉菜餚。於是，全家開始動筷。這種炕上設桌的就餐形式，適合東北寒冷的氣候特點，對老人、孩子、體弱多病者就餐尤為方便舒適，至今仍大多沿襲不移。

東北人一向以熱情豪爽待客而聞名。如有客人到來，必先敬煙、敬茶，詢問冷暖飢飽。即使沒有煙、茶，也要先給客人斟上一杯開水，以示歡迎。

請客人吃飯時，一定讓客人坐在熱炕頭上，然後炒菜燙酒。酒必須先端上來，菜要求必須雙數，或四個菜，或六個菜，或八個菜，絕不能出現三個菜、五個菜或七個菜的單數。因為在東北人的觀念中，雙數為吉，不走單數。只有招待送葬人的喪葬席才上單數。為討吉利，也有每種菜都上雙份的，如肉兩盤、雞蛋兩盤等。炒菜以豬肉、雞蛋、酸菜、大豆腐、粉條之類為多見。雞、魚這樣的菜，俗稱是「大件」。上菜講究順序，一般是先涼後熱，先大件，後一般的菜，先溜炒後煎炸，先鹹後淡，先菜後湯，先白酒後啤酒，或同時上各種酒，任客人選用。最後一道菜嚴禁上丸子。人們認為，最後上丸子有「滾蛋」之意，故忌諱。吃飯時，主人會頻頻向客人敬酒、勸酒，夾菜添飯。飯後，主人必再次向客人點煙、獻茶。客人要走時，主人必再三挽留，並說「招待不周」或「下次再來串門」之類的客氣話。

二、婚姻飲食禮俗

東北的婚姻飲食禮儀內容很多，一般場面很大。一戶結婚，往往大擺宴席，村民都去喝喜酒，親朋也趕來祝賀。

結婚的當天早上，新郎在親友們的簇擁下去接新娘。新娘家要擺四碟糕點、糖果招待新親客人。新郎和男女儐相都要吃上幾塊糕點和糖果，寓意今後生活甜甜蜜蜜。這時，新郎家要帶一塊豬肉給女方家，叫「離娘肉」。婚禮的儀式在新郎家舉行，典禮一般都在院子裡進行，院裡擺一張桌子，上面放幾碟煙和糖。典禮完畢後，糖由孩子們搶食，新娘和新郎則入洞房，此時會有人端來「子孫餃子」，這種餃子是用純豬肉作餡包成的，寓意夫婦日後子孫滿堂。

隨後進行婚宴，傳統的婚宴一般是「四四席」，即四冷葷、四大件、四溜炒、四燴碗。菜餚品種多，數量足，豐盛實惠。口味以鹹鮮為主，配以甜、甜酸、麻、辣、酸辣等地方風味。農村婚宴喜歡飲烈性白酒。酒至高潮時，喜用大碗斟酒，頗顯關東人的豪放風格。

婚宴中的「四冷葷」有乾、水之分，一般要上「兩乾兩水」。「乾拼冷葷」是用

含水量較少的動物性原料經熟製而拼成的。如醬雞、醬鴨、燻雞、滷肝、醬口條、醬牛肉、醬肘子、灌小腸、臘腸、粉腸、松花蛋等。「水拼冷葷」係用含水量充足的植物性原料製成，多用燴、炒等烹調方法。婚宴中的「四大件」中必有整雞、整魚。整雞，常見的有紅扒雞、香酥雞、清蒸雞及酥爛脫骨雞等。整魚多用鯉、鰱、草等有鱗魚，無鱗的不上席。烹製方法多紅燜、紅燒、清蒸、清燉。此外，還可從「全家福」、四喜丸子、扒肘子、紅燜肉、扣肉等菜餚中任選兩件相配。四大件是婚宴主菜，質與量都很突出。婚宴中的「四溜炒」多隨季節時鮮安排。甜菜常見的有掛漿黃菜、掛漿白蜜、掛漿蘋果、冰什錦、燴群鮮等。農村至今還保留著傳統的燴碗菜，婚宴上要上「四碗燴」，即豐湯乾菜的菜餚，較高級的有燴三樣、燴子貝、燜田雞油、燴蟹肉等，一般的則是燴丸子、燴下水、燴豆腐等。婚宴菜餚必須是偶數，成雙成對，以示吉祥。一般為16道菜或18道菜。喜宴開始後，多要派人給新娘的娘家送一桌酒席，稱為「回席」。婚宴席間，新娘、新郎頻頻向客人敬酒，客人酒足飯飽之後還要獻茶。

遼寧東部地區還有飲「交杯酒」和「吃合喜麵」的儀式。日落前，新娘要出門看日光，稱「看日頭紅」。入夜，新郎新娘入洞房要飲交杯酒。新郎給新娘揭蓋頭，坐在新娘左邊。娶親人拿一杯酒，讓新郎抿一抿；送親人也拿一杯酒讓新娘抿一抿。然後雙方酒杯交換，讓新郎新娘再抿一口杯中酒。這儀式稱飲「交杯酒」。「吃合喜麵」是在飲過交杯酒之後，新郎、新娘要吃合喜麵（長壽麵）。吃時，新郎、新娘雙雙盤腿坐在炕上。其中張羅喜房的人將麵條盛在子孫碗裡，再用筷子餵著新郎、新娘吃。新郎、新娘僅象徵性地吃一點。

在農村姑娘出嫁以後即屬於外家的人，回來就是客，如果和姑爺一起回來，娘家一般都要招待一番。每年正月初三，不論是新婚夫婦還是結婚多年的夫婦，都要回娘家給娘家老人拜年，這時娘家要用最好的吃喝款待女兒、姑爺、外孫、外孫女。

三、少數民族的敬祖飲食禮俗

敬祖是中國傳統文化的重要部分，也是中華民族優秀的飲食文化傳統。東北地區的一些少數民族在日常飲食中表現出許多敬祖祭祖的禮儀規範。比如在殺豬以後，煮熟的豬肉先要上供祖宗，然後才能食用。春節時要做祭祖饅頭，饅頭要蒸得又白又暄，認為用不暄的饅頭上供不吉利。祭祖的小饅頭用15個，分3摞，每摞5個，3個打底，另兩個一仰一合摞在上面。另外烹製四樣菜，一般都有大塊肉、整雞、整魚和做好的粉條，雞表示吉利，魚表示富裕，粉條表示長壽。

滿族祭祖先和神靈時，要吃「背燈肉」（分食祭肉）、「小肉飯」和「大肉飯」。祭祖時要殺豬，用豬頭供祭，並請親友共同飲宴。而且，滿族祭祀祖先時還要請薩滿來跳神。

鄂倫春人崇拜神靈，崇拜祖先，對神靈和祖先都要祭祀。每年春天或每隔兩三年要祭祀諸神一次，也要請薩滿跳神。氏族薩滿祭祖祭神時，氏族的成員必須參加，並且各自要帶來獸肉或飛禽肉作為祭品。薩滿請來神時要喝酒，有時還要喝飛禽的血，然後大家共餐祭充的祭品。

赫哲族祭拜祖先時，以鮮魚、豬肉或麋鹿肉作祭品，先割下一塊肉擲到地上表示祭祀祖先，然後人們將供品分享。赫哲人也有以酒祭祖的習俗，如用筷子蘸酒（有的用手指）往空中或地下點三點，表示向祖先祭祀，然後再飲。鄂溫克族飲酒時同樣也有這種禮儀。

第十一章　改革開放帶來東北
飲食文化的大發展

改革開放以後，東北社會發生了翻天覆地的變化。經濟生產快速發展，東北人民的飲食生活日新月異，傳統的食品和菜品都有了新的突破。民間的飲食風俗、飲食觀念出現新的特徵。與此同時，東北飲食迅速走向全國，與國外諸多地域的飲食文化交流不斷，使東北飲食文化內容不斷豐富，呈現出多元化發展的新格局，彰顯了東北飲食文化的特殊魅力。

第一節　農牧漁業的大發展

一九七八年黨的十一屆三中全會以來，中國進行了經濟體制改革，首先從農村突破，全國農村普遍實行了家庭聯產承包責任制，發展多種經營，興辦第二、三產業。與此同時，國家實行農副產品的多次提價、農村市場全面開放等措施，都極大地調動了農民生產的積極性，使東北地區的農業生產取得了長足的進步，農產品也變得豐富多彩了起來。

一、農牧漁業經濟的重大發展

❶ · 農業畜牧業

改革開放以後，東北地區的糧食種植面積、糧食產量、蔬菜供應以及畜產品的生產都有了巨大的發展。

糧食生產方面，據統計一九九七年遼寧省人均的糧食占有量就已達387公斤，比改革開放前的一九七八年人均占有糧食多了100多公斤。吉林省糧食總產量由年產不足1000萬噸上升到2250萬噸水平，糧食商品率、人均占有量、糧食調出量一直居全國首位。黑龍江省一九八〇年至二〇〇二年的23年間，糧食總產量由一九八〇年的1462.4萬噸，增加到二〇〇二年的2941.2萬噸。在東北三省的主要作物中，玉米

和大豆的產量分別占全國的32.7%和39.1%，而吉林玉米的出口量居全國之首。全國糧食生產大縣前十名中的九個縣均分布在東北地區，吉林、黑龍江兩省的人均糧食占有量分別居全國的前兩位。區際糧食商品率高達55%以上，每年向國家提供商品糧豆，占全國商品糧總數的1/3左右。

在經濟作物生產方面，東北各地注意發展特色種植，種植新、奇、特類蔬菜，發展特產業，建成了一批具有相當規模的名、特、優、稀、新的物產品生產基地以及果樹生產基地，主要種植野生類的山梨、核桃、山裡紅、獼猴桃、野草莓等。這種種植業結構的調整，既增加了農民的收入，同時也大大豐富了食品原料市場。

蔬菜產量持續增長。黑龍江省在一九八四年，全省蔬菜種植面積及產量就已經創歷史最高水平。東北地區的蔬菜產量之所以迅速增長，是由於一九八三年後實行包產到戶調動了菜農的生產積極性。同時，各地還積極加強了菜田基本建設，並積極推廣塑料棚室、地膜覆蓋等蔬菜生產技術。消除了東北地區春季蔬菜、水果「青黃不接」的現象。

畜牧業方面，東北地區在改革開放以後依靠優越的地理優勢，使畜牧業也得到迅速發展，畜產品總量、商品率成倍增長。黑龍江省的奶牛飼養量、鮮奶、乳製品在全國獨占鰲頭。到一九九八年，黑龍江省人均占有肉類量就已經達到37.8千克、奶類38.3千克、蛋類18.9千克，已經達到世界發達國家的水平。吉林省的畜牧業也已成為全省農村經濟的支柱產業並向主導主業邁進。遼寧全省人均占有的肉、蛋、奶量均高於全國平均水平。

❷·漁業、交通運輸業

漁業和水產業方面。東北地區海岸線綿長，有廣闊的灘塗，眾多的內陸水面，是發展漁業和水產業的基礎。遼寧省是東北重要的漁業基地，到了一九九七年全省水產品數量就已經是一九七八年的6.1倍。黑龍江省的漁業也得到了迅速發展，據有關資料統計：一九九八年黑龍江省的養魚面積就已達34萬公頃，是一九五二年的47倍，是一九七八年的4倍；水產品產量是一九四九年的20倍，是一九七八年的16倍。

交通運輸的改善，使東北地區的各業發展如虎添翼。改革開放以後，鐵路的五次大提速，使東北地區的內外聯繫更加方便和快捷，遼寧的水果十小時之內即可運到哈爾濱，山東壽光的蔬菜運到黑龍江也就十幾個小時。同時，東北地區大批高速公路的修建，城鄉道路交通網的改造，使東北各區域之間的食品供應異常快捷、充足，這不僅豐富了東北城鄉居民的飲食品種，也拉動了東北地區的食品經濟。

❸·極為豐富的各類食品

改革開放以後東北地區的食品不僅供應充足，而且種類繁多。從食品的構成成分來看，有以下二十餘類：糧油類、糕餅麵包、果脯蜜餞、肉類、水產、調味品、食品添加劑、乳製品、豆製品、蔬菜水果、冷凍食品、零食類、方便食品、休閒食品、保健食品、發酵食品、天然有機食品、乾果類、蛋製類、罐頭食品、飲料等。其中約有一半為新增食品種類。從食品的出售狀態來看，可以分成以下幾大類：「原狀食品」，即沒有經過任何加工處理的食品，如直接購買的生肉、沒有清洗過的蔬菜；「淨菜食品」，即經過處理洗淨的食品，如用塑料薄膜包裝的各種洗淨後的蔬菜；「成品」，即可以馬上食用的食品，如盒飯、拌菜、各種主食；「半成品」，即經過初加工後的食品，如切好的、煨好的或過油的食品；「熟食品」，即醬製、燻製、醃製的可長期保存的直接食用的食品。此外，從方便程度來劃分，還可以將食品分為「原生食品」「速凍食品」「方便食品」「快餐食品」等。

綜上所述，可以見到在改革開放之後，東北地區的食品供應已經從計劃經濟時代的配給制轉向全面開放，人們選擇食物的範圍逐步擴大，從溫飽型轉向健康飲食型。

二、綠色農業的發展與綠色食品基地的建設

綠色農業與綠色食品基地的出現是改革開放以後經濟發展的重要成果，它反映了社會的進步和人們生活水平的提高，這種新的經濟環境使人們的消費觀念、消費結構、消費質量都發生了很大的變化。追求自然飲食、追求健康飲食成為現代人的飲食消費理念。面對新的市場需求，東北地區加快發展質量效益型綠色農業，出現了農業生產的新特色。

東北地區有發展綠色農業的優越條件。東北的三江平原、松嫩平原、遼河平原都是一馬平川黑油油的土地，土壤肥沃，土層深厚，耕地平坦。長白山、大小興安嶺是東北亞地區的天然屏障，具有巨大的經濟價值和生態價值。這些為東北地區發展綠色農業提供了良好的基礎條件。國家已批准吉林省和黑龍江省為我國生態試點省。此後東北各省均已分別建起了一批綠色食品生產基地，同時打造了一批綠色食品名牌。一九九〇年，農業部推出綠色食品工程，經過多年的發展，黑龍江省已成為全國綠色食品生產發展最快的省份，湧現出一批國家級綠色食品加工基地、綠色食品加工企業，綠色食品生產監測面積不斷擴大。

綠色食品基地以及綠色產品的出現，符合現代人們追求健康的飲食理念，從根本上改變了過去東北地區飲食高蛋白、高脂肪的傳統飲食結構。

第二節　百姓飲食生活的巨大變化

在改革開放以後至今的三十多年裡，隨著東北農業經濟的繁榮發展、產業結構的不斷調整、交通運輸業的日益便捷，以及各區域飲食文化的相互交流，使東北地區百姓的飲食生活也都隨之發生了許多變化，其變化速度超過了以往任何一個歷史時期。

一、家庭日常飲食生活的變化

❶ · 廚房普遍電器化

改革開放後，東北地區居民的經濟收入和生活水平方面大大提高，居住環境得到了改善。各家都有了面積不小的專用廚房。在城市，人們注重廚房的功能設計，普遍配置有抽油煙機、電冰箱、微波爐、電飯鍋、爐臺等電器，實現了電器化、系列化，操作省時、方便、快捷。同時也注意安全和清潔衛生，將水管、煤氣管道等管線埋入牆內，並在牆面、地面鋪以瓷磚，潔淨美觀。不少家庭還添加了電餅鐺、攪拌機、榨汁機、熱水器等新型炊具。為與廚房配套，餐廳的桌椅往往也成套購買。在農村，以往「鍋臺連著炕」的佈局已經改變，出於衛生考慮，一般都將廚房放到房間的內後側，空間設計更加巧妙。農村家庭的廚房裝飾雖然無法與城市相比，但是，灶臺和地面也都鋪上了瓷磚，普遍使用電飯鍋、電水壺、電冰箱等電器。煤氣罐在東北農村被廣泛使用，不僅節省了燒柴，也改變了衛生狀況。

❷ · 「主食不主，副食不副」

改革開放以前，由於東北地區食物匱乏，餐桌上主食多以高產的粗糧為主，用玉米、高粱填飽肚子，是名副其實的「主食」。副食的種類十分單調，多數情況下只是一個菜，最多再加些鹹菜，沒有太多的副食可供。改革開放以後，這種主食與副食的結構發生了很大變化，出現了「主食不主、副食不副」的飲食特點，大量的副食擺上餐桌，成為每餐的主要食品，相對來說，「主食」倒退而居其次了。副食中不僅有新鮮的地產菜，有各地的時令蔬菜，甚至是進口蔬菜，還有豐富的肉禽蛋類。

日本著名飲食文化學者石毛直道先生在其《飲食文明論》一書中指出：「就世界範圍來看，不難發現，一旦某一國家的生活水平提高，那裡人們食物結構中穀物的比例就會減少，相應的則是以肉為主的動物性蛋白質食品比重的提高。當然，後者的提高是存在著一個合理的度的」。副食雖然在東北地區飲食習慣中占有越來越

重要的地位，但並不意味著主食品種的萎縮，相反，更加促進了主食的花樣翻新，僅饅頭就有白麵饅頭、黑麵饅頭、兩合麵饅頭、棗饅頭等，主食製作形式也更加多變，如有蒸、炸、烤、烙等。

❸·菜式的「粗、多、大」轉向「細、少、精」

盛菜的器皿大、數量多、製作粗是以往東北菜的突出特點。東北地區由於無霜期短，農作物種植時間有限，因此蔬菜種類匱乏是一個難以迴避的問題，只有加大菜量才能解決用餐時副食不足的問題。家庭用餐盛菜的盤子直徑一般都在六吋左右，飯店多數為七吋。隨著食品種類的豐富和市場貨源的充足，使得家庭餐桌上的菜品種類大大增加，於是家庭中盛菜的器皿開始變小，每盤的菜量開始減少，菜品質量變精，體現了家庭餐飲質量的大幅度提升。

❹·「燉菜」已不是主要形式，鹹菜退位

烹製過程簡單也是以往東北菜的一個特點，由於冬季漫長，氣候寒冷，因此菜餚製作主要以燉菜為主，以利驅寒；同時，東北人多把做飯的餘熱用於取暖，所以東北地區的鍋灶多與室內的取暖設施相連。冬季耗時較長的燉菜兼有取暖的功效，因此燉菜成為東北菜的主要烹飪方式。隨著生活條件的改變，冬季取暖設施的齊全，食品原料的豐富，燉菜已不再是東北地區的主要烹製形式了。同樣，由於新鮮蔬菜的豐富，鹹菜在東北餐桌上的地位也發生了變化，不再是必不可少的、用於下飯的「菜品」，而漸漸離我們遠去。

❺·家庭炊事社會化

食品供應充足以後，人們可以在商店裡買到幾乎任何想吃的主食，而且食用非常方便，即使是大米也有免淘洗的，許多家庭都有電腦型電飯煲，大大節省了用於製作主食的時間，使得家庭炊事勞動大幅度社會化。商店裡的副食已經半成品化，甚至成品化，那些洗淨切好的蔬菜、配菜、肉類、速凍食品，以及一些熟食，使主婦們回到家中只需很短的時間就能完成一桌比較豐盛的美餐。另外，城市家庭廚房

內儲備米、麵的現象越來越少，一方面是由於家庭人口的減少和經常在外就餐，另一方面是由於主食製作的社會化，購買極其方便，因此不必過多儲糧。

二、家庭用餐習慣的變化

❶·兩餐改三餐

長期以來東北地區的居民遇有週末或節假休息日都是每天只吃兩頓飯，即上午一頓、下午一頓，上午一般在9：30-10：30之間，下午一般在3：30-4：30之間。這種習俗的形成大概緣於歷史上東北地區物質生活的匱乏，糧菜不足。休息日的工作量與活動量相對減少，減少一餐飯，就是一種節約。長此以往便成了習俗。改革開放以後，人們的生活水平大幅度提高，不少家庭改為三餐制。即使有人仍是日進兩餐，也已經不是出於節約糧菜的原因，而是基於「減肥」健康、節約時間的考慮了。

如今的三餐制在東北地區占主導地位，但也有了一些變化。比如說早餐，過去東北人習慣早起就炒菜，把早餐當正餐吃，如今十分注意稀乾、營養搭配，開始食用麵包、牛奶、豆漿、雞蛋、果醬、果汁等。

午餐歷來被認為是正餐，但隨著人們工作節奏的加快、休息時間的縮短，一些工薪家庭在外就餐的人越來越多，許多家庭中午不做飯已經成為普遍現象。

晚餐是三餐中用時最多的，大部分時間被做菜所占用，晚餐中的主副食都比較豐富，菜品種類多，質量也比較高。

❷·以工薪族為主體的大眾外食族形成

由於生活水平的提高，東北地區城市居民中的購買力也大大增強，並形成了以「工薪族」為主體的外食大眾群體，而且這一趨勢正在不斷髮展壯大。這一現象的出現除了與生活節奏的加快需要節約時間以外，也有社會交往的需求，在外就餐可以在享受美味佳餚、體驗良好就餐環境的同時，還可以擴大交往視野，是交友、懇

談、緩解工作壓力的一種途徑。

❸‧全家外出就餐

改革開放以後，東北地區的飯店、餐廳、快餐店重新興起。為家外就餐提供了方便的場所。過去由於受到經濟條件的限制，極少有人在外就餐，認為這是不必要的浪費，吃不起。而如今，許多家庭也經常在外就餐，一方面從家務中求得解脫，另一方面也是為了變換就餐環境、活躍家庭氣氛、加強家庭成員之間的溝通。

三、飲食健康理念的加強

隨著飲食生活水平的提高，人們在選擇就餐地點時，更青睞於一些以經營綠色食品、無公害食品為主的飯店。有些飯店不僅果蔬新鮮、衛生、無污染，而且環境怡人，空氣清新；有的店裡種養了各種熱帶、亞熱帶植物，目及所至，使人倍覺心情舒暢、食慾大增。一些地區還出現了更為時尚的作法——餐桌擺進了蔬菜大棚。讓顧客自己動手，想吃什麼菜隨時採摘，這種餐廳的最大特點是不分季節，廳內綠意盎然，小橋流水。棚裡種有多種熱帶植物、特色蔬菜，養殖有活魚活蝦，每個餐桌都與菜地、魚池相鄰，食客們可以穿梭在「田間地壟」尋找自己喜歡吃的蔬菜，把摘下的蔬菜送到餐廳服務員手裡，是炒是涮，悉聽顧客尊便。這裡所有的蔬菜、畜禽均採用安全、無公害方式生產及養殖，從源頭上保證了食品的綠色新鮮，由此贏得了大批的食客。因為他們認為這裡既有情調，又讓都市人享受了田園的樂趣，滿足了人們回歸自然、融入自然的需要。

第三節　改革開放帶來的食俗變遷

既往東北地區的飲食風俗更多地表現為對傳統飲食風俗的沿襲，而改革開放

後，這種沿襲已經發展為變遷。這種變遷從整體上看，是與全國飲食時尚具有同步性的。從根本上來看，還是改革開放以後人們物質生活的改善促進了人們飲食思想觀念的變化，從而帶來了風俗的變遷。

一、東北地區飲食的新時尚

❶ · 年夜飯的新方式

東北地區和全國一樣，對「年夜飯」歷來都極為重視。「年夜飯」在傳統食俗中是一年之中家庭飯局的壓軸戲，是全家團圓、親人團聚的最重要的節日。

各個家庭到了年底都異常忙碌，殺雞、宰鴨，買肉、買魚，葷的、素的無所不購。到做飯時，更是男女老少齊上陣，從買到做到洗碗，忙得不亦樂乎。

如今的年夜飯習俗悄然發生了變化。這種變化在城市最為明顯，人們為了擺脫勞累和廚藝的不足，過年時開始採集半成品來做，不但節省了時間，而且也不失下廚的樂趣；也有一些家庭則是請廚師上門，既不勞累，還能保證飯菜的精美；還有相當一部分家庭則將年夜飯預定在飯店，不但省去了勞累，品嚐到美食，還能享受周到的服務。近幾年來，在飯店吃年夜飯越來越成為東北人的時尚。據稱在瀋陽市，除夕做個「甩手掌櫃」，出門去餐館吃年夜飯，已成了相當一部分瀋陽市民的選擇。

過年期間，還有被稱之為「另類」的年夜飯，即特地選擇「洋餐館」來進行舊年全家的最後一頓聚餐。還有的家庭全部採用無污染的綠色蔬菜烹製年夜飯等。近年來在酒店吃年夜飯的人數迅速增長，經常出現酒店預訂爆滿，還有的顧客在飯店從大年三十一直吃到大年初四。也出現了預訂越來越早的情況。統計下來，約有六成居民選擇在家裡吃，三成居民去飯店。價位從一千到數千元一桌不等。

從年夜飯的變化中，我們能看到改革開放以後東北地區人們飲食水平的提高，飲食習俗的進步。無論怎樣變，年夜飯習俗沒有變，人們在問候、祝福聲中，在杯

觥交錯的家宴上，全家人共度歲末的美好時光。

❷ · 酸菜缸：正在成為居民家的「古董」

隨著「翠花，上酸菜！」這句網絡歌詞的廣泛流行，東北酸菜這道傳統菜餚在全國大小飯店、家庭餐桌迅速走紅，也使得越來越多的人開始認識東北的酸菜。酸菜是用酸漬法保存的一種蔬菜，能健脾、消炎、開胃、爽口。因為東北氣候寒冷，每到冬季蔬菜極少，且不易保存，所以酸菜就成為了家家戶戶的「冬儲菜」、看家菜。酸菜可燉、可炒，也可涼拌、做餡、做湯。它伴隨著東北人度過了漫長的年代，有人甚至說，離開了酸菜，就不算是東北人了。在東北，人口多的家庭往往要醃很多缸酸菜，一直吃到第二年春天。因此，家家備有諸多的大缸小壇。然而，近些年來，醃酸菜這一飲食習俗卻在發生著變化，在一些家庭，特別是城市家庭，酸菜缸正在漸漸地被遺忘。

東北百姓拋棄了酸菜缸，始於改革開放以後，這一時期東北地區經濟迅速發展，蔬菜溫室大棚和覆膜技術的推廣以及交通的便捷，使得東北地區冬季缺少蔬菜的狀況不斷緩解。許多城市冬季蔬菜供應已經十分充足，只要想吃隨時隨地都能買到，因此東北居民冬天不再依賴酸菜。《哈爾濱日報》曾報導：走進哈市的各大菜市場，人們不難發現，各色時令蔬菜應有盡有。有從國外來的美國番茄、以色列茄子、日本的大速生菜，有從國內遠道而來的海南聖女小柿子、山東壽光豆角等……各種蔬菜一年四季擺滿了櫃檯。而且人們已不是簡單地要吃些新鮮青菜了，重要的是要選擇「無公害」的蔬菜，講究吃出「健康」來。據蔬菜部門介紹，哈爾濱市「菜籃子」品種已從過去的老三樣增加到了50多個品種，人均蔬菜占有量已達200餘公斤。同時政府加大了無公害蔬菜的種植面積，設立了綠色專櫃；同時也加大窖儲冬菜的力度，滿足了居民冬季對蔬菜的需求。現在的哈爾濱市市民已不像以往，冬天還沒到就忙著儲秋菜。所以，人們不用再被動地食用酸菜，自然酸菜缸就成了「古董」。

即使是有些家庭仍然喜歡吃酸菜，但也告別了酸菜缸。當今的酸菜生產已經全

部工業化，一些名品酸菜不斷上市，在酸菜加工廠裡，一筐筐精選出來的白菜通過現代化的洗燙設備，以及科學衛生的發酵過程，再經過加工、密封、裝袋，這一袋袋酸菜就被運往各大市場供顧客選購，極為方便。

❸·「洋節」飲食的時興

改革開放以後，國內越來越多的人開始熱衷於「洋節」，像聖誕節、情人節之類。這種過「洋節」和由此催生的「洋節」飲食之風在東北地區很是時興。

據《瀋陽晚報》報導，二〇〇二年僅平安夜一天，瀋陽市的餐飲收益就達6000萬元，翌年平安夜達到7000萬元。由於聖誕夜聚會的人特別多，沈城一些五星級酒店紛紛舉辦聖誕晚宴招徠客源。一些小型洋快餐店也在聖誕這天作足了生意，紛紛在24日夜晚延長營業時間，晚間顧客量幾乎達到平時的八九倍。在素稱中西文化合璧的哈爾濱，聖誕飲食之風更盛。哈爾濱紅博世紀廣場華旗酒店曾出現各界千餘人共品中、西餐與紅酒的火爆場面。「洋節」飲食之風盛行，豐富了人們的日常生活。

❹·粗糧成為美食

改革開放以後人們的日常主食逐步細糧化，大米、白麵成為餐桌上的基本主食。但心血管病、糖尿病、肥胖症等「都市文明病」也伴隨而來。於是，人們又將粗雜糧請回了餐桌，以降低生病的風險，反映了東北地區人民對健康飲食的追求。

東北地區是玉米、小米、高粱、豆類等粗糧的主要產區。因為粗糧生長時極少使用農藥、化肥，這些農作物就成了具有特殊食療食補作用的天然綠色食品。

如今，東北的大街小巷經常能看到窩頭、發糕、大碴粥等粗糧食品，購買者接踵而至。在飯店裡，東北的粗糧食品亦受歡迎。為了避免單純吃粗糧的負效應，粗糧細作在東北地區非常普遍，比如，用粗細糧混合製作金銀花捲、雜合麵條、雜合麵煎餅、雜合麵發糕、栗子麵饅頭、小米麵饅頭等；還有很多乾稀搭配的科學方法，如油條配豆漿，饅頭、花捲配玉米粥，或小豆、小米粥、窩頭、發糕配麵湯或大米粥等。

二、飲食觀念的發展和變化

❶ · 追求綠色安全的食品

二十世紀八〇年代以來，隨著工業的迅速發展和城鎮的不斷擴大，全國三廢污染日趨嚴重，農藥、化肥、農膜、有機廢棄物、糞便污染等也在加劇。環境污染問題已成為當今社會的一大公害，同時也帶來了食品安全問題。各種有害物質通過食物鏈進入人體後，殘留量已遠遠超過了人體能夠承受的限度，從而引發了各種疾病。於是無污染又有益於人體健康的食品——綠色食品便成了當今時代人們的選擇。因而東北地區素有的吃純天然食品之風便更加熾熱。

當今，綠色食品在東北的食品超市中隨處可見。綠色食品的準確概念是「安全、營養、無公害食品」。它是指經過質量檢測部門和環境檢測部門按照部頒標準嚴格檢測合格後，再由「國家綠色食品發展中心」發給綠色食品標誌的健康食品。

目前，東北三省已經成為全國的綠色食品基地。食用綠色食品也越來越成為東北地區人們的飲食追求。

❷ · 素食的回歸

近年來在東北一些大城市裡，市民中高血脂、高血壓、高血糖、冠心病等城市富裕病漸多。多由營養過剩、缺少運動等不良生活方式引起。由於受到「三高」飲食帶來的健康問題的困擾，「飲食回歸自然」在東北地區成為一種新的飲食觀念。「食素」，正是這種新食風的體現。提倡素食並非單純的食素，而是盡量少吃葷、多吃素，保持多種營養成分的平衡，堅持營養的「三低一高」（低鹽、低糖、低脂肪、高蛋白）。在這種觀念的影響下，催生出很多素食的新吃法，如營養專家倡導吃燕麥、玉米、蔥蒜、山藥、紅棗、地瓜、蘋果、芹菜、山楂九道素食刮刮腸油。有的糕點廠家推出了素食糕點，有的大型酒店、餐廳引進了素菜。但是由於歷史上東北飲食結構中肉食占據了主要位置，其菜餚素來以汁濃味厚為主要特點，因此，以清淡素食為主的飲食方式還很難一時普遍被口味濃重的東北人所接受。然而，今天很

多東北人逐漸意識到了膳食與健康的密切關係，開始有意識地調整膳食結構，注意葷素搭配，口味清淡，營養平衡，青菜、素菜也開始大量出現在家庭餐桌和飯店的宴席上。這種口味上的變化，反映出東北地區居民飲食觀念上的轉變。

❸ · 注重食療保健品

中國自古以來就講究「醫食同源」，先民們總結出有非常多的食品具有食療保健作用。隨著人們的生活水平的不斷提高，飲食也由「溫飽型」向「保健養生型」轉變，在吃飽的同時，也注重食品的個性化和保健功能。我國保健食品的主要功能集中在免疫調節、調節血脂和抗疲勞三項，約占總數的60％左右。

東北地區野生保健食品豐富，有蜂蜜、人參、鹿茸、熊膽、雪蛤油、天麻、刺五加、枸杞、靈芝、不老草等。上述食品很多被引入釀酒業製成了保健酒，如人參酒、熊膽酒、刺五加酒、枸杞酒。有的還被製成了飲品，如人參蜂王漿、雪蛤油等；以保健食品為原料的藥膳在東北的許多飯店也十分紅火，像東北藥膳滋補火鍋等。保健食品的出現，反映了改革開放以後東北人追求健康飲食的新理念。

第四節　傳統食文化的推陳出新

一、東北地區的傳統食品

富饒的黑土地孕育了東北豐厚的物產，勤勞智慧的東北人民將其妙手點染成美食，世代因因相襲，形成了一大批膾炙人口的名牌傳統食品，它們與白山黑水共齊名。

遼寧的傳統精美食品主要有溝幫子燒雞（燻雞）、老山記海城餡餅、老邊餃子、馬家燒賣和楊家吊爐餅等；吉林主要是李連貴燻肉大餅；黑龍江的傳統美食有哈爾濱紅腸、列巴、秋林酒心糖、松仁小肚，正陽樓的風乾口條、風乾香腸和燻雞、老鼎豐糕點等，這些本地的飲食名品在改革開放以後都再次煥發生機。

❶ · 溝幫子燒雞（燻雞）

「溝幫子燒雞」「溝幫子燻雞」已有近百年歷史。創始人劉世忠原籍安徽，以賣燻雞為業。光緒二十五年（西元1899年）遷至溝幫子（今遼寧北鎮市）落戶，在當地老中醫的提示下，改進了操作工藝和香料配方，質量顯著提高，「燻雞劉」之名遂傳遍遼西。到一九二七年，當地加工燻雞店鋪增加到十多家。到一九五二年實行聯營，統稱「溝幫子聯合雞鋪」，使溝幫子燻雞遍及東北。

❷ · 老山記海城餡餅

「老山記海城餡餅」是瀋陽市傳統風味小吃，由毛青山於一九二〇年在遼寧省海城縣城（現海城市）創製，一九三九年遷店至瀋陽經營。這種餡餅用溫水和麵，選豬、牛肉配成鴛鴦餡，以十餘種香料煮汁煨餡，選時令蔬菜調餡，葷素相配。用魚翅、海參、大蝦、干貝、雞脯調餡的高檔品種更為鮮美。烙熟的餡餅形圓面黃，鮮香可口，以蒜泥、辣椒油、芥末糊蘸食最好。

❸ · 老邊餃子

「老邊餃子」是馳名中外的瀋陽特殊風味食品，它歷史悠久，從創製到現在已有160多年歷史。清道光八年（西元1828年），河北河間府任邱縣邊家莊，有位叫邊福的人來瀋陽謀生，在小津橋搭上馬架房，立號「邊家餃子館」。雖然門面簡陋，但由於精心製作，風味獨特，並以水煸餡蒸餃聞名遐邇。邊家餃子因為肉餡是煸過的，所以叫煸餡餃子。又由於主人姓邊，所以人們都習慣稱之為老邊家餃子。「老邊餃子」先後在瀋陽開三家分號，由邊氏後裔——邊躍、邊義、邊霖弟兄三人分別經營。由於業務不斷發展，今天的老邊餃子已發展成為一個設備完善、分工精細的專業餃子館。老邊餃子之所以久負盛名，主要是選料講究，製作精細，造型別緻，口味鮮醇，它的獨到之處是調餡和製皮。

❹ · 馬家燒賣

「馬家燒賣」是瀋陽地區特殊風味的回民小吃。清嘉慶元年（西元1796年）由馬

春開創，至今已有200多年的歷史。當時沒有門市，只是以手推獨輪車來往於熱鬧街市，邊做邊賣。由於馬家燒賣選料嚴格，製作精細，口味好，造型美觀，所以深受群眾歡迎。清道光八年（西元1828年），由馬春之子馬廣元在小西門攔馬牆外開設了兩間簡陋的門市，立號「馬家燒賣館」，此後營業繁忙，遠近聞名。後幾經變遷，一九六一年才最後坐落在小北門裡，即現在的馬家燒賣館，由馬氏後裔第五代的馬繼廷擔任技術指導。馬家燒賣的獨到之處是：用開水燙麵，柔軟筋道，用大米粉做補麵，鬆散不黏，選用牛的三叉、紫蓋、腰窩油等三個部位做餡，鮮嫩醇香。

❺ · 楊家吊爐餅

「楊家吊爐餅」選料精良，製作精細，品式獨特，別具一格。這一傳統風味是一九一三年由河北人楊玉田來到吉林洮南創製，當時立號為「楊餅」。由於楊家大餅店生意興隆，經營不斷擴大，於一九五〇年來沈。為了改進單一的經營品種，又增添了帶雞絲花帽的雞蛋糕。從此，楊家吊爐餅、雞蛋糕揚名於東北各地。楊家吊爐餅的獨到之處是：用溫水和麵，水的溫度和用鹽量隨著季節變化而增減。餅胚擀好後，上炭爐烤製，上烤下烙，全透出爐。成品形圓面平，呈虎皮色，層次分明，外焦裡嫩，清香可口。雞蛋糕，用肉末、鮮蘑、木耳、海米烹製，添湯勾芡，澆於雞蛋糕上，呈花帽形，然後將雞肉撕成細絲置於上端，吃餅佐之，別有風味。鹵鮮糕嫩，清香醇厚，再佐以辣椒油、蒜泥食用，更是錦上添花，風味獨特。

❻ · 李連貴燻肉大餅

「李連貴燻肉大餅」不僅在東北地區有名氣，就是在關內、海外也都有名。一八四二年，李連貴的父親李盛在吉林梨樹縣開了一個熟肉下貨店，字號叫「興盛厚」。傳到李連貴手裡，遷到四平市，增加了幾味煮肉的中藥，改進了大餅的投料，不久李連貴燻肉大餅出了名。「興盛厚」的字號反而漸漸不為人所知了，後來乾脆掛出了「李連貴燻肉大餅店」的招牌。李連貴燻肉、大餅的加工技術一直嚴守祕密，祖孫數代全都幹這一行，從不僱用外人。一九五七年公私合營後才把加工技術公開出來。現在東北各地和全國某些大城市幾乎都有李連貴燻肉大餅店，而正宗

的只有瀋陽、四平兩家，分別由李連貴的嫡孫李春生和他的一個侄兒主持。

❼ · 正陽樓的風乾香腸、風乾口條、燻雞、松仁小肚

哈爾濱「正陽樓」肉製品廠生產的風乾香腸，在北方肉腸中被譽為上乘佳品，已有70多年歷史。「風乾香腸」選用新鮮瘦肉，加有砂仁、桂皮、荳蔻等作料，藥香郁口，饒有中式風味，被國家商業部評為優質產品。「風乾口條」相傳已有150多年歷史，其特點是不軟不硬，鹹淡適口，越吃越起香，滋味深長。京字牌「松仁小肚」也是哈爾濱正陽樓風味獨特的肉類製品。主要以松仁的清香提味，切開後顏色正，香氣四溢，肥而不膩。由於使用綠豆澱粉，因而又具有透明度好、細嫩而富有彈性、切片薄而不碎等特點。「燻雞」也是哈爾濱正陽樓的特製產品，具有獨特風味。生產這些美食的哈爾濱正陽樓肉製品廠是哈爾濱最早的中式風味肉製品廠，它的前身是京都正陽樓，是由北京來哈的王孝庭、宋文治等「老三股」於清朝宣統三年（西元1910年）三月開設，地址在傅家甸東西大街路北（今哈百四商店處）。之後，該店遷到北三道街91號（今正陽樓門市部處），以生產風乾香腸、松仁小肚、燒雞、醬肉等風味肉製品而著稱。

❽ · 哈爾濱紅腸

「哈爾濱紅腸」有幾十種，其中以「力道斯」牌和大眾牌紅腸最為有名。「力道斯」，語出俄語「立陶弗斯尼亞」，即「立陶宛腸」，這是哈爾濱極有特色的食品。該紅腸個頭均勻、腸衣透明，肥瘦相宜，切片堅實，面有光澤。肉香濃郁，略帶辛味，耐咀嚼。「力道斯」紅腸的生產廠家為哈爾濱灌腸廠。大眾牌紅腸也是哈爾濱紅腸中備受青睞的一種，已有百年歷史。哈爾濱肉類聯合加工廠因生產這種紅腸而馳名。大眾牌紅腸呈棗紅色，腸體乾爽，富有彈性，腸質結構細密，切面光潤，燻煙芳香，防腐易存。

❾ · 秋林酒心糖

哈爾濱市秋林公司糖果工廠生產的冰帆牌酒心糖是由茅臺酒、五糧液、郎酒、

董酒、劍南春、西鳳等國家名酒和龍濱酒、玉泉酒等地方名酒為酒心，加以特級白糖、高級巧克力等原料精製而成。味香濃郁、皮薄多汁、入口酥脆，深受人們喜愛。

❿ · 哈爾濱大列巴

哈爾濱「大列巴」亦稱大麵包，被稱為哈爾濱一絕，是哈爾濱獨特的風味食品。哈爾濱秋林公司和華梅西餐廳生產這種大麵包已有七八十年的歷史。麵包為圓形，有5斤重，是麵包之冠。出爐後的大麵包，外皮焦脆，內瓤鬆軟，香味獨特，又宜存放，具有傳統的歐洲風味。

⓫ · 老鼎豐糕點

「老鼎豐」糕點是哈爾濱有名的老字號，已有60多年的歷史。其中以月餅最為著名，成品酥鬆利口、細膩酥軟、多味融合、久放不乾。

二、改革開放後的東北飲品業

在東北地區的飲品中，啤酒占有重要地位，因為近代中國最早生產啤酒就是在東北地區。一九〇〇年出產的哈爾濱啤酒，一百年來一直享譽國內市場。改革開放以來，哈爾濱啤酒集團的銷售網絡不僅遍佈東北三省以及北京、天津、上海、成都、南京、廣州、深圳等國內大中型城市，同時還遠銷英國、德國、瑞士、美國、俄羅斯、新加坡、中國香港等20多個國家和地區，品牌日趨國際化。

除啤酒以外，東北地區也是白酒、黃酒、葡萄酒、果露酒、配製酒的重要產地。在改革開放以前的兩次全國評酒會上，東北地區的獲獎酒類非常少。一九五二年第一屆北京評酒會，東北沒有酒類獲獎。一九六三年第二屆北京評酒會，全東北有獲獎白酒三種，優質黃酒一種，優質葡萄酒二種。優質果露酒三種。到改革開放以後的一九七九年第三屆評酒會上，東北獲獎酒類開始增多，其中有白酒二種，葡萄酒二種，果露酒四種，黃酒一種，啤酒一種。到一九八三至一九八五年的第五屆

評酒會，東北獲獎酒類進一步增加，獲獎的有黃酒1種，果酒六種，配製酒二種，白酒七種。

　　乳製品並不是東北百姓傳統飲食的必需品，但是改革開放以後，東北地區牛奶的生產和需求量卻呈現出較高的增長態勢。在城市家庭，無論是老人、兒童，還是成人每天都要消耗一定的牛奶或酸奶，很多家庭早餐中都增加了牛奶；在農村，奶粉成了老人、嬰幼兒的重要營養品。東北地區畜牧業在國內占有重要地位，東北各省也都有一批乳製品生產的大中型企業，如遼寧省的瀋陽乳業有限責任公司、吉林省的廣澤乳業有限公司等。黑龍江是生產奶粉的大省，奶製品業是黑龍江的支柱產業，原料奶量占全國產奶量的25％。乳品產量占全國總產量的近三分之一，加工能力居全國首位，是全國牛奶產量的第一大省。黑龍江省的「龍丹」、「完達山」系列乳製品是聞名全國的名牌。

三、東北餐飲業、食品業與國內外的交流

　　「東北菜」又稱「關東菜」，是二十世紀七〇年代在中國大陸餐飲業逐步流行起來的說法。傳統東北菜是在滿族菜餚的基礎上，吸收全國各地方菜，特別是魯菜和京菜之所長而形成的。以醬菜、醃菜等為主要特色，符合北方人的飲食習慣，口味重，偏鹹口。其特點是：一菜多味，鹹甜分明，酥爛香脆，色鮮味濃。烹調長於扒、炸、燒、爆、蒸、燉、汆、火鍋。名菜有「白肉血腸」「汆白肉」「什錦火鍋」等。特色菜有東北大拉皮、小雞燉蘑菇、地三鮮、土豆燉肉、醬大骨頭、鍋包肉等。但地方風味最厚重的東北菜還是以「燉」為主。

　　開放包容、兼收並蓄一直是東北地區飲食文化的歷史性特徵。改革開放以後，隨著餐飲業的蓬勃發展，區域飲食業之間也在不斷地交流。東北菜，以及稍後形成的遼菜、吉菜和龍江菜在全國各地紛紛安家落戶，與此同時，中國各地的傳統美食也陸續地踏上了東北這片土地。

　　現在，在東北的大多數城市，全國各地的菜餚基本上都有經營的，川、魯、粵

菜更是常見。「老四川」飯店遍佈東北的大街小巷，潮州食府、客家飯店頻頻出現。不但國內美食應有盡有，國外的美食也不斷湧來，西餐廳、咖啡廳比比皆是。在歐陸風情濃重的哈爾濱，俄式西餐在二十世紀初就已經在哈埠落戶，如著名的華梅西餐廳有近百年歷史，現在由中國人經營。同時也有俄羅斯人開設的俄式西餐廳，東方莫斯科西餐廳就屬這一類。此外，韓國料理、日本料理、巴西烤肉也都在東北各地立足。

至於麵食類，西北的拉麵、山西的刀削麵融入東北民眾的時間則更早。現在，走在東北城市的大街上，就能吃到新疆師傅烤的地道的新疆風味羊肉串，嘗到雲南的過橋米線、四川的擔擔麵，品到韓國冷麵、日本和風拉麵等。

在糕點類食品上，哈爾濱的俄羅斯及歐洲風味的糕點非常有名，老鼎豐、秋林都是名店。近些年米旗、好利來等域外糕點也紛至沓來。

飲品類中，在哈啤受到東北人青睞的同時，五星、青島等品牌啤酒也在東北各大城市隨處可見，全國各種名酒也應有盡有。雖然東北已經是奶品之鄉，但內蒙古的伊利、蒙牛、上海的光明奶品也都擺在東北超市的貨架上。尤其值得注意的是，在國內各種小吃、快餐在東北興盛的同時，肯德基、麥當勞等國外快餐店也來到中國東北市場，它給傳統的東北飲食帶來了很大的影響，尤其是對東北青少年飲食方式的改變。

總之，改革開放三十多年來，東北飲食文化發生了質的飛躍。那種邊外之地粗獷的飲食之風雖然古風猶存，但已經走向細膩化，飲食文化的內涵在不斷豐富。東北人民在創造自己飲食文明的同時，也在海納百川、兼收並蓄。在東北的飲食文化中你能看到中國，也能看到世界；隨著東北飲食文化的傳播，相信有一天，無論在中國、還是世界你都能看到東北。

參考文獻※

一、古籍文獻

〔1〕論語・十三經注疏本・北京：中華書局，1980．

〔2〕禮記・十三經注疏本・北京：中華書局，1980．

〔3〕左傳・十三經注疏本・北京：中華書局，1980．

〔4〕董增齡・國語正義・成都：巴蜀書社，1985．

〔5〕韓非子・諸子集成本・北京：中華書局，1980．

〔6〕古本竹書紀年輯證・方詩銘，王修齡，校注・上海：上海古籍出版社，1981．

〔7〕司馬遷・史記・北京：中華書局，1982．

〔8〕班固・漢書・北京：中華書局，1962．

〔9〕劉向・管子・北京：北京燕山出版社，1995．

〔10〕本書整理小組・馬王堆漢墓帛書：肆・北京：文物出版社，1985．

〔11〕崔寔・四民月令・北京：中華書局，1965．

〔12〕劉熙・釋名・長春：吉林出版集團，2005．

〔13〕陳壽・三國志・北京：中華書局，1959．

〔14〕范曄・後漢書・北京：中華書局，1965．

〔15〕賈思勰・齊民要術校釋・繆啟愉，校釋・北京：農業出版社，1982．

〔16〕魏收・魏書・北京：中華書局，1974．

〔17〕房玄齡・晉書・北京：中華書局，1974．

〔18〕劉昫，等・舊唐書・北京：中華書局，1975．

〔19〕洪皓・松漠紀聞：卷上・明顧氏文房小說本．

〔20〕徐夢莘・三朝北盟會編：卷三・上海：上海古籍出版社，2008．

〔21〕龐元英・文昌雜錄・臺北：臺灣商務印書館，1986．

〔22〕葉隆禮・契丹國志・上海：上海古籍出版社，1985．

※ 編者註：本書「參考文獻」，主要參照中華人民共和國國家標準GB/T 7714-2005《文後參考文獻著錄規則》著錄。

〔23〕孟珙·蒙韃備錄校注·上海：上海古籍出版社，1995·

〔24〕元典章·影印元刻本·臺北：「臺灣故宮博物院」，1972·

〔25〕脫脫，等·遼史·北京：中華書局，1974·

〔26〕脫脫，等·金史·北京：中華書局，1975·

〔27〕宋濂，等·元史·北京：中華書局，1976·

〔28〕明太宗實錄：卷40·上海：上海書店，1982·

〔29〕宋應星·天工開物·廣州：廣東人民出版社，1976·

〔30〕李時珍·本草綱目·北京：人民衛生出版社，2004·

〔31〕陳邦瞻·宋史紀事本末·北京：中華書局，1977·

〔32〕陳子龍·明經世文編：卷三一八·北京：中華書局，1962·

〔33〕方拱乾·絕域紀略∥黑龍江述略：外六種·哈爾濱：黑龍江人民出版社，1986·

〔34〕來集之·倘湖樵書·上海：上海古籍出版社，2002·

〔35〕吳桭臣·寧古塔紀略∥龍江三紀·哈爾濱：黑龍江人民出版社，1985·

〔36〕楊賓·柳邊紀略：卷三·上海：商務印書館，1936·

〔37〕天聰九年檔·天津：天津古籍出版社，1987.

〔38〕清世祖實錄：卷五·北京：中華書局，2008.

〔39〕方式濟·龍沙紀略·上海：上海古籍出版社，1993.

〔40〕鄂爾泰，等·八旗通志·長春：東北師範大學出版社，1985·

〔41〕趙翼·簷曝雜記·北京：中華書局，1982·

〔42〕徐宗亮，等·黑龍江述略·哈爾濱：黑龍江人民出版社，1985·

〔43〕徐珂·清稗類鈔·北京：中華書局，1984·

〔44〕西清·黑龍江外紀：卷八·刻本·清光緒廣雅書局·

〔45〕吳任臣·山海經廣注·刻本，1667（清康熙六年）·

〔46〕徐宗亮，等·黑龍江述略·哈爾濱：黑龍江人民出版社，1985·

〔47〕楊賓·柳邊紀略：卷三·上海：商務印書館，1936·

〔48〕陳元龍·格致鏡原·揚州：江蘇廣陵古籍刻印社，1987·

〔49〕姚際恆·詩經通論·鐵琴山館刻本，1837（清道光十七年）·

〔50〕金梁·黑龍江通志綱要·鉛印本，1911（清宣統三年）·

〔51〕袁枚·隨園食單·揚州：廣陵書社，1998·

〔52〕清德宗實錄·影印本·北京：中華書局，1987·

〔53〕徐世昌・退耕堂政書：卷九・臺北：文海出版社，1968・

〔54〕日本遼東兵站監部・滿洲要覽・奉天自衛社譯本，1907（光緒三十三年）・

〔55〕日本陸軍參謀本部・滿蒙資源要覽・日本：東京，1932・

二、現當代著作

〔1〕斯拉德科夫斯基・中國對外經濟關係簡史・北京：財政經濟出版社，1956・

〔2〕中央編譯局・馬克思恩格斯選集：第4卷・北京：人民出版社，1970・

〔3〕金毓黻・遼海叢書・全遼志・臺北：藝文印書館，1970-1972・

〔4〕中央編譯局・馬克思恩格斯全集：第20卷・北京：人民出版社，1971・

〔5〕吳晗・朝鮮李朝實錄中的中國史料・北京：中華書局，1980・

〔6〕翦伯贊・中國史綱要・北京：人民出版社，1983・

〔7〕王金林・簡明日本古代史・天津：天津人民出版社，1984・

〔8〕孔經緯・東北地區資本主義發展史研究・哈爾濱：黑龍江人民出版社，1987・

〔9〕托馬斯・哈定，等・文化與進化・韓建軍，等，譯・杭州：浙江人民出版社，1987・

〔10〕摩爾根・古代社會・北京：商務印書館，1987・

〔11〕吳正格・滿族食俗與清宮御膳・瀋陽：遼寧科技出版社，1988・

〔12〕熊寥・陶瓷審美與中國陶瓷審美的民族特徵・杭州：浙江美院出版社，1989・

〔13〕趙榮光・中國飲食史論・哈爾濱：黑龍江科學技術出版社，1990・

〔14〕金毓黻・中國東北通史・長春：吉林文史出版社，1991・

〔15〕譚英傑，等・黑龍江區域考古學・北京：中國社會科學出版社，1991・

〔16〕文史知識編輯部・古代禮制風俗漫談・北京：中華書局，1992・

〔17〕張志立，王宏剛・東北亞歷史與文化・瀋陽：遼瀋書社，1992・

〔18〕波少布・黑龍江民族歷史與文化・北京：中央民族學院出版社，1993・

〔19〕黑龍江省地方誌編纂委員會・黑龍江省志農業志・哈爾濱：黑龍江人民出版社，1993・

〔20〕王幼樵，肖效欽・當代中國史・北京：首都師範大學出版社，1994・

〔21〕馮永謙，李殿福，張泰湘・東北考古研究・鄭州：中州古籍出版社，1994・

〔22〕魏國忠・東北民族史研究・鄭州：中州古籍出版社，1994・

〔23〕中央編譯局・馬克思恩格斯選集：第3卷・北京：人民出版社，1995・

〔24〕趙榮光・趙榮光食文化論集・哈爾濱：黑龍江人民出版社，1995・

〔25〕中央編譯局・馬克思恩格斯選集：第21卷・北京：人民出版社，1995・

〔26〕長春市地方誌編纂委員會・長春市志・蔬菜志・長春：吉林人民出版社，1996・

〔27〕王澤應，等・公關禮儀學・長沙：中南工業大學出版社，1998・

〔28〕L・L・卡瓦利・斯福扎，F・卡瓦利・斯福扎・人類的大遷徙・樂俊河，譯・北京：
科學出版社，1998・

〔29〕安柯欽夫・中國北方少數民族文化・北京：中央民族大學出版社，1999・

〔30〕辛培林，等・黑龍江開發史・哈爾濱：黑龍江人民出版社，1999・

〔31〕姜豔芳，齊春曉・東北史簡編・哈爾濱：哈爾濱出版社，2001・

〔32〕秦大河，等・中國人口資源環境與可持續發展・北京：新華出版社，2002・

〔33〕朱正義・漫話滿族風情・瀋陽：遼寧出版社，2002・

〔34〕張碧波，董國堯・中國古代北方民族文化史・哈爾濱：黑龍江人民出版社，2003.

〔35〕梁漱溟・東西文化及其哲學・北京：商務印書館，2003・

〔36〕趙榮光・中國飲食文化研究・香港：東方美食出版社，2003・

〔37〕王勇・書籍之路研究・北京：北京圖書館出版社，2003・

〔38〕馬克思・資本論：第3卷・北京：人民出版社，2004・

〔39〕趙榮光・衍聖公府食事檔案研究・濟南：山東畫報出版社，2007・

〔40〕金穎・近代東北地區水田農業發展史研究・北京：中國社會科學出版社，2007・

三、期刊、報紙

〔1〕遠東報・1911-3-1・

〔2〕東方雜誌・上海：上海商務印書館，1917（6）・

〔3〕東方雜誌・上海：上海商務印書館，1918（8）・

〔4〕魏國忠・渤海人口考略・求是學刊・1983（3）・

〔5〕方殿春，劉葆華・遼寧阜新縣胡頭溝紅山文化玉器墓的發現・文物・1984（6）・

〔6〕史譚・中國飲食史階段性問題芻議・商業研究・1987（2）・

〔7〕李元・酒與殷商文化・學術月刊・1994（5）・

〔8〕王大方・漫話元代的饅頭・中國文物報・1998-1-4・

〔9〕安家瑗・金牛山人頭骨・中國文物報・1998-1-11・

〔10〕王大方・契丹人的蔬菜和水果・中國文物報・1999-3-7・

〔11〕王仁湘·食肆酒樓任逍遙·中國文物報·1999-4-25·

〔12〕王大方·尋訪元代古酒的遺韻·中國文物報·2000-1-16·

〔13〕金天浩，趙榮光·韓蒙之間的肉食文化比較·商業經濟與管理·2000（4）·

〔14〕李炳澤·奶粥在中國飲食文化中的地位·黑龍江民族叢刊，2002（2）·

〔15〕趙榮光·中國傳統膳食結構中的大豆與中國菽文化·飲食文化研究·2002（2）·

〔16〕趙榮光·歷史演進視野下的東北菜品文化·飲食文化研究·2003（4）·

〔17〕村井康彦·從遣唐使船到唐商船——9世紀日中交流的演變·鄭州大學學報：哲學社會科學版，2008（5）·

索引[※]

※　編者註：本書「索引」，主要參照中華人民共和國國家標準GB/T 22466-2008《索引編制規則（總則）》
　　編制。

後記

　　古人云：「民以食為天。」在浩瀚的歷史文化中，飲食文化堪居重位，只要有人存在，該文化就會存在，它不因歷史更迭而中斷，卻隨時代發展以拾階，走向進步，走向豐富。早在原始社會時期，我國東北地區就陸續有先民活動，他們在白山黑水間披荊斬棘，世代延綿，在創造出一方輝煌璀璨悠久歷史的同時，也創造出獨具特色的飲食文化。《中國飲食文化史・東北地區卷》正是以如此廣闊的歷史發展為背景，以可靠的史料記載為基礎，輔之以考古發掘，兼述各民族風貌，將蒐蘢豐厚的幾千年東北飲食文化發展狀況呈現在大家面前。

　　在寫作過程中，為了蒐集資料，得諸多同仁協助四處奔波，甚或奔赴省外；撰稿同志終日辛苦，「爬格」熬燈，數與商榷，探析翔實；有關專家熱情參與考證，頗為彌補史料闕如之憾事；筆者統校全書力求毫釐之盡，以免千里之謬。如此等等，方致該書寫作於滯筆處能陡然奮起，在碰壁後又柳暗花明。漫觀冬日白雪飛舞，喜聞春天梅花吐綻，品窗前樹老花繁，迎九月碩果纍纍，日日年年，四季交替，該書終於迎來付梓之時。

　　本書由王建中、吳昊負責第一章、第九章、第十章、第十一章的撰寫；呂麗輝負責第二章、第三章、第四章的撰寫；周鴻承、姜豔芳負責第五章的撰寫，姜豔芳還撰寫了第六章、第七章部分；段光達、齊春曉負責第八章的撰寫；全書由周鴻承、吳昊進行編訂、修改、校對和補充。

　　此書能夠順利完成，要感謝諸多友人的熱忱幫助。首先要感謝著名飲食文化專家浙江工商大學的趙榮光先生，他於百忙之中撥冗閱正書稿，提出極有價值的建議，使筆者獲益匪淺。此外，黑龍江大學旅遊學院吳樹國、周喜峰、祁穎、朱桂鳳、陳凱等老師，在本書的寫作過程中，幫助蒐集、整理大量的原始資料，為書稿的最終完成做出重要貢獻，在此一併致謝。

　　書中舛錯之處在所難免，懇請讀者指正批評。

呂麗輝

2013年8月於杭州電子科技大學

為了心中的文化堅守
——記《中國飲食文化史》（十卷本）的出版

《中國飲食文化史》（十卷本）終於出版了。我們迎來了遲到的喜悅，為了這一天，我們整整守候了二十年！因此，這一份喜悅來得深沉，來得艱辛！

（一）

談到這套叢書的緣起，應該說是緣於一次重大的歷史機遇。

一九九一年，「首屆中國飲食文化國際學術研討會」在北京召開。掛帥的是北京市副市長張建民先生，大會的總組織者是北京市人民政府食品辦公室主任李士靖先生。來自世界各地及國內的學者濟濟一堂，共敘「食」事。中國輕工業出版社的編輯馬靜有幸被大會組委會聘請為論文組的成員，負責審讀、編輯來自世界各地的大會論文，也有機緣與來自國內外的專家學者見了面。

這是一次高規格、高水準的大型國際學術研討會，自此拉開了中國食文化研究的熱幕，成為一個具有里程碑意義的會議。這次盛大的學術會議激活了中國久已蘊藏的學術活力，點燃了中國飲食文化建立學科繼而成為顯學的希望。

在這次大會上，與會專家議論到了一個嚴肅的學術話題——泱泱中國，有著五千年燦爛的食文化，其豐厚與絢麗令世界矚目——早在一百七十萬年前元謀（雲南）人即已發現並利用了火，自此開始了具有劃時代意義的熟食生活；古代先民早已普遍知曉三點決定一個平面的幾何原理，製造出了鼎、鬲等飲食容器；先民發明了二十四節氣的農曆，在夏代就已初具雛形，由此創造了中華民族最早的農耕文明；中國是世界上最早栽培水稻的國家，也是世界上最早使用蒸汽烹飪的國家；中國有著令世界傾倒的美食；有著製作精美的最早的青銅器酒具，有著世界最早的茶學著作《茶經》……為世界飲食文化建起了一座又一座的豐碑。然而，不容迴避的現實是，至今沒有人來系統地彰顯中華

民族這些了不起的人類文明，因為我們至今都沒有一部自己的飲食文化史，飲食文化研究的學術制高點始終掌握在國外學者的手裡，這已成為中國學者心中的一個痛，一個鬱鬱待解的沉重心結。

這次盛大的學術集會激發了國內專家奮起直追的勇氣，大家發出了共同的心聲：全方位地占領該領域學術研究的制高點時不我待！作為共同參加這次大會的出版工作者，馬靜和與會專家有著共同的強烈心願，立志要出版一部由國內專家學者撰寫的中華民族飲食文化史。趙榮光先生是中國飲食文化研究領域建樹頗豐的學者，此後由他擔任主編，開始了作者隊伍的組建，東西南北中，八方求賢，最終形成了一支覆蓋全國各個地區的飲食文化專家隊伍，可謂學界最強陣容。並商定由中國輕工業出版社承接這套學術著作的出版，由馬靜擔任責任編輯。

此為這部書稿的發端，自此也踏上了二十年漫長的坎坷之路。

（二）

撰稿是極為艱辛的。這是一部填補學術空白與出版空白的大型學術著作，因此沒有太多的資料可資借鑑，多年來，專家們像在沙裡淘金，爬梳探微於浩瀚古籍間，又像春蠶吐絲，絲絲縷縷傾吐出歷史長河的乾坤經綸。冬來暑往，飽嘗運筆滯澀時之苦悶，也飽享柳暗花明時的愉悅。殺青之後，大家一心期待著本書的出版。

然而，現實是嚴酷的，這部嚴肅的學術著作面臨著商品市場大潮的衝擊，面臨著生與死的博弈，一個繞不開的話題就是經費問題，沒有經費將寸步難行！我們深感，在沒有經濟支撐的情況下，文化將沒有任何尊嚴可言！這是苦苦困擾了我們多年的一個苦澀的原因。

一部學術著作如果不能靠市場賺得效益，那麼，出還是不出？這是每個出版社都必須要權衡的問題，不是一個責任編輯想做就能做決定的事情。一九九九年本書責任編輯馬靜生病住院期間，有關領導出於多方面的考慮，探病期間明確表示，該工程必須下馬。作為編輯部的一件未盡事宜，我們一方面八方求助資金以期救活這套書，另一方面也在以萬分不捨的心情為其尋找一個「好人家」「過繼」出去。由於沒有出版補貼，遂被多家出版社婉拒。在走投無路之時，馬靜求助於出版同仁、老朋友——上海人民出版社的李偉國總編輯。李總編學歷史出身，深諳我們的窘境，慷慨出手相助，他希望能削減一些字數，並答應補貼十萬元出版這套書，令我們萬分感動！

但自「孩子過繼」之後，我們心中出現的竟然是在感動之後的難過，是「過繼」後的難以割捨，是「一步三回頭」的牽掛！「我的孩子安在？」時時襲上心頭，遂「長使英雄淚滿襟」——它畢竟是我們已經看護了十來年的孩子。此時心中湧起的是對自己無錢而又無能的自責，是時時想「贖回」的強烈願望！至今寫到這裡仍是眼睛濕潤唏噓不已……

經由責任編輯提議，由主編撰寫了一封情辭懇切的「請願信」，說明該套叢書出版的重大意義，以及出版經費無著的困窘，希冀得到飲食文化學界的一位重量級前輩——李士靖先生的幫助。這封信由馬靜自北京發出，一站一站地飛向了全國，意欲傳到十卷叢書的每一位專家作者手中簽名。於是這封信從東北飛至西北，從東南飛至西南，從黃河飛至長江……歷時一個月，這封滿載著全國專家學者殷切希望的滾燙的聯名信件，最終傳到了「北京中國飲食文化研究會」會長、北京市人民政府食品辦公室主任李士靖先生手中。李士靖先生接此信後，如雙肩荷石，沉吟許久，遂發出軍令一般的誓言：我一定想辦法幫助解決經費，否則，我就對不起全國的專家學者！在此之後，便有了知名企業家——北京稻香村食品有限責任公司董事長、總經理畢國才先生慷慨解囊、義舉資助本套叢書經費的感人故事。畢老總出身書香門第，大學讀的是醫學專業，對中國飲食文化有著天然的情愫，他深知這套學術著作出版的重大價值。這筆資助，使得這套叢書得以復甦——此時，我們的深切體會是，只有餓了許久的人，才知道糧食的可貴！……

在我們獲得了活命的口糧之後，就又從上海接回了自己的「孩子」。在這裡我們要由衷感謝李偉國總編輯的大度，他心無半點芥蒂，無條件奉還書稿，至今令我們心存歉意！

有如感動了上蒼，在我們一路跌跌撞撞泣血奔走之時，國賜良機從天而降——國家出版基金出台了！它旨在扶助具有重要出版價值的原創學術精品力作。經嚴格篩選審批，本書獲得了國家出版基金的資助。此時就像大旱中之雲霓，又像病困之人輸進了新鮮血液，由此全面盤活了這套叢書。這筆資金使我們得以全面鋪開精品圖書製作的質量保障系統工程。後續四十多道工序的工藝流程有了可靠的資金保證，從此結束了我們捉襟見肘、寅吃卯糧的日子，從而使我們恢復了文化的自信，感受到了文化的尊嚴！

（三）

我們之所以做苦行僧般的堅守，二十年來不離不棄，是因為這套叢書所具有的出版

價值——中國飲食文化是中華文明的核心元素之一，是中國五千年燦爛的農耕文化和畜牧漁獵文化的思想結晶，是世界先進文化和人類文明的重要組成部分，它反映了中國傳統文化中的優秀思想精髓。作為出版人，弘揚民族優秀文化，使其走出國門走向世界，是我們義不容辭的責任，儘管文化堅守如此之艱難。

季羨林先生說，世界文化由四大文化體系組成，中國文化是其中的重要組成部分（其他三個文化體系是古印度文化、阿拉伯—波斯文化和歐洲古希臘—古羅馬文化）。中國是世界上唯一沒有中斷文明史的國家。中國自古是農業大國，有著古老而璀璨的農業文明，它是中國飲食文化的根基所在，就連代表國家名字的專用詞「社稷」，都是由「土神」和「穀神」組成。中國飲食文化反映了中華民族這不朽的農業文明。

中華民族自古以來就有著「五穀為養，五果為助，五畜為益，五菜為充」的優良飲食結構。這個觀點自兩千多年前的《黃帝內經》時就已提出，在兩千多年後的今天來看，這種飲食結構仍是全世界推崇的科學飲食結構，也是當代中國大力倡導的健康飲食結構。這是來自中華民族先民的智慧和驕傲。

中華民族信守「天人合一」的理念，在年復一年的勞作中，先民們敬畏自然，尊重生命，守天時，重時令，拜天祭地，守護山河大海，守護森林草原。先民發明的農曆二十四個節氣，開啟了四季的農時輪迴，他們既重「春日」的生發，又重「秋日」的收穫，他們頌春，愛春，喜秋，敬秋，創造出無數的民俗、農諺。「吃春餅」「打春牛」「慶豐登」……然而，他們節儉、自律，沒有掠奪式的索取，他們深深懂得人和自然是休戚與共的一體，愛護自然就是愛護自己的生命，從不竭澤而漁。早在周代，君王就已經認識到生態環境安全與否關乎社稷的安危。在生態環境嚴重惡化的今天，在掠奪式開採資源的當代，對照先民們信守千年的優秀品質，不值得當代人反思嗎？

中華民族篤信「醫食同源」的功用，在現代西方醫學傳入中國以前，幾千年來「醫食同源」的思想護佑著中華民族的繁衍生息。中國的歷史並非長久的風調雨順、豐衣足食，而是災荒不斷，迫使人們不斷尋找、擴大食物的來源。先民們既有「神農嚐百草，日遇七十二毒」的艱險，又有「得茶而解」的收穫，一代又一代先民，用生命的代價換來了既可果腹又可療疾的食物。所以，在中華大地上，可用來作食物的資源特別多，它是中華先民數千年戮力開拓的豐碩成果，是先民們留下的寶貴財富；「醫食同源」也是中國飲食文化最傑出的思想，至今食療食養長盛不衰。

中華民族有著「尊老」的優良傳統，在食俗中體現尤著。居家吃飯時第一碗飯要先奉給老人，最好吃的也要留給老人，這也是農耕文化使然。在古老的農耕時代，老人是

農耕技術的傳承者，是新一代勞動力的培養者，因此使老者具有了權威的地位。尊老，是農耕生產發展的需要，祖祖輩輩代代相傳，形成了中華民族尊老的風習，至今視為美德。

中國飲食文化的一個核心思想是「尚和」，主張五味調和，而不是各味單一，強調「鼎中之變」而形成了各種復合口味，從而構成了中國烹飪豐富多彩的味型，構建了中國烹飪獨立的文化體系，久而昇華為一種哲學思想——尚和。《中庸》載「和也者，天下之達道」，這種「尚和」的思想體現到人文層面的各個角落。中華民族自古崇尚和諧、和睦、和平、和順，世界上沒有哪一個國家能把「飲食」的社會功能發揮到如此極致，人們以食求和體現在方方面面：以食尊師敬老，以食饗友待客，以宴賀婚、生子以及陞遷高就，以食致歉求和，以食表達謝意致敬……「尚和」是中華民族一以貫之的飲食文化思想。

「一方水土養一方人」。這十卷本以地域為序，記述了在中國這片廣袤的土地上有如萬花筒一般絢麗多彩的飲食文化大千世界，記錄著中華民族的偉大創造，也記述了各地專家學者的最新科研成果——舊石器時代的中晚期，長江下游地區的原始人類已經學會捕魚，使人類的食源出現了革命性的擴大，從而完成了從矇昧到文明的轉折；早在商周之際，長江下游地區就已出現了原始瓷；春秋時期筷子已經出現；長江中游是世界上最早栽培稻類作物的地區。《呂氏春秋·本味》述於二千三百年前，是中國歷史上最早的烹飪「理論」著作；中國最早的古代農業科技著作是北魏高陽（今山東壽光）太守賈思勰的《齊民要術》；明代科學家宋應星早在幾百年前，就已經精闢論述了鹽與人體生命的關係，可謂學界的最先聲；新疆人民開鑿修築了坎兒井用於農業灌溉，是農業文化的一大創舉；孔雀河出土的小麥標本，把小麥在新疆地區的栽培歷史提早到了近四千年前；青海喇家麵條的發現把我國食用麵條最早記錄的東漢時期前提了兩千多年；豆腐的發明是中國人民對世界的重大貢獻；有的卷本述及古代先民的「食育」理念；有的卷本還以大開大闔的筆力，勾勒了中國幾萬年不同時期的氣候與人類生活興衰的關係等等，真是處處珠璣，美不勝收！

這些寶貴的文化財富，有如一顆顆散落的珍珠，在沒有串成美麗的項鏈之前，便彰顯不出它的耀眼之處。如今我們完成了這一項工作，雕琢出了一串光彩奪目的珍珠，即將放射出耀眼的光芒！

（四）

　　編輯部全體工作人員視稿件質量為生命，不敢有些許懈怠，我們深知這是全國專家學者二十年的心血，是一項極具開創性而又十分艱辛的工作。我們肩負著填補國家學術空白、出版空白的重託。這個大型文化工程，並非三朝兩夕即可一蹴而就，必須長年傾心投入。因此多年來我們一直保持著飽滿的工作激情與高度的工作張力。為了保證圖書的精品質量並儘早付梓，我們無年無節、終年加班而無怨無悔，個人得失早已置之度外。

　　全體編輯從大處著眼，力求全稿觀點精闢，原創鮮明。各位編輯極儘自身多年的專業積累，傾情奉獻：修正書稿的框架結構，爬梳提煉學術觀點，補充遺漏的一些重要史實，匡正學術觀點的一些訛誤之處，並誠懇與各卷專家作者切磋溝通，務求各卷寫出學術亮點，其拳拳之心殷殷之情青天可鑒。編稿之時，為求證一個字、一句話，廣查典籍，數度披閱增刪。青黃燈下，蹙眉凝思，不覺經年久月，眉間「川」字如刻。我們常為書稿中的精闢之處而喜不自勝，更為瑕疵之筆而扼腕嘆息！於是孜孜矻矻、秉筆躬耕，一句句、一字字吟安鋪穩，力求語言圓通，精煉可讀。尤其進入後期階段，每天下班時，長安街上已是燈火闌珊，我們卻剛剛送走一個緊張工作的夜晚，又在迎接著一個奮力拚搏的黎明。

　　為了不懈地追求精品書的品質，本套叢書每卷本要經過四十多道工序。我們延請了國內頂級專家為本書的質量把脈，中華書局的古籍專家劉尚慈編審已是七旬高齡，她以古籍善本為據，為我們的每卷書稿逐字逐句地核對了古籍原文，幫我們糾正了數以千計的舛誤，從她那裡我們學到了非常多的古籍專業知識。有時已是晚九時，老人家還沒吃飯在為我們核查書稿。看到原稿不盡如人意時，老人家會動情地對我們喊起來，此時，我們感動！我們折服！這是一位學者一種全身心地忘我投入！為了這套書，她甚至放下了自己的個人著述及其他重要邀請。

　　中國社會科學院歷史研究所李世愉研究員，為我們審查了全部書稿的史學內容，匡正和完善了書稿中的許多漏誤之處，使我們受益匪淺。在我們圖片組稿遇到困難之時，李老師憑藉深廣的人脈，給了我們以莫大的幫助。他是我們的好師長。

　　本書中涉及各地區少數民族及宗教問題較多，是我們最擔心出錯的地方。為此我們把書稿報送了國家宗教局、國家民委、中國藏學研究中心等權威機構精心審查了書稿，並得到了他們的充分肯定，使我們大受鼓舞！

　　我們還要感謝北京觀復博物館、大連理工大學出版社幫我們提供了許多有價值的歷

　　為了嚴把書稿質量，我們把做辭書時使用的有效方法用於這部學術精品專著，即對本書稿進行了二十項「專項檢查」以及後期的五十三項專項檢查，諸如，各卷中的人名、地名、國名、版圖、疆域、西元紀年、諡號、廟號、少數民族名稱、現當代港澳臺地名的表述等，由專人做了逐項審核。為使高端學術著作科普化，我們對書稿中的生僻字加了注音或簡釋。

　　其間，國家新聞出版總署貫徹執行「學術著作規範化」，我們聞風而動，請各卷作者添加或補充了書後的參考文獻、索引，並逐一完善了書稿中的註釋，嚴格執行了總署的文件規定不走樣。

　　我們還要感謝各卷的專家作者對編輯部非常「給力」的支持與配合，為了提高書稿質量，我們請作者做了多次修改及圖片補充，不時地去「電話轟炸」各位專家，一頭卡定時間，一頭卡定質量，真是難為了他們！然而，無論是時處酷暑還是嚴冬，都基本得到了作者們的高度配合，特別是和我們一起「摽」了二十年的那些老作者，真是同呼吸共命運，他們對此書稿的感情溢於言表。這是一種無言的默契，是一種心靈的感應，這是一支二十年也打不散的隊伍！憑著中國學者對傳承優秀傳統文化的責任感，靠著一份不懈的信念和期待，苦苦支撐了二十年。在此，我們向此書的全體作者深深地鞠上一躬！致以二十年來的由衷謝意與敬意！

　　由於本書命運多舛遷延多年，作者中不可避免地發生了一些變化，主要是由於身體原因不能再把書稿撰寫或修改工作堅持下去，由此形成了一些卷本的作者缺位。正是我們作者團隊中的集體意識及合作精神此時彰顯了威力——當一些卷本的作者缺位之時，便有其他卷本的專家伸出援助之手，像接力棒一樣傳下去，使全套叢書得以正常運行。華中師範大學的博士生導師姚偉鈞教授便是其中最出力的一位。今天全書得以付梓而沒有出現缺位現象，姚老師功不可沒！

　　「西藏」「新疆」原本是兩個獨立的部分，組稿之初，趙榮光先生殫精竭慮多方奔走物色作者，由於難度很大，終而未果，這已成為全書一個未了的心結。後期我們傾力進行了接續性的推動，在相關專家的不懈努力下，終至彌補了地區缺位的重大遺憾，並獲得了有關審稿權威機構的好評。

　　最令我們難過的是本書「東南卷」作者、暨南大學碩士生導師、冼劍民教授沒能見到本書的出版。當我們得知先生患重病時即趕赴探望，那時先生已骨瘦如柴，在酷熱的廣州夏季，卻還身著毛衣及馬甲，接受著第八次化療。此情此景令人動容！後得知冼先

生化療期間還在堅持修改書稿，使我們感動不已。在得知冼先生病故時，我們數度哽咽！由此催發我們更加發憤加快工作的步伐。在本書出版之際，我們向冼劍民先生致以深深的哀悼！

在我們申報國家項目和有關基金之時，中國農大著名學者李里特教授為我們多次撰寫審讀推薦意見，如今他竟然英年早逝離我們而去，令我們萬分悲痛！

在此期間，李漢昌先生也不幸遭遇重大車禍，嚴重影響了身心健康，在此我們致以由衷的慰問！

（五）

中國飲食文化學是一門新興的綜合學科，涉及歷史學、民族學、民俗學、人類學、文化學、烹飪學、考古學、文獻學、地理經濟學、食品科技史、中國農業史、中國文化交流史、邊疆史地、經濟與商業史等諸多學科，現正處在學科建設的爬升期，目前已得到越來越多領域的關注，也有越來越多的有志學者投身到這個領域裡來，應該說，現在已經進入了最好的時期，從發展趨勢看，最終會成為顯學。

早在一九九八年於大連召開的「世界華人飲食科技與文化國際學術研討會」，即是以「建立中國飲食文化學」為中心議題的。這是繼一九九一年之後又一次重大的國際學術會議，是一九九一年國際學術會議成果的繼承與接續。建立「中國飲食文化學」這個新的學科，已是國內諸多專家學者的共識。在本叢書中，就有專家明確提出，中國飲食文化應該納入「文化人類學」的學科，在其之下建立「飲食人類學」的分支學科。為學科理論建設搭建了開創性的構架。

這套叢書的出版，是學科建設的重要組成部分，它完成了一個帶有統領性的課題，它將成為中國飲食文化理論研究的扛鼎之作。本書的內容覆蓋了全國的廣大地區及廣闊的歷史空間，本書從史前開始，一直敘述到當代的二十一世紀，貫通時間百萬年，從此結束了中國飲食文化無史和由外國人寫中國飲食文化史的局面。這是一項具有里程碑意義的歷史文化工程，是中國對世界文明的一種國際擔當。

二十年的風風雨雨、坎坎坷坷我們終於走過來了。在拜金至上的浮躁喧囂中，我們為心中的那份文化堅守經過了煉獄般的洗禮，我們坐了二十年的冷板凳但無怨無悔！因為由此換來的是一項重大學術空白、出版空白的填補，是中國五千年厚重文化積澱的梳

理與總結，是中國優秀傳統文化的彰顯。我們完成了一項重大的歷史使命，我們完成了老一輩學人對我們的重託和當代學人的夙願。這二十年的泣血之作，字裡行間流淌著中華文明的血脈，呈獻給世人的是祖先留給我們的那份精神財富。

我們篤信，中國飲食文化學的崛起是歷史的必然，它就像那冉冉升起的朝陽，將無比燦爛輝煌！

《中國飲食文化史》編輯部

二〇一三年九月

亮點書系 . 中國文化通史 A1002004

中國飲食文化史・東北地區卷

主　　編	趙榮光
版權策畫	李　鋒
責任編輯	楊婉慈
發 行 人	林慶彰
總 經 理	梁錦興
總 編 輯	張晏瑞
編 輯 所	萬卷樓圖書股份有限公司
排　　版	菩薩蠻數位文化有限公司
印　　刷	博創印藝文化有限公司
封面設計	菩薩蠻數位文化有限公司

出　　版　昌明文化有限公司

桃園市龜山區中原街 32 號

電話 (02)23216565

發　　行　萬卷樓圖書股份有限公司

臺北市羅斯福路二段 41 號 6 樓之 3

電話 (02)23216565

傳真 (02)23218698

電郵 SERVICE@WANJUAN.COM.TW

大陸經銷

廈門外圖臺灣書店有限公司

　　電郵 JKB188@188.COM

ISBN 978-986-496-138-2

2021 年 3 月初版二刷

2018 年 1 月初版

定價：新臺幣 380 元

如何購買本書：

1. 劃撥購書，請透過以下郵政劃撥帳號：

　帳號：15624015

　戶名：萬卷樓圖書股份有限公司

2. 轉帳購書，請透過以下帳戶

　合作金庫銀行 古亭分行

　戶名：萬卷樓圖書股份有限公司

　帳號：0877717092596

3. 網路購書，請透過萬卷樓網站

　網址 WWW.WANJUAN.COM.TW

大量購書，請直接聯繫我們，將有專人為您

服務。客服：(02)23216565 分機 610

如有缺頁、破損或裝訂錯誤，請寄回更換

國家圖書館出版品預行編目資料

中國飲食文化史. 東北地區卷 / 趙榮光著. --

初版. -- 桃園市：昌明文化出版；臺北市：

萬卷樓發行, 2018.01

　　冊；　　公分

ISBN 978-986-496-138-2(平裝). --

1.飲食風俗 2.中國

538.782　　　　　　　　　　107001747

本著作物經廈門墨客知識產權代理有限公司代理，由中國輕工業出版社授權萬卷樓圖
書股份有限公司出版、發行中文繁體字版版權。